Tarea
5 Nov
90-20 preguntas.
#4 p. 47
5 p. 47
p. 48 "a"

ESPAÑOL CON FINES ESPECÍFICOS

TEMAS DE EMPRESA

Manual para la preparación del Certificado Superior del Español de los Negocios de la Cámara de Comercio de Madrid

Cámara de Comercio de Madrid

María José Pareja

Agradecimientos:

A mis padres, por su ejemplo.
A mis hermanas Isa, Vicky y Asun, y a Alberto, por su apoyo.
A mi hija Lucía, por su sonrisa.

María José Pareja

Editorial Edinumen
José Celestino Mutis, 4
28028 - Madrid
Tfs.: 91 319 85 37 - 91 308 51 42
Fax: 91 319 93 09
e-mail: edinumen@edinumen.es
www.edinumen.es

ISBN: 84-95986-69-8
Depósito Legal: M-36498-2005 Reedición: 2006

Diseño de cubierta: Antonio Arias y Carlos Casado
Diseño y maquetación: Carlos Casado
Ilustraciones: Miguel Alcón y Raúl de Frutos
Imprime: Gráficas Glodami. Coslada (Madrid)

ÍNDICE

Introducción

El Certificado Superior de Español de los Negocios de la Cámara de Comercio e Industria de Madrid confirma que el candidato tiene un nivel B2 de competencia lingüística en español dentro del ámbito de los negocios y de la empresa, tanto en la expresión/comprensión oral como en la expresión/comprensión escrita.

Este examen se ofrece a través de convocatorias en el Instituto de Formación Empresarial de la Cámara de Comercio 4 veces al año, o a través de convocatorias ofrecidas por diferentes Centros Colaboradores de la Cámara en España y en el extranjero.

El examen, tal como se describe en el catálogo de la escuela de idiomas para los negocios de dicha Cámara, consta de pruebas escritas (70/90 puntos) y una prueba oral (20/90 puntos).

Las pruebas escritas miden:

- **la comprensión lectora (20 puntos):** utilizando textos informativos del nivel de semidivulgación y especializado, siempre dentro del ámbito económico y comercial del español del área peninsular o de América, a través de preguntas de opción múltiple, completar o falso/verdadero.

- **los conocimientos específicos del idioma (20 puntos):** problemas gramaticales y de léxico.

- **la producción de textos escritos (30 puntos):** redacción de una carta o escrito comercial o administrativo partiendo de un supuesto o un escrito profesional conciso a partir de un supuesto.

La prueba oral parte de la lectura de un texto escrito, su posterior resumen y opinión personal y diálogo con el tribunal.

Este manual ha surgido de la necesidad de desarrollar materiales para cursos de español de los negocios y/o de preparación para el Certificado Superior, y sus contenidos se han utilizado en dichos cursos de español para verificar su eficacia antes de ser publicados. El manual permite a los estudiantes capacitarse para realizar las actividades que, según el catálogo de la Cámara, los candidatos al examen deben dominar:

- Comprender y elaborar mensajes orales y escritos dentro del ámbito específico de los negocios y de la empresa.

- Elaborar textos escritos del ámbito profesional con unidad interna y sin errores destacados.

- Comprender en pocas palabras el contenido de un texto, sin ningún apoyo, y contestar e iniciar una conversación sobre el mismo.

- Pasar del registro formal al informal y hablar de cualquier tema que no requiera especialización.

Además, este manual desarrolla los contenidos teóricos y prácticos exigidos para superar con éxito este examen. Los contenidos teóricos exigidos incluyen las estructuras sintácticas y léxicas correspondientes al nivel B2 del Marco de Referencia Europeo, así como los contenidos comunicativos, económicos y jurídicos que cubren todas las actividades de la empresa: definición y clasificación de empresa, creación de empresas en España, organización de la empresa, recursos humanos, financiación (banca y bolsa), la actividad comercial, la internacionalización de la empresa, las obligaciones de la empresa (contabilidad e impuestos) y el estudio de un sector específico, el turístico.

En cuanto a los contenidos prácticos, este manual desarrolla las cuatro destrezas a través de actividades similares a las que el candidato encontrará en el examen:

- **Expresión y comprensión oral:** diálogos cortos, dramatizaciones, vacíos de información, y actividades libres, tales como debates, estudios de casos y presentaciones orales, que sean significativas y motivadoras para el estudiante.

- **Expresión escrita:** a través de actividades de preparación, actividades de práctica guiada y actividades de práctica libre, los estudiantes practican y dominan las técnicas de la correspondencia comercial en español.

- **Comprensión lectora:** a partir de materiales auténticos y actualizados se desarrollan actividades de lectura intensiva y extensiva, actividades de preparación, actividades durante la lectura y actividades posteriores a la lectura.

Al final del manual se incluye un modelo de examen para que los estudiantes puedan verificar sus conocimientos y familiarizarse con el formato. Sin embargo, es importante señalar que este manual no solo se limita a preparar al estudiante para hacer y superar con éxito este examen, sino que le da conocimientos suficientes sobre la empresa española que le permitirán trabajar en una empresa española o latinoame-ricana, ya sea en el país de origen de esta o del estudiante, y también lo preparará en caso de que quiera realizar estudios universitarios relacionados con el campo empresarial. Por último, y como valor añadido, hay que mencionar el elemento intercultural que está muy presente en este texto, y que hace que el estudiante reflexione sobre su propia cultura y sobre la de los demás.

LA EMPRESA: DEFINICIÓN Y CLASIFICACIÓN (I)

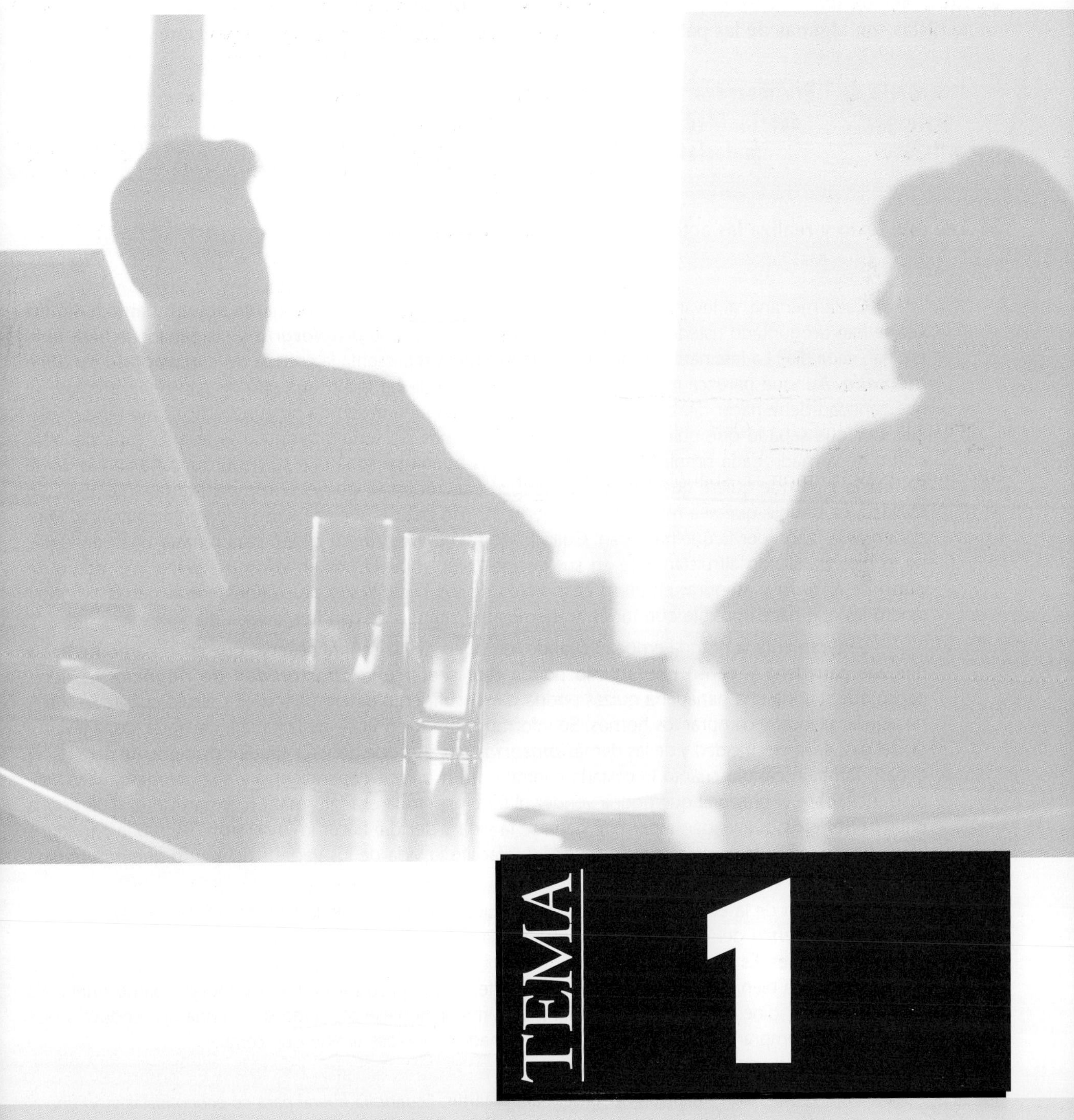

TEMA 1

INTRODUCCIÓN: EL PAPEL DE LAS EMPRESAS EN LA ECONOMÍA MODERNA

1. **¿Qué importancia crees que tienen las empresas en la economía actual?**

2. **Vas a leer un texto sobre el papel de una empresa específica, una panadería, en la economía moderna. Estas son algunas de las palabras que aparecen en el texto. ¿Sabes qué significan?**

economía de libre mercado	**afán de lucro**	**inversión**	**ganarse la vida**
arriesgar	**oportunidad de negocio**	**puestos de trabajo**	**beneficios**
satisfacer	**materias primas**	**propietaria**	**necesidades de la gente**

3. **Lee este texto y realiza las actividades que aparecen a continuación.**

Cada mañana, al levantarnos, encontramos pan tierno en la panadería de nuestro barrio. ¿Alguna vez se han preguntado ustedes por qué ocurre esto? ¿Por qué la ***propietaria*** de la panadería hace todo ese pan cada día? La fascinante respuesta a esta pregunta representa la esencia de la ***economía de libre mercado***. Aunque parezca mentira, a la panadera nadie le ha dicho qué tipo de pan debe producir ni qué cantidad debe hacer diariamente. No ha seguido ninguna orden de ningún político o de ningún planificador que sepa lo que quieren comprar los ciudadanos. La señora tampoco se levanta cada día a las cuatro de la madrugada simplemente porque es una buena persona que se siente solidaria con la gente del barrio y porque quiere que sus vecinos tengan pan recién salido del horno para desayunar. Bien, en realidad, es posible que sea muy buena mujer e incluso puede que sea extremadamente solidaria. Pero esa no es la razón por la que hace pan. Cuando decidió ***arriesgar*** su dinero para montar una panadería, no lo hizo pensando altruistamente en sus vecinos, sino movida por un ***afán de lucro*** y el deseo de ***ganarse la vida*** y asegurar el futuro económico de sus hijos. Y son precisamente esas ganas de hacer dinero las que hacen posible que todos acabemos disfrutando de pan fresco cada día.

Seguramente la historia empezó cuando, un buen día, la señora observó que en el barrio no había ninguna panadería y pensó que aquello podría representar una ***oportunidad de negocio***. Es decir, pensó que si abría una panadería quizás podría ganar suficiente dinero para vivir. Calculó cuánto le costaría alquilar el local y comprar los hornos. Se informó sobre los precios de la harina, del agua, de la levadura, del gas, de la electricidad y de las demás ***materias primas*** que debería adquirir diariamente para hacer el pan. También calculó cuánto le costaría contratar a un par de dependientas y a un hornero. Hizo estimaciones sobre el precio al que podría vender el pan. Con toda esa información, le pareció que obtendría unos ***beneficios*** que le iban a permitir ganarse la vida y decidió hacer la ***inversión***. Montó la panadería (y, de paso, creó nuevos ***puestos de trabajo***) y facilitó la vida de los vecinos del barrio que han podido disponer de pan tierno cada mañana.

La esencia de la economía de mercado es que la propietaria de la panadería supo ver ***las necesidades de la gente*** del barrio y calculó que podía ganar dinero poniendo una tienda para ***satisfacer*** dichas necesidades. Es importante enfatizar que el objetivo de la mujer era ganar dinero y no hacer feliz a los demás. Ahora bien, para ganar dinero, la mujer tenía que producir lo que la gente del barrio quería. Es decir, para ganar dinero debía hacerles felices. Si la mujer hubiese montado una tienda de productos que nadie quisiera comprar, enseguida se hubiese arruinado y hubiese tenido que cerrar.

Adaptado de Xavier Sala I Martín, *Economía liberal para no economistas y no liberales.*

a) **Marca si las siguientes afirmaciones son verdaderas o falsas. (V/F)**

	V	F
1) Los políticos le han dicho a la propietaria qué tipo de pan debe producir y en qué cantidad.		✓
2) La propietaria montó la panadería movida por su afán de ganar dinero.	✓	
3) Después de montar la panadería, la propietaria se informó sobre el coste del alquiler, de los equipos, de las materias primas y del personal.		✓
4) La propietaria, movida por su altruismo, decidió vender el pan a un precio con el que no obtendría ningún beneficio.		✓
5) La mujer montó la panadería teniendo en cuenta las necesidades de la gente del barrio.	✓	

b) **Resume el texto de la actividad 3, usando todas las palabras de la actividad 2.**

c) **Ampliación de vocabulario. A lo largo del curso aprenderás muchas palabras relacionadas con el mundo de la empresa y desarrollarás actividades en contexto para poder usarlas. Aquí tienes algunas palabras que aparecen en el texto, y otras cuyo significado seguramente ya sabrás. ¿Sabes cuál es la diferencia entre ellas? Si quieres, puedes consultar un diccionario para así poder realizar la actividad.**

1) economía de libre mercado/economía centralizada
2) inversión/ahorro
3) beneficios/pérdidas
4) empresa con fines lucrativos/ONG (organización no gubernamental)
5) materias primas/producto terminado

FICHA 1.1. DEFINICIÓN DE EMPRESA

1. Para ti, ¿qué es una empresa?

2. Aquí tienes una definición del concepto de empresa. Léela y realiza las actividades que aparecen a continuación.

La empresa se define como una entidad integrada por capital, trabajo y conocimiento, como factores de producción y de gestión, y dedicada a actividades industriales, mercantiles o de prestación de servicios con fines lucrativos. Una empresa es una organización que capta recursos –tangibles (humanos, materiales y financieros) e intangibles–, los gestiona y los transforma en bienes y servicios, vendiéndolos por un precio, el cual debe permitir reponer los recursos materiales, sufragar los servicios recibidos, retribuir al personal y a los administradores, y compensar a los propietarios y a las entidades financieras a las que se les solicitaron préstamos.

Adaptado de Emilio Díez de Castro et al., *Economía y organización de empresas.*

a) ¿Cuáles son los tres factores que integran la empresa?
b) Las empresas pueden dedicarse a actividades industriales, mercantiles o de prestación de servicios. ¿Puedes dar un ejemplo de cada tipo?
c) ¿Cuáles son los fines de la empresa?
d) Las empresas captan recursos tangibles, entre los que se encuentran los recursos humanos, los materiales y los financieros, así como intangibles. En el caso de la panadería de la ficha de introducción, ¿puedes identificar estos recursos?
e) ¿Para qué sirve la venta de los bienes y servicios de una empresa?
f) Vocabulario. Estos son los verbos que aparecen en la definición anterior. Completa el cuadro añadiendo los sustantivos y los adjetivos correspondientes.

		Sustantivo		Adjetivo
Integrar	→	Integración	→	
Dedicar	→		→	Dedicado
Captar	→		→	
Gestionar	→	Gestión	→	
Transformar	→		→	
Vender	→	Venta, ~~vendedor~~	→	
Reponer	→		→	
Sufragar	→		→	
Retribuir	→		→	Retribuible
Compensar	→		→	
Solicitar	→	Solicitud	→	

FICHA 1.2. EMPRESARIOS Y DIRECTIVOS

El empresario es el titular propietario y directivo de una industria, negocio o empresa. Realiza tres tipos de funciones: capitalista, emprendedor y director.

1. **Relaciona cada una de estas tres funciones con su descripción.**

a) **Capitalista**

b) **Emprendedor**

c) **Director**

1) **Dirige y gestiona el negocio, apoyándose en sus empleados, pero la responsabilidad y la capacidad de decisión final son suyas.**

2) **Aporta los recursos financieros necesarios para financiar el proyecto empresarial. A veces tiene que hipotecar sus bienes o endeudarse con los bancos.**

3) **Tiene la iniciativa para poner en marcha la idea de negocio.**

2. **En temas posteriores, veremos el papel del capitalista y el del director. La pregunta ahora es: "¿Tienes madera de emprendedor?".**

a) **Para descubrirlo, completa el siguiente test.**

	TA	A	D	TD
· Tengo claros mis objetivos profesionales.				
· Me considero preparado para responder a situaciones nuevas.				
· Me resulta difícil aceptar situaciones cambiantes en el trabajo.				
· Me planteo desafíos según mi capacidad.				
· Estoy dispuesto a arriesgarme para conseguir mis objetivos profesionales.				
· Estoy dispuesto a superar todos los obstáculos para conseguir mis objetivos.				
· Adapto mis planteamientos según las situaciones.				
· Confío plenamente en mi capacidad para resolver los problemas.				
· Miro las cosas desde diferentes puntos de vista.				
· Creo que es necesario hacer planes para casos de emergencia.				
· Pienso en todas las posibilidades antes de tomar decisiones.				
· Cada circunstancia o cada persona pueden representar una oportunidad para conseguir mis objetivos profesionales.				
· Puedo mantener un nivel de actividad elevado sin sentirme excesivamente cansado después.				
· Usualmente puedo transmitir mi entusiasmo a los demás.				
· Cuando estoy convencido de algo, me resulta fácil convencer a los demás.				
· Adopto una actitud autocrítica ante mis errores, suelo aprender de ellos.				

TA = Total acuerdo **A** = Acuerdo **D** = Desacuerdo **TD** = Total desacuerdo

Adaptado de la revista *Emprendedores.*

b) **Tu profesor te dará las claves para interpretar tus respuestas al test. ¿Estás de acuerdo con los resultados?**

3. Perfil del joven empresario español. Contesta las siguientes preguntas seleccionando la opción que te parezca más apropiada.

a) ¿Qué edad crees que tiene la mayoría de los jóvenes empresarios españoles?

1) de 18 a 25 3) de 31 a 35
2) de 26 a 30 4) de 36 a 40

b) ¿Qué proporción hay entre hombres y mujeres empresarios aproximadamente?

1) 100% hombres, 0% mujeres 3) 75% hombres, 25% mujeres
2) 50% hombres, 50% mujeres 4) 25% hombres, 75% mujeres

c) ¿Qué formación crees que ha alcanzado la mitad de los jóvenes empresarios españoles?

1) primaria
2) secundaria
3) universitaria

d) ¿Cuál crees que es el principal motivo que los ha llevado a crear su empresa?

1) tradición familiar
2) superación personal
3) una idea
4) estar en paro
5) una oportunidad de negocio
6) ganar más dinero

FICHA 1.3. CLASIFICACIÓN DE LAS EMPRESAS SEGÚN SU DIMENSIÓN

1. **El siguiente texto explica los criterios para determinar el tamaño de una empresa. Estos términos son importantes para su comprensión. ¿Sabes qué significan?**

subvención **volumen de negocio anual** **balance anual** **normativa** **plantilla** **competitividad** **capital** **derecho a voto**

2. **Lee este texto y contesta las preguntas a continuación.**

No da lo mismo ser pequeña o mediana empresa. Al menos en lo que a obtener ***subvenciones*** se refiere. Pero, ¿cómo saber si un negocio es una pequeña y mediana empresa (pyme)? Hay diversos criterios pero, en general, hasta ahora, España se rige por una ***normativa*** europea de abril de 1996, según la cual, cumplen este requisito empresas con una ***plantilla*** igual o inferior a 250 personas y un ***volumen de negocio anual*** no superior a los 40 millones de euros o cuyo ***balance anual*** no exceda los 27 millones de euros. Además, no deberá estar participada en un 25% o más de su ***capital*** o del ***derecho a voto*** por una gran empresa.

Pero la Comisión Europea ha revisado su definición para fomentar la ***competitividad*** y evitar el mal uso de las subvenciones nacionales y europeas para este tipo de negocios. El colectivo tiene gran importancia en el tejido empresarial comunitario: el 98% del total de empresas de la UE son pymes y, en conjunto, ofrecen empleo a 74 millones de personas. Con esta actualización de las definiciones, serán:

Medianas empresas:	Pequeñas empresas:	Microempresas:
Las de menos de 250 empleados y un volumen de negocio no superior a 50 millones de euros.	Las de menos de 50 personas en plantilla y un volumen de negocio inferior a 9 millones de euros.	Las de menos de diez trabajadores y su volumen de negocios no supera el millón de euros.

Adaptado de E. Molinero, *Actualidad Económica.*

a) **Según la normativa europea de 1996, ¿cuáles eran los criterios para que una empresa fuera considerada pyme?**

b) **¿Por qué la UE ha revisado la definición de este tipo de empresas?**

c) **¿Qué importancia tienen las pymes en el tejido empresarial de la UE?**

d) **Completa este cuadro:**

TIPO DE EMPRESA	NÚMERO DE EMPLEADOS	VOLUMEN DE NEGOCIO

e) **¿Qué tamaño de empresa crees que es el predominante en España?**

3. **Las pymes presentan ventajas e inconvenientes con respecto a las empresas grandes. Relaciona cada ventaja o desventaja con su explicación.**

escasa conflictividad **escasa fuerza negociadora** **control** **precios** **flexibilidad** **proximidad** **financiación** **técnica** **menor formación**

+ VENTAJAS

a) Son empresas personalistas y facilitan la participación directa de los trabajadores.

b) Se adaptan con mayor agilidad a las nuevas situaciones en los mercados. Pueden introducir variaciones o cambiar la actividad.

c) La relación con el cliente es más directa, le dan un trato más personalizado.

– DESVENTAJAS

a) Pueden ser adquiridas y controladas por grandes empresas.

b) No pueden fabricar grandes series de productos, lo que puede implicar costes y precios de venta superiores.

c) No pueden acceder a determinadas formas de financiación, como la bolsa.

d) El empresario tiene menos conocimientos técnicos que el de una gran empresa, dispone de menos información especializada y de menos recursos para la formación del personal.

e) No pueden imponer condiciones a los proveedores y a los clientes.

f) Poseen menos recursos para invertir en el desarrollo de nuevos productos y procedimientos.

:ado de J. Rey Oriol et al., *Economía y*
ıización de Empresas.

4. **Durante este curso no solo aprenderás sobre el mundo de los negocios en España, sino también en la Unión Europea. La siguiente lectura te informa sobre las 1000 mayores empresas en Europa según su volumen de ventas. Léelo y completa el cuadro a continuación:**

Las 1000 mayores empresas europeas

DaimlerChrysler, Royal Dutch/Shell Group y BP Group lideran el *ranking* de las mil mayores empresas industriales y de servicios de capital europeo por ventas consolidadas.

El sector del automóvil y el energético ocupan los puestos de honor de este *ranking* exclusivo de *Actualidad Económica* en el que figuran los principales grupos industriales y de servicios de capital europeo con sus ventas y resultados consolidados. La clasificación la vuelve a liderar la alemana **DaimlerChrysler**, con unas ventas de 162 384 millones de euros, seguida de **Royal Dutch/Shell Group, con** unas ventas de 161 413 millones de euros, y la británica **BP Group**, con 160 240 millones de euros, que copan los tres puestos de honor.

Aunque los sectores dominantes siguen siendo los tradicionales, las tecnológicas escalan posiciones; entre ellas sobresale **Siemens**, en el puesto séptimo con 78 396 millones de euros; **Deutsche Telekom** en el decimonoveno puesto con 40 939 millones de euros y la holandesa **Philips** en el vigesimosegundo con 37 862 millones de euros. El motor sigue representado con fuerza en todas las clasificaciones. Además de la medalla de oro –Daimler-Chrysler– el grupo alemán **VW** en el puesto sexto y el italiano **Fiat**, en el noveno, forman parte del selecto grupo de los diez que más vendieron. A ellos se suman otras como la francesa **Peugeot-Citroën** en el decimoctavo; la francesa **Renault** en el vigesimoprimero y a mayor distancia la alemana **BMW**.

El tirón del comercio es otra realidad en este *ranking*. La fusión de Pryca y Continente ha contribuido a que el grupo galo **Carrefour** alcance el octavo puesto de la clasificación con 64 802 millones de euros, lo que representa un incremento de la facturación superior al 40% y que le ha servido para abandonar el puesto decimoctavo de la pasada edición.

Entre las cincuenta mayores empresas europeas solo figuran dos españolas: **Repsol YPF,** en el puesto decimoséptimo, con unas ventas en el último ejercicio de 45 742 millones de euros y **Telefónica** que, con unas ventas de 28 485 millones de euros, logra colocarse en el puesto cuadragesimocuarto. **Endesa** y **Cepsa** aparecen en los puestos 88 y 111, respectivamente. Por debajo del umbral de los 10 000 millones de euros se unen a la lista empresas como **El Corte Inglés**, con 9388 millones de ventas, o **Altadis**, con 7606 millones de euros.

Adaptado de Esther Armendia, *Actualidad Económica*.

Posición	Nombre de la empresa	Ventas (millones euros)	País	Sector
1.				
2.				
3.				
4.	TotalFina Elf	114 557	Francia	Petróleo y derivados
5.	E.on Group	93 240	Alemania	Energía
6.				
7.				
8.				
9.				
10.	Nestlé	53 567	Suiza	Alimentación

a) **¿Qué sabes de las empresas españolas que se mencionan en el texto?**

b) **¿Cuáles son las empresas de mayor tamaño de tu país?**

FICHA 1.4. CLASIFICACIÓN DE LAS EMPRESAS SEGÚN EL ÁMBITO TERRITORIAL

Otra fórmula para clasificar las empresas es en función del ámbito geográfico donde desarrollan su actividad.

Las empresas ***locales*** o ***regionales*** desarrollan su actividad en una población o región a través de sucursales.

Las empresas ***nacionales*** realizan su actividad en todo el territorio nacional a través de sucursales.

Las empresas ***comunitarias*** ejercen su actividad en la Unión Europea.

Las empresas ***multinacionales*** ejercen su actividad en diferentes países de la Unión Europea y de fuera de ella, aunque su sede y su capital tiene una base nacional.

Las empresas ***globales*** desarrollan su actividad en sectores económicos cuyos competidores y actuaciones deben tener en cuenta el conjunto del mundo. Son sectores globales el del petroleo y el del automóvil. Estas empresas tienden a alcanzar unas dimensiones enormes.

Adaptado de E. Díez de Castro et al., op. cit.

1. Clasifica las siguientes empresas según los criterios anteriores.

a) Coca-Cola.
b) Una empresa de mudanzas que solo cubre el área de Madrid.
c) Teléfonica, que está presente en España y en muchos otros países a través de filiales.
d) Una empresa de paquetería dentro de España.
e) Un despacho de abogados especializado que está presente en todos los países miembros de la UE.

2. ¿Cuál es la diferencia entre una filial y una sucursal?

3. Hoy en día se habla mucho de las "glocos", compañías globales. Según el banco de negocios Goldman Sachs, solo hay 27 empresas que cumplen los requisitos necesarios para ser consideradas "glocos".

Estos criterios son:

- Haber integrado la globalización en su estrategia de futuro, no como una forma de ampliar mercados, sino como método de trabajo.
- Tener una marca mundialmente reconocida que identifique sus productos ante los consumidores.
- Ser percibida en cada país como una empresa local, y no como una división de una compañía extranjera.
- Demostrar flexibilidad, tanto desde el punto de vista organizativo como geográfico.
- Emplear la última tecnología y la más eficiente para asegurar la satisfacción de sus clientes.
- La fuerza laboral incide en el éxito de la compañía, y es importante cómo trata la empresa a sus empleados.
- Disponer de una estrategia muy elaborada para China y otros países con gran potencial de crecimiento.
- Tener un compromiso social para mejorar la reputación de su marca y frenar ataques antiglobalización.

Adaptado de un artículo de Mayte Rius publicado en *La Vanguardia Dinero.*

a) De las siguientes compañías, 5 son consideradas "glocos", ya que cumplen todos los requisitos anteriores. ¿Puedes identificarlas?

1. Vodafone	4. IKEA	8. Citigroup, Inc.
2. Telefónica	5. Wal-Mart Stores, Inc.	9. BBVA
3. Dell Computer Corporation	6. Volkswagen AG	10. Marks & Spencer
	7. SEAT	

4. Las empresas multinacionales españolas.

a) **¿Conoces alguna multinacional española?**

b) **Lee el siguiente texto y completa los espacios en blanco con estas palabras:**

marcas	**facturan**	**fusión**	**rivales**	**transnacionales**

Se suele hablar de multinacionales españolas, pero España no dispone de auténticas empresas __________, con la mayor parte de su negocio repartido entre varios países o áreas del mundo. Nuestras "multinacionales" aún __________, pese a la expansión en Latinoamérica, la mayor parte de sus ventas en España. Es el caso de la propia Telefónica (55,8%), de Repsol (63,2%), de Endesa (64,7%) o de Gas Natural (84,3%). Incluso el mito Inditex aún factura el 57% de su negocio en España.

De hecho, solo dos o tres de las 35 del IBEX facturan más del 50% de sus ventas fuera de España, entre ellas estarían sociedades como Altadis (debido a la __________ con Seita), NH Hoteles y Acerinox. Esta situación no se da en el caso de nuestros __________ europeos. Por ejemplo, en Francia, 25 de las 33 empresas no financieras del CAC 40 facturan más del 50% de su negocio fuera del país. Algunas como Renault, Accor, Alcatel, Aventis, Carrefour, Danone, L'Oréal, LVMH, Lafarge, Michelin, Peugeot, Saint Gobain, Sanofi, Total Fina o Vivendi, algunas de ellas con __________ extremadamente conocidas, facturan fuera de Francia porcentajes superiores al 80% o incluso al 90%.

Adaptado de un artículo publicado en la revista *Dinero*.

c) **¿Qué título crees que tiene este artículo?**

1. "Todas las empresas del IBEX35 son multinacionales".
2. "España sigue sin verdaderas *multis*".
3. "Las multinacionales españolas, mejores que las francesas".

d) **¿Qué empresas multinacionales hay en tu país?**

ACTIVIDADES RECOPILATORIAS

1. Estas son las ventajas y desventajas de las multinacionales para los países que las reciben:

+ VENTAJAS

- Creación de empleo
- Transferencia de tecnología
- Mejora de las exportaciones

- DESVENTAJAS

- Influencia económica y política
- Influencia social
- Conflicto de intereses

a) **Discute con tu compañero en qué consisten y por qué afectan positiva o negativamente a los países donde se establecen. Plantead también soluciones para las desventajas.**

b) **Juego de roles.**

ESTUDIANTE A: Eres un directivo de una multinacional que quiere establecerse en un país en vías de desarrollo. Vas a visitar a un funcionario del gobierno para presentarle la propuesta de tu empresa y convencerle para que autorice su establecimiento.

ESTUDIANTE B: Eres un funcionario de un país en vías de desarrollo. Un directivo de una multinacional extranjera va a visitarte para presentarte una propuesta para establecerse en tu país. Escúchalo atentamente, y decide si la instalación de la empresa sería beneficiosa o perjudicial para tu país.

LA EMPRESA: DEFINICIÓN Y CLASIFICACIÓN (II)

TEMA 2

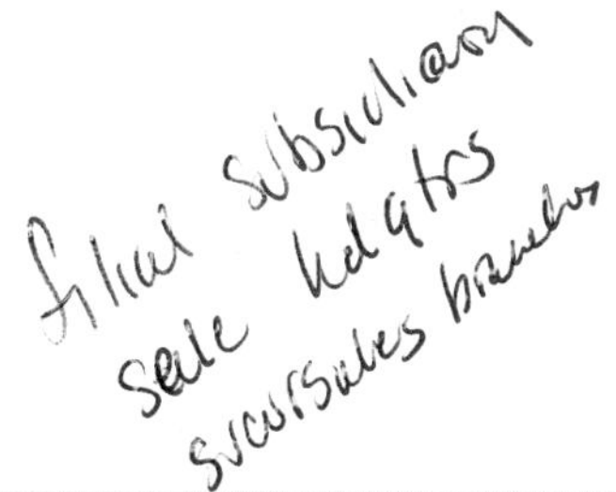

FICHA 2.1. CLASIFICACIÓN DE LAS EMPRESAS SEGÚN LA PROPIEDAD DEL CAPITAL

Las empresas son propiedad de aquellos que aportan su capital social. Estas aportaciones pueden ser de origen privado o público.

Las empresas ***privadas*** son propiedad de particulares o de organizaciones civiles.

Las empresas ***públicas*** son propiedad del Estado, de entidades regionales, locales u organismos públicos.

En las empresas ***mixtas*** parte de su capital es de propiedad pública y otra parte es de propiedad privada.

1. Las empresas públicas en España.

a) **¿Piensas que todavía quedan muchas empresas públicas en España? ¿Conoces alguna?**
b) **¿Sabes cómo se llama el proceso a través del cual el Estado vende sus empresas?**
c) **El siguiente texto describe cómo algunas empresas españolas han pasado de ser públicas a privadas. Léelo y selecciona la opción correcta de las palabras entre corchetes.**

EL SECTOR PRIVADO OS SIENTA TAN BIEN

Hablar de grandes empresas españolas suele ser, por lo general, hablar de compañías como Telefónica, Repsol o Endesa. De esas empresas que en pocos años se han convertido en multinacionales con 1. ______________ **[a)una filial, b) sede, c) sucursales]** en España y negocios repartidos por todo el mundo. Y no hace tanto tiempo, muchas de esas grandes empresas españolas fueron empresas públicas.

TELEFÓNICA: Un caso representativo de este cambio es Telefónica. Aunque ahora puede parecer que atraviesa por "horas bajas" como el resto del sector de telecomunicaciones en el mundo, el cambio de Telefónica de unos años a esta parte ha sido brutal.
Así, una empresa local, circunscrita en exclusiva al negocio existente en su mercado nacional en el que operaba en régimen de 2. ______________ **[a) oligopolio, b) monopolio, c) competencia perfecta]** se ha convertido en una empresa multinacional, con presencia en un gran número de países, fundamentalmente en Iberoamérica, que se encuentra en la vanguardia tecnológica, que compite en mercados globales y en negocios diversos.

REPSOL: No le va Repsol a la zaga a Telefónica en lo que se refiere a cambio radical de su foco de negocio. Incluso, si cabe, la evolución de Repsol ha sido más radical que la de Telefónica, sobre todo porque Repsol fue creada de la unión de varias empresas allá por la década de los ochenta.
Resultado de la 3. ______________ **[a) fusión, b) oferta, c) arrendamiento]** de los activos petroleros controlados por el antiguo Instituto Nacional de Hidrocarburos, Repsol fue el líder del sector petrolero desde su creación como grupo, aunque el despegue definitivo del grupo coincide con su primera salida a Bolsa.

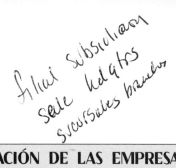

ENDESA: Tampoco es desdeñable la evolución de otra de las joyas del antiguo sector público 4. ______________ **[a) empresario, b) empresa, c) empresarial]** español, Endesa. Creada prácticamente de la nada para tratar de rentabilizar las centrales de carbón del sistema eléctrico, una gestión rigurosa y muy alejada de lo que entonces eran los criterios habituales en el sector público, Endesa pronto se convirtió en la empresa más importante del antiguo Instituto Nacional

de Industria (INI). De hecho, sus beneficios servían para compensar las abultadas y sistemáticas pérdidas procedentes de otras empresas públicas y mantener un frágil equilibrio en las cuentas del antiguo conglomerado estatal.
Tras sucesivas ofertas públicas de venta, el Estado fue disminuyendo su participación en el capital de la eléctrica y, tras la cuarta Oferta Pública de Venta (OPV), el capital de Endesa quedó completamente en manos privadas.

IBERIA: Más incierto era el futuro de la aerolínea española de bandera, Iberia. En sus últimos años en el sector público alternó sombras y luces, con ejercicios espectaculares que no tenían continuidad y daban paso a nuevas pérdidas, en algunos casos abultadas.
Pero cuando el objetivo de la privatización quedó claro, en Iberia las cosas cambiaron diametralmente. De ser una empresa cíclica, muy afectada por las tendencias económicas y el precio del combustible, pasó a ser una empresa con el objetivo de la rentabilidad puesto en cada una de las acciones que llevaba a cabo. Así, encontró dos socios importantísimos que la ayudaron en su camino hacia el sector privado: British Airways y American Airlines. Posteriomente, colocó parte de su capital entre socios institucionales y hubo codazos por hacerse con un trozo de la tarta. Finalmente, colocó el resto de su capital en Bolsa, donde marcó una trayectoria inimaginable el día de su salida al mercado. A pesar de una coyuntura difícil y un mercado a la baja, las acciones de Iberia son de las pocas que 5. ______________ **[a) se han revalorizado, b) han perdido valor, c) no se han vendido]**.

Adaptado de Miguel Larrañaga, *ABC Economía*.

1. **Compara el proceso de privatización de estas cuatro empresas.**
2. **¿Qué empresas públicas hay en tu país?**

2. Las empresas familiares.
Dentro de las empresas privadas, las empresas familiares desempeñan un importante papel. Las actividades siguientes te ayudarán a descubrir cuál es este papel.

a) **Comenta los siguientes datos sobre las empresas familiares en diferentes zonas:**

España

- 1,5 millones de empresas familiares.
- El 65% de las empresas son familiares.
- Suponen el 80% del empleo privado.
- Emplean a más de 8 millones de personas.
- Realizan el 80% de las exportaciones.

UE

- 17 millones de empresas familiares.
- Más del 60% de las empresas son familiares.
- Emplean a 100 millones de personas.
- El 25% de las mayores empresas son familiares.

EE. UU.

- Generan entre el 40% y el 60% del PIB.
- Crean el 50% de los empleos.

Adaptado de un artículo de Cristina Angulo publicado en *El País Negocios*.

b) **¿Cuáles de estas empresas españolas crees que son familiares?**

AirEuropa

ZARA

Meliá Hoteles

Grupo Planeta

c) **¿Qué empresas familiares conoces en tu país?**
d) **¿Qué ventajas y desventajas crees que pueden tener las empresas familiares? Comparte tus ideas con un compañero y luego exponedlas al resto de la clase.**

3. **Estudio de un caso. "No sé si en mi empresa sobran hijos". Vamos a estudiar el caso de un padre, propietario de una empresa familiar, que tiene que tomar una decisión sobre la continuidad de la empresa.**

En toda mi vida no he hecho otra cosa que trabajar como un burro. Empecé como peón de albañil y dando saltos de aquí para allá me fui instalando. Cuando conseguí comprar un camión me sentí como un rey: por fin tenía algo mío.

Pero no me conformé. De la recogida de tierra y material de derribo pasé a la recogida de chatarra, luego al transporte de mercancía –hoy tengo un gran almacén– y a otras áreas. Con los años creé un grupo importante. No como las empresas que salen en los periódicos, claro, pero en lo nuestro somos alguien.

Siempre digo que el secreto ha sido actuar ya, aceptar lo que nadie podía hacer: cuando quieres, puedes. Eso sí, te has de arremangar y olvidar la diferencia entre el día y la noche o que existe una cosa llamada domingo.

Dicen que más que una familia somos un clan. Tengo cinco hijos. El mayor, que hoy tiene 32 años, en cuanto acabó el bachillerato cogió un camión y empezó a patearse Europa: le encantaba conducir. El segundo siguió sus pasos, pero sin el mismo entusiasmo por la carretera. Se ganaban bien la vida, pero con el tiempo se cansaron de ese estilo de vida, y yo empecé a contar más con ellos en la organización, mientras yo me centraba en otras áreas.

El primero dejó el camión para coordinar lo que ahora se llama logística. El segundo empezó con finanzas y compras: no lo hizo bien. Hizo gastos con demasiada alegría y todavía estamos pagando las consecuencias: llevamos un año perdiendo dinero. Intercambiaron sus funciones y ahora la cosa marcha, pero están todo el día discutiendo entre ellos.

El tercero, que sí fue a la Universidad, en vista del panorama laboral, consideró lo más natural venirse a trabajar con su padre; a mí me llenó de orgullo que no le avergonzara dedicarse a un negocio con tan poco prestigio social: lleva la parte comercial. La chica nunca me ha dado problemas: estudió idiomas y es guía turística del Ayuntamiento. El pequeño está en el bachillerato y quiere hacer informática.

En la empresa estamos pasando un mal momento, aunque no angustioso. Si superé la década de los setenta, que fue horrible, saldremos adelante. Pero el panorama no me gusta nada. Puede que mi hijo mayor tenga razón cuando dice que la empresa no da lo suficiente para que vivamos yo y tres hijos, si todos nos dedicamos a mandar: lo que proporciona ingresos es el trabajo a pie de obra, no estar en la oficina.

Tanto como eso, incluso más, a mí lo que me preocupa son las discusiones entre ellos. El mayor, que es el que más vale, incluso asegura que está pensando establecerse por su cuenta si no se van sus hermanos. El segundo ha hecho un gran esfuerzo para demostrar lo que vale: ha informatizado todo.

Todavía soy el dueño de toda la empresa y, por tanto, soy yo quien toma las decisiones. Pero es que ahora me enfrento a la más difícil de mi vida.

No puedo ni quiero exigir a mis hijos que vuelvan al volante de un camión: yo lo hice para que ellos no tuvieran que hacerlo. Me equivoqué al no haberles obligado a estudiar y eso ya no tiene remedio. Pero las cosas no pueden seguir así. ¿Les echo a todos de la empresa a la vez que les ayudo a instalarse en otro sitio, y vuelvo a coger yo las riendas? Me veo perfectamente capaz. ¿O me quedo solo con el mayor y doy un plazo a los otros dos para que se busquen la vida? También sería lógico, pero arriesgo la armonía familiar. Otra posibilidad es que les transmita las acciones, a ver si se vuelven más responsables, y que decidan ellos.

Adaptado de Carles M. Canals, *"¿Usted qué haría?"*, *Actualidad Económica.*

a) **Estas son algunas de las expresiones coloquiales que aparecen en el texto del caso. ¿Puedes seleccionar la expresión que mejor las explica dentro del contexto en el que aparecen?**

1. *Trabajar como un burro.*
   - -Trabajar de manera tonta e inútil.
   - -Trabajar mucho.
   - -Trabajar poco.
2. *En lo nuestro somos alguien.*
   - -Somos una empresa reconocida en nuestro sector.
   - -Somos la empresa más importante en nuestro sector.
   - -Somos una empresa personalista.
3. *Te has de arremangar.*
   - -Has de dejarte de tonterías y trabajar mucho por la empresa.
   - -Has de cortarte las mangas de las camisas.
   - -No tienes que trabajar los domingos.
4. *Vuelvo a coger yo las riendas.*
   - -Vuelvo a tratar a mis hijos como burros.
   - -Vuelvo a asumir el control de la empresa.
   - -Vuelvo a coger el volante de los camiones.
5. *Hizo gastos con demasiada alegría.*
   - -Gastó dinero en fiestas y celebraciones.
   - -Gastó dinero sin medir las consecuencias.
   - -Gastó dinero pero lo recuperó.

b) **Escribe un resumen de la situación con tus propias palabras.**

c) **Para entender mejor la situación, haz un árbol genealógico añadiendo toda la información que tenemos de cada uno de los miembros de la familia.**

d) **¿Cuáles son las tres opciones que está considerando el padre?**

e) **Selecciona cuál es, para ti, la mejor opción. Tendrás que justificar tu decisión en clase y discutirla con tus compañeros.**

f) **Después de haber decidido en clase cuál es la mejor opción, vamos a imaginar que el padre debe comunicársela a sus hijos. Con tus compañeros, representad esta situación. Cada uno de vosotros asumirá su papel, según las características de cada persona que se han señalado en c).**

FICHA 2.2. CLASIFICACIÓN DE LAS EMPRESAS SEGÚN EL SECTOR DE ACTIVIDAD

Según la actividad en la que las empresas desarrollan su producción, se distinguen tres grandes sectores económicos:

Sector primario:	Las actividades basadas en la extracción de materiales, así como las actividades agrícolas y ganaderas.
Sector secundario:	La fabricación de todo tipo de bienes en industrias, así como la construcción de edificios, puentes, etc.
Sector terciario:	Los servicios a los consumidores.

1. Indica a qué sector pertenecen estas actividades.

	Primario	Secundario	Terciario
Supermercados	☐	☐	☐
Fabricación de cemento	☐	☐	☐
Fabricación de coches	☐	☐	☐
Bancos y Cajas de Ahorros	☐	☐	☐
Recolección de frutas	☐	☐	☐
Médicos	☐	☐	☐
Pozos de petróleo	☐	☐	☐
Colegios	☐	☐	☐
Tiendas	☐	☐	☐

2. Estas son las 10 primeras empresas con mayor facturación en España. Como verás, se te indica qué actividad realizan. ¿Puedes identificar a cuál de los tres sectores pertenecen? ¿Y cuáles de ellas son españolas y cuáles son filiales de multinacionales extranjeras?

	Empresa	Actividad	Sector	Nacionalidad
1.	Telefónica de España	Telecomunicaciones		
2.	CEPSA	Petróleo y derivados		
3.	El Corte Inglés	Comercio al por menor		
4.	Telefónica Móviles España	Telecomunicaciones		
5.	Centros Comerciales Carrefour	Comercio al por menor		
6.	SEAT	Automoción		
7.	Mercadona	Comercio al por menor		
8.	Opel España de Automóviles	Automoción		
9.	Endesa Red	Energía eléctrica, agua y gas		
10.	Renault España	Automoción		

Fuente: *Actualidad Económica.*

3. Con respecto a la creación de empresas, estas son las principales actividades a las que se dedican las empresas que se crean en España. ¿Qué puedes comentar al respecto?

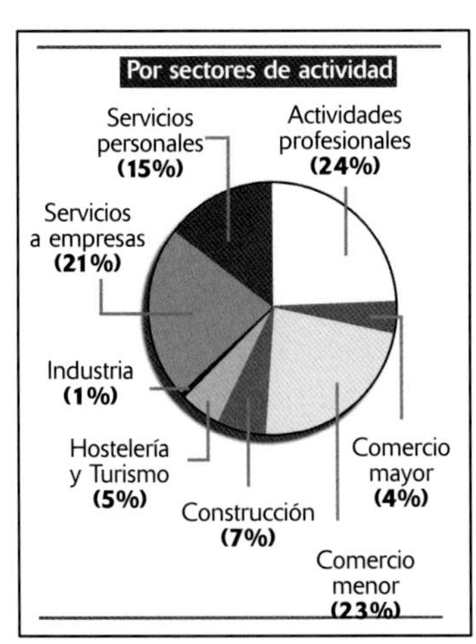

Fuente: *El País Negocios.*

FICHA 2.3. CLASIFICACIÓN DE LAS EMPRESAS POR SU ORIENTACIÓN HACIA EL LUCRO

Según este criterio, las empresas se pueden dividir en:

· ***Empresas con ánimo de lucro:*** los propietarios esperan una compensación por su capital. La mayoría de las empresas tienen ánimo de lucro.

· ***Empresas sin ánimo de lucro:*** su objetivo no es obtener beneficios, aunque los obtengan. En este caso, nunca los distribuyen entre los propietarios, sino que los dedican a obras sociales, al personal y a las necesidades de inversión de la empresa. Como ejemplo, tenemos las Cajas de Ahorros y las ONG.

1. Juego de roles. Vas a trabajar con otros dos compañeros. Distribuid los siguientes papeles y representad un diálogo en clase.

ESTUDIANTE A: Eres propietario/a de una agencia de traducción que funciona principalmente a través de Internet. Tienes una red de traductores alrededor de todo el mundo y tus principales clientes son multinacionales y empresas globales. Eres una persona ambiciosa y tu principal objetivo es obtener el máximo beneficio para tu empresa.

ESTUDIANTE B: Eres amigo/a del estudiante A, pero consideras que su actitud es censurable, que su principal objetivo debería ser pagar bien a sus empleados y no cargar precios tan altos a sus clientes.

ESTUDIANTE C: Eres amigo/a del estudiante A, y consideras que su actitud es muy positiva y que es necesario que haya más empresarios como él/ella, que creen empresas y que contraten personas.

FICHA 2.4. CLASIFICACIÓN DE LAS EMPRESAS EN FUNCIÓN DE SU FORMA JURÍDICA

1. Estas son las formas jurídicas que pueden adoptar las empresas españolas:

· Empresario individual.
· Sociedad limitada.
· Sociedad ánonima.
· Cooperativa.
· Otras (sociedad anónima laboral, sociedad colectiva, sociedad comanditaria).

a) **¿Sabes las características de alguna de ellas?**

b) **El siguiente cuadro resume las principales características de las formas jurídicas en España, así como cuántas hay de cada tipo. También presenta un nuevo tipo de empresa, la Sociedad Limitada Nueva Empresa (SLNE). ¿Qué conclusiones puedes sacar al respecto?**

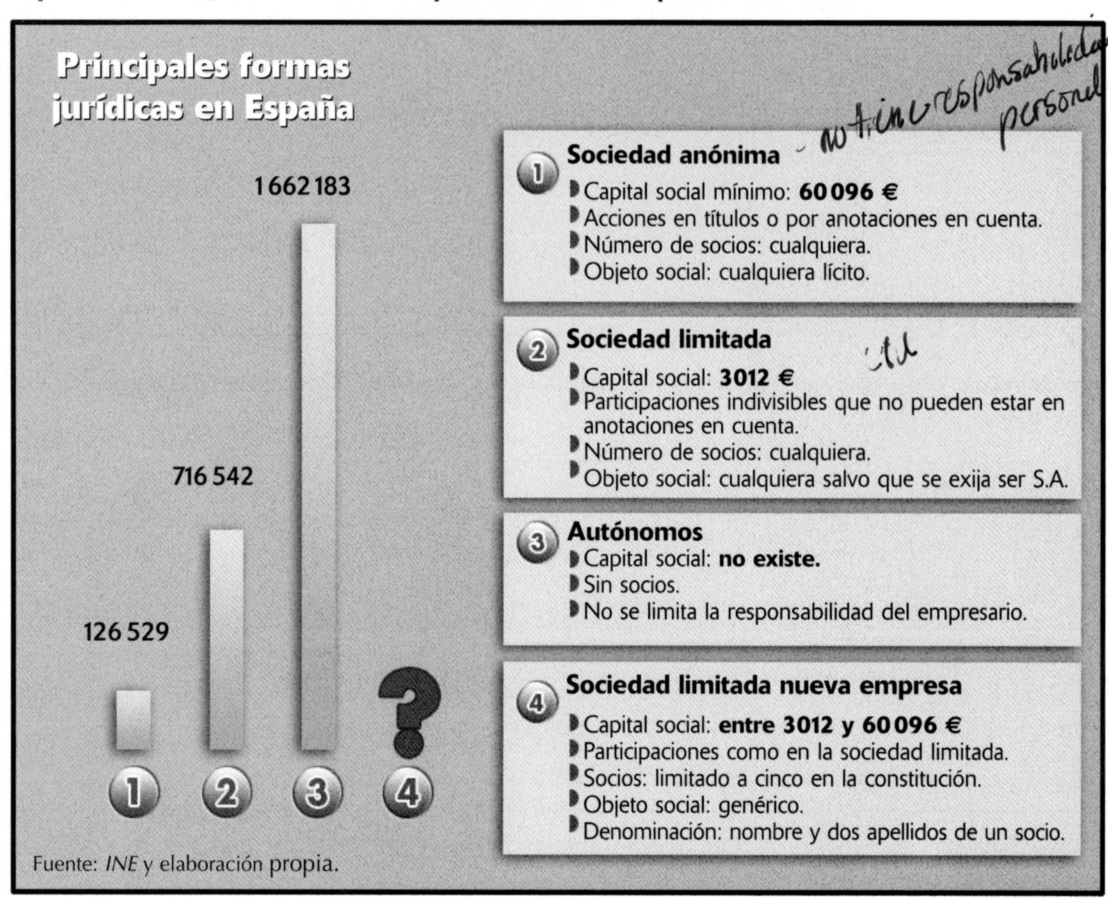

Fuente: *Cinco Días.*

c) **Los "autónomos".**

1) **En España, según las Encuestas de Población Activa (EPA) hay más de trabajadores autónomos que sociedades anónimas o sociedades limitadas. Para saber más sobre ellos, lee el siguiente artículo y realiza, a continuación, las actividades.**

El 18,2% de la población activa española es trabajador autónomo.

Cada vez son más los trabajadores que optan por establecerse por cuenta propia. Comercio y hostelería son las actividades donde más oportunidades hay.

El aumento de trabajadores autonómos en España ha empezado a llamar la atención del Gobierno que en sus últimas medidas ha optado por mejorar sus derechos laborales, además de dotarles de un mejor tratamiento fiscal. Y todo porque hablar de autónomo es pensar en pequeña y mediana empresa y en una de las principales fuentes generadoras de empleo.

En España, según la Encuesta de Población Activa (EPA) del tercer trimestre de 2002 había más de dos millones de autónomos, incluidos los familiares que trabajan en el mismo negocio. El autónomo es un empresario que no tiene asalariados o un trabajador independiente que, como mucho, cuenta con familiares "sin remuneración reglamentada" para la empresa familiar, según el INE. Este colectivo trabaja por cuenta propia.

El programa "In-pulsa", realizado por la Unión de Profesionales y Trabajadores Autónomos (UPTA) en colaboración con la Dirección General de Pyme del Ministerio de Economía sobre el colectivo de autónomos en España y sus necesidades de gestión, ha puesto de manifiesto que España ocupa el cuarto puesto del *ranking* europeo de autónomos, por detrás de Grecia (32,4%), Italia (24,2%) y Portugal (23,7%).

Otro de los estudios realizados, de la Federación Nacional de Trabajadores Autónomos (ATA), concreta que Grecia es el país donde los autónomos dedican más tiempo a su trabajo, con 47,5 horas semanales, seguido de España (46,2 horas semanales) y Portugal (46,1). Los países donde menos horas dedican son Holanda (34,4) y Dinamarca (36,7).

Comparadas las horas de trabajo con los trabajadores por cuenta ajena del propio país, resulta, según el mismo informe, que los autónomos españoles trabajan 33 horas más al mes que los trabajadores asalariados, o lo que es lo mismo, 395 horas más al año. Precisamente España, junto a Grecia, son los países de la UE que registran una mayor diferencia de horas trabajadas entre sus autónomos y asalariados.

Por Comunidades, Cataluña, Andalucía, Galicia y Madrid cuentan con mayor número de autónomos y una jornada laboral superior al resto. En cambio, Comunidad Valenciana, Murcia y Canarias registran la menor jornada.

Adaptado de un artículo de M. Vázquez del Río, publicado en *ABC Nuevo Trabajo.*

2) Selecciona la opción correcta:

a) El Gobierno español
   1) ha empezado a bajar los impuestos de los autónomos.
   2) ha empezado a subir los impuestos de los autónomos.
   3) ha decidido no tomar medidas relacionadas con los impuestos de los autónomos.

b) Un autónomo
   1) es un empresario que tiene asalariados.
   2) es un trabajador independiente que puede contratar a sus familiares, pero no les paga.
   3) es un trabajador independiente que tiene como asalariados a los miembros de su familia.

c) Los autónomos españoles
   1) trabajan más horas a la semana que los griegos.
   2) trabajan menos horas a la semana que los daneses.
   3) ocupan el segundo lugar en el *ranking* de horas trabajadas.

d) Los trabajadores españoles por cuenta propia
   1) trabajan 395 horas más al año que los trabajadores españoles por cuenta ajena.
   2) trabajan 395 horas más al año que los trabajadores griegos por cuenta propia.
   3) trabajan 33 horas a la semana más que los trabajadores autónomos.

3) **Observa la siguiente tabla y responde si las siguientes afirmaciones son verdaderas o falsas:**

Trabajadores autónomos y familiares ocupados

(Fuente: *INE*)

		Hombres	Mujeres
Población activa	16 356 000	10 214 200	6 142 700
Trabajadores autónomos	1 824 800	1 308 900	515 700
Ayudas familiares	279 400	103 600	175 800
Total autónomos	2 104 200	1 412 500	691 500

Autónomos por rama de actividad	**TOTAL**	**%**
Agricultura, ganadería	372 800	20,43
Pesca	17 000	0,93
Industrias extractivas	1500	0,08
Industrias manufactureras	148 300	8,13
Produc. y distri., luz, gas y agua	600	0,03
Construcción	206 700	11,33
Comercio, talleres de reparación	483 400	24,02
Hostelería	131 300	7,20
Transporte	173 200	9,49
Intermediación financiera	18 800	1,03
Inmobiliarias	168 100	9,21
Administración pública, defensa	0	0,00
Educación	24 300	1,33
Sanidad, veterinaria, serv. sociales	31 000	1,70
Servicios personales	92 900	5,09
Personal doméstico	0	0,0
Organismos extraterritoriales	0	0,0
Autónomos por sector económico	**TOTAL**	**%**
Agricultura	372 800	20,43
Pesca	17 000	0,93
Industria	150 400	8,24
Construcción	206 700	11,33
Servicios	1 078 000	59,07

	V	F
a) De los trabajadores autónomos españoles, aproximadamente el 67% son mujeres y el 33% hombres.		
b) Hay tres ramas que ocupan a más de la mitad de los trabajadores autónomos: agricultura y ganadería, construcción, y comercio y talleres de reparación.		
c) No hay trabajadores autónomos en el sector público.		
d) La mayoría de los autónomos trabajan en el sector terciario.		
e) Hay aproximadamente un 20% de autónomos que trabajan en el sector primario, y el mismo porcentaje también se da en el sector secundario.		

FICHA 2.5. LAS EMPRESAS VIRTUALES

El comercio en Internet ha llevado a la creación de empresas en sectores que van desde las actividades bancarias a los hipermercados o a los materiales para la construcción.
Las empresas pueden vender sus productos o servicios a otras empresas (B2B, *Business to Business*) y/o a los consumidores finales (B2C, *Business to Consumer*).

1. Comprensión lectora. "PYMES, saltar a la Red sin riesgo".
Vas a leer un artículo sobre cómo varias pymes españolas han dado el salto a la red y han tenido éxito. Antes describe cómo crees que las siguientes empresas pueden beneficiarse con una página web y presenta tus ideas al resto de la clase.

- **Venta de vinos exclusivos.**
- **Un hotel rural en Extremadura.**
- **Una librería especializada en teatro.**

2. Actividad en grupo.
a) **Vas a trabajar con dos compañeros. Cada uno de vosotros leerá uno de los siguientes textos, que describen cómo funcionan varias empresas a través del Internet, y se lo explicará a sus compañeros.**

www.reservaycata.com

En 2000, su aventura en Internet estuvo a punto de arruinar el prometedor negocio de ventas de vinos exclusivos que Ernesto de Serdio y sus socios habían lanzado en 1997. Tras cinco años como director internacional de Allied Domecq España, se atrevió por su cuenta, abriendo en Madrid dos tiendas con la marca Reserva y Cata junto a un antiguo compañero del máster. Entonces, gracias a la incorporación de otro socio, y una ampliación de capital de 240 000 euros, decidieron lanzar su tienda virtual. "Pedimos presupuesto a grandes consultoras, pero todas superaban nuestras posibilidades, así que decidimos asumir el coste de desarrollar la tienda nosotros mismos", explica de Serdio.
Con la nueva web en marcha, la sombra de la quiebra planeó sobre la compañía durante el primer ejercicio, en que solo facturó ocho mil euros por la web. Pero el año pasado el negocio *on line* ya superó el 30% del millón de euros de ventas totales.

www.jertehotel.com

En enero de 2002 este hotel extremeño con apenas 25 habitaciones estrenó su página web, gracias a una inversión de 1800 euros, "el precio de amigo de una empresa de Valladolid", confiesa María Fernández, su directora. Desde entonces recibe cerca de sesenta e-mails al día, la mayoría solicitando reservas. "Ya no mandamos catálogos del hotel y todas las consultas las remitimos a nuestra página".

www.libreriadeteatro.com

Charo Solano, propietaria desde hace veinticinco años de la librería madrileña especializada en teatro *La Avispa*, ya va por la segunda versión de su tienda virtual. Su primer paso en la red lo dio en 1993, cuando decidió incluir su catálogo en la web literaria infoescena.es. "Recibía un e-mail al día, ya que casi no había usuarios y todo era lentísimo". Cuando, al cabo de seis años, el ritmo de mensajes superaba los 100 diarios, decidió emplear 24 000 euros en crear una página web y el año pasado, otros 2103 euros en remodelarla. Apenas el 1% de los 288 500 euros que vende al año lo hace por Internet, pero muchos de los nuevos clientes proceden de EE. UU. y Latinoamérica, mercados a los que jamás hubiera accedido de no ser por su tienda virtual. UPS, para los envíos y los cobros contrarreembolso y el BBVA, que cobra un 6% del importe por el uso de su TPV virtual, son las empresas que le aportan los servicios complementarios de entrega y facturación.

ACTIVIDADES RECOPILATORIAS

1. Workcenter, Cacaolat y Parques Reunidos.

a) **Lee la siguiente información sobre tres empresas españolas.**

EMPRESA 1: WORKCENTER

Durante su estancia como estudiante en Estados Unidos, Alfonso de Senillosa, presidente y fundador de Workcenter, concibió la idea de implantar este negocio en España. Tres años duró la maduración de la idea hasta que la primera tienda vio la luz en Madrid, un lugar donde se ofrecían servicios de reprografía, Internet y artículos de oficina, pero con dos innovaciones: los servicios están delante del mostrador para que el propio cliente acceda directamente a ellos, y el servicio 24 horas. Su primera fuente de financiación para conseguir los 48 000 euros necesarios inicialmente, los obtuvo poniendo a la venta su coche por 11 100 euros. Hoy en día, Senillosa conserva el 34% del capital, y ha incorporado no solo algunos pequeños socios, sino también al BSCH y BBVA, que cuentan con un 12% del capital respectivamente. Después de tres años, Workcenter cuenta con cuatro establecimientos en Madrid, dos en Sevilla, uno en Barcelona y otro en Pamplona. Entre sus planes de expansión, la empresa contempla destinar 10 millones de euros a abrir nuevos establecimientos, así como a abordar su expansión internacional en Europa y Latinoamérica.

Adaptado de *La Vanguardia.*

EMPRESA 2: CACAOLAT

Cacaolat, marca registrada en 1931 por Letona ha cumplido 70 años repleta de salud y con un altísimo conocimiento espontáneo de los consumidores. Sobre todo en Cataluña, donde, pese a la presencia en el sector de varios competidores, un batido de chocolate, lleve la etiqueta que lleve, sigue siendo un cacaolat. Cacaolat está presente en el 60% de los comercios de alimentación y el 95% de los bares y restaurantes de Cataluña, pero quieren trasladar su dominio del mercado catalán al resto de España, donde la competencia no les ha dejado ganar demasiado terreno. La empresa estudia incrementar su presupuesto de publicidad en el futuro para alcanzar este objetivo.

Adaptado de *La Vanguardia.*

EMPRESA 3: PARQUES REUNIDOS

Parques Reunidos, el mayor grupo de ocio español, salió a bolsa en mayo de 1999. A finales de 2000, la empresa realizó una ampliación de capital, cuyo objetivo fue dotar a la empresa de accionistas de referencia, como Nutrexpa, Planeta y de Agostini, y conseguir fondos para un ambicioso plan de expansión, que permita acelerar el actual ritmo de crecimiento de dos parques cada año. Actualmente tiene en explotación el parque de atracciones de la Casa de Campo de Madrid, así como el Zoo y el teleférico de dicha ciudad, y la propiedad de cinco parques acuáticos en Madrid, Alicante, Valencia, Tarragona y Sevilla, y dos parques de naturaleza en Valladolid y Málaga.

Adaptado de *La Vanguardia.*

b) **Clasifica cada una de estas tres empresas según los criterios vistos anteriormente.**

	WORKCENTER	CACAOLAT	PARQUES REUNIDOS
Propiedad del capital			
Ámbito territorial			
Sector de actividad			
Orientación hacia el lucro			
Forma jurídica			

CREACIÓN DE UNA EMPRESA

FICHA 1. VOY A MONTAR UNA EMPRESA

1. Actividades de pre-lectura.

Imagina que quieres montar una empresa en España. ¿Qué preferirías: tener socios o no tener socios? ¿Cuáles crees que son las ventajas de no tener socios, y trabajar como un empresario individual? ¿Y de formar una sociedad con otras personas? ¿Qué tipos de sociedades mercantiles existen en tu país?

2. Comprensión lectora. "Voy a montar una empresa". Este artículo ha sido publicado en la revista de información general *El País Semanal*. Está dirigido a un público no especializado y su lectura te ayudará a seleccionar el tipo de empresa que vas a crear en España así como los pasos necesarios para legalizarla.

a) Vocabulario. Estos términos te resultarán imprescindibles para la comprensión del texto. ¿Sabes qué significan?

acciones **desembolsar** **capital social** **acreedores**

impuesto **escritura de constitución** **participaciones** **patrimonio**

VOY A MONTAR UNA EMPRESA

Si le ronda por la cabeza la idea de convertirse en empresario, le explicamos las opciones legales que existen y qué pasos tendrá que dar hasta abrir su propio negocio. Elija bien la modalidad de sociedad que conviene a su caso y no olvide las obligaciones que contrae una vez constituida.

Estos son los puntos que deberá tener en cuenta a la hora de convertirse en empresario.

Empresa individual o sociedad. Es el momento de optar por el modelo de negocio que más le conviene. La primera cuestión a considerar es si otras personas van a participar en el ***capital social*** de la empresa. Si es así, tendrá que constituir, junto al resto de socios, una sociedad mercantil. Si usted va a ser el único capitalista del negocio, podrá elegir entre esta opción o constituirse como empresa individual (profesional autónomo).

Debe saber que un trabajador autónomo (empresa individual) responde con todos sus bienes, mientras con la empresa mercantil los ***acreedores*** solo pueden dirigirse al ***patrimonio*** de la sociedad, nunca al de su propietario.

Otro aspecto es el de la imagen corporativa. "Una sociedad, desde la perspectiva de marketing, suele vender más que una empresa individual", explica Juan Luis Casero, asesor de la Asociación de Jóvenes Empresarios (AJE).

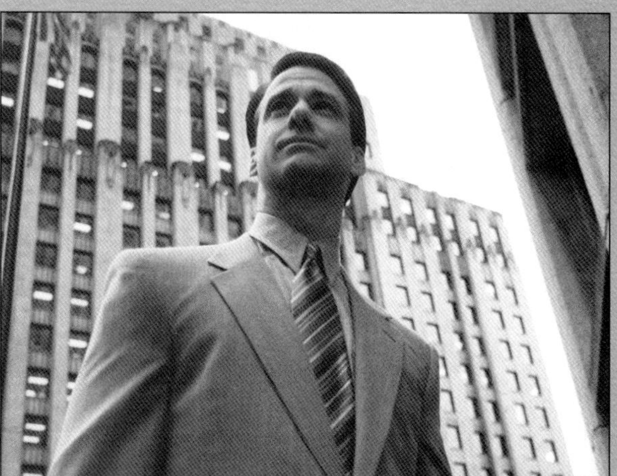

Las ventajas de constituirse como trabajador autónomo residen en una mayor comodidad (la gestión y los trámites administrativos son menores) y en la posibilidad de recibir subvenciones, lo que no ocurre con todos los tipos de empresas mercantiles.

¿Qué tipo de sociedad me interesa? Si ha decidido constituir una empresa mercantil, debe elegir la modalidad que más le conviene. Las más frecuentes son las sociedades limitadas (S.L.) y las anónimas (S.A.). En ninguna de ellas existen limitaciones en cuanto al número de socios que pueden integrarlas.
Las sociedades limitadas son más flexibles, exigen menos formalismos y están menos atadas en cuanto a su funcionamiento. Como contrapartida, existen más restricciones que en las sociedades anónimas a la hora de transmitir la parte del capital social que le corresponda (***participaciones*** en el caso de las sociedades limitadas y ***acciones*** en las anónimas).

Para constituir una sociedad limitada se necesita un capital social mínimo de 3000 euros, que ha de ***desembolsarse*** íntegramente antes de firmar las escrituras. Para las anónimas, el capital mínimo exigido es de 60 000 euros, pero solo es obligatorio aportar el 25% del mismo a la hora de constituirse.

Además de las sociedades limitadas y las anónimas, en los últimos años han cobrado fuerza las sociedades laborales. Para crearlas, la ley exige un mínimo de tres socios y que la mayoría del capital social pertenezca a los trabajadores.

Otra posibilidad, aunque de menor implantación, son las sociedades cooperativas. En este tipo de empresas se necesitan al menos tres socios y un capital social mínimo de 1800 euros.

¿Qué pasos hay que seguir? Lo primero es hacerse con un nombre. Para ello hay que acudir al Registro Mercantil Central (las sociedades cooperativas siguen un proceso distinto), en Madrid. Después debe solicitar en Hacienda el Código de Identificación Fiscal (CIF). Cumplidos estos requisitos, hay que acudir a una entidad bancaria y depositar el capital social de la empresa.

Al notario, el siguiente paso, tendrá que ir dos veces. La primera, para entregar toda la documentación necesaria; la segunda, para firmar la ***escritura de constitución*** de la empresa, momento en el que tienen que estar presentes todos los socios.

Antes de inscribir la empresa en el Registro Mercantil de la provincia donde esté ubicada, hay que pagar en la comunidad autónoma correspondiente el ***impuesto*** de transmisiones patrimonales, el 1% del capital social.

Por último, debe dar de alta a la empresa en Hacienda, en el impuesto de actividades económicas (IAE), y una vez constituida la empresa, tendrá que asumir una serie de obligaciones. Entre otras, llevar al día el libro de actas y de socios, la contabilidad ajustada a los plazos que marca la ley, así como pagar el IVA, el Impuesto de Sociedades y el IRPF si contrata trabajadores.

Adaptado de un artículo de Javier Morales publicado en *El País Semanal.*

b) **Marca si las siguientes afirmaciones son verdaderas o falsas.**

	V	F
1. Si la empresa va a tener más de un socio, será necesario constituir una sociedad mercantil.		
2. Un trabajador autónomo debe responder a los acreedores con su patrimonio personal.		
3. Una empresa individual ofrece una imagen corporativa mejor que una mercantil.		
4. Las empresas individuales exigen menos trámites para constituirse que las mercantiles.		
5. Ninguna empresa mercantil puede recibir subvenciones.		
6. Las sociedades limitadas ofrecen más restricciones a la hora de transmitir las acciones.		
7. Se puede constituir una S.A. con 15 000 €.		
8. Tanto las sociedades cooperativas como las laborales exigen un mínimo de 3 socios.		
9. Una vez constituidas, las empresas tienen que cumplir una serie de obligaciones contables y fiscales.		

c) **Estos son los pasos que hay que seguir para crear una empresa. Ordénalos cronológicamente.**

___ Acudir al Registro Mercantil Central para asegurarse de que no hay otra empresa con el nombre deseado.
___ Depositar el capital social de la empresa en un banco.
___ Dar de alta a la empresa en Hacienda.
___ Solicitar en Hacienda el Código de Identificación Fiscal (CIF).
___ Pagar en la comunidad autónoma correspondiente el impuesto de transmisiones patrimoniales.
___ Entregar al notario toda la documentación necesaria.
___ Inscribir la empresa en el Registro Mercantil Provincial.
___ Dar de alta a la empresa en el Impuesto de Actividades Económicas.
___ Volver al notario para firmar la escritura de constitución de la empresa.

d) **¿Piensas que hay que dar demasiados pasos para crear una empresa en España?**

e) **¿Cuántos días crees que serán necesarios para terminar todo el proceso?**

f) **La siguiente tabla ofrece información sobre los trámites para la creación de una sociedad limitada por países. Compáralos.**

PAÍS	Plazo medio (días)	Puntos contacto	Formularios	Autorizaciones
Austria	24	8	10	6
Francia	2	6	12	0
Reino Unido	8	3	5	4
Alemania	30	6	8	1
Italia	31-70	1-7	1-6	1-6
Portugal	80	11	19	8
España	60	8	15	37

Fuente: *ABC Economía.*

g) **Compara también los costes de crear una empresa en diferentes países de la UE, información que te ofrece el siguiente gráfico.**

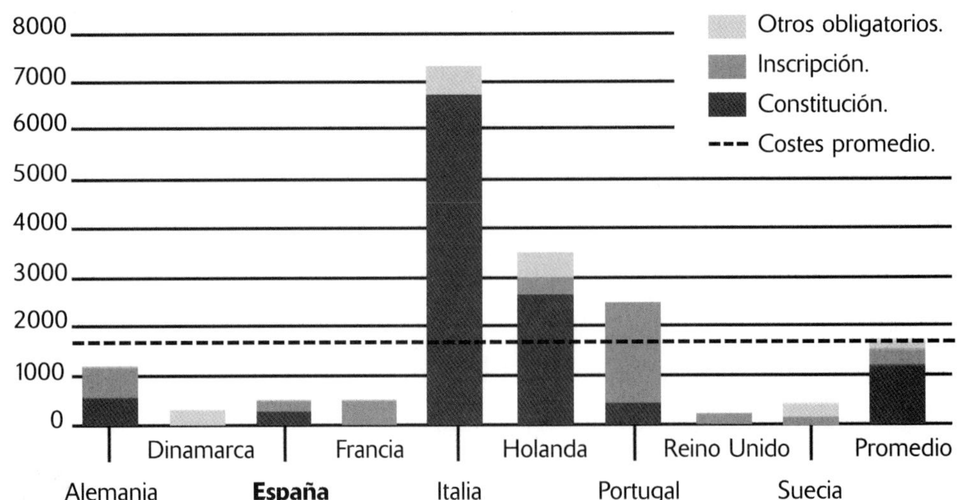

Fuente: *El País Negocios.*

1. **A continuación tienes un mapa de España con las mejores oportunidades de negocio en cada comunidad autónoma.**

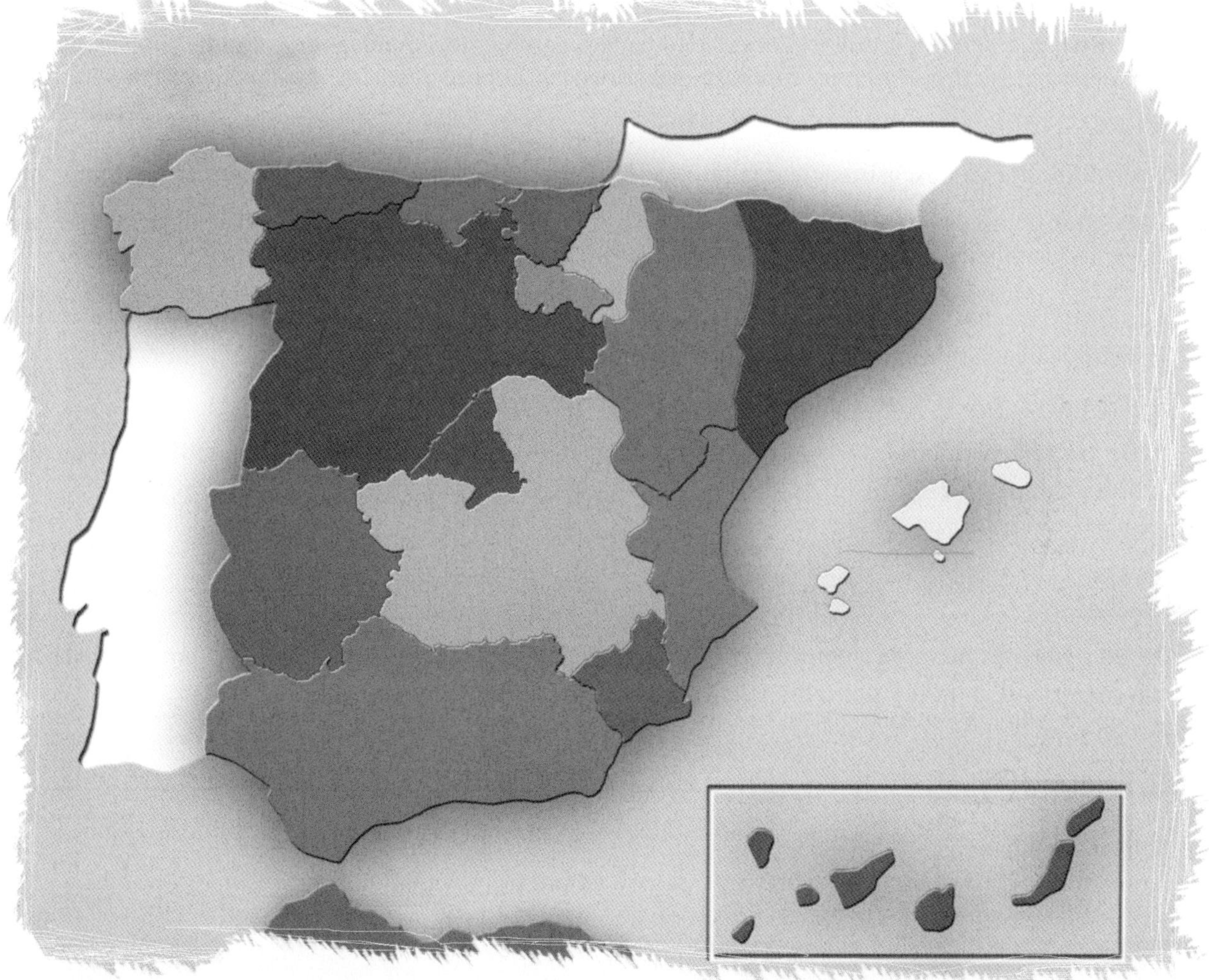

1. **ANDALUCÍA:** empresas de *catering,* alojamientos de turismo rural, balnearios, residencias de ancianos para extranjeros.
2. **ASTURIAS:** alojamientos de turismo rural, consultoras de gestión de agua.
3. **ARAGÓN:** guarderías, asistencia a la tercera edad, consultoras de gestión de agua.
4. **BALEARES:** guarderías, residencias de ancianos para extranjeros.
5. **CANARIAS:** residencias de ancianos para extranjeros.
6. **CANTABRIA:** consultoras de gestión de agua.
7. **CASTILLA-LA MANCHA:** consultoras de gestión de agua, alojamientos de turismo rural.
8. **CASTILLA-LEÓN:** consultoras de gestión de agua, alojamientos de turismo rural.
9. **CATALUÑA:** guarderías, elaboradores de alimentos preparados, empresas de *catering,* centros de estética, agricultura ecológica.
10. **COMUNIDAD VALENCIANA:** recogida de residuos de empresas, residencias de ancianos para extranjeros, centros médicos, centros de estética, academias de formación.

11. **EXTREMADURA:** agricultura ecológica, consultoras de gestión de agua.

12. **GALICIA:** alojamientos de turismo rural, balnearios.

13. **LA RIOJA:** guarderías, asistencia a la tercera edad, alojamientos de turismo rural, servicios de marketing y recursos humanos.

14. **MADRID:** guarderías, consultoras de calidad y medio ambiente, empresas de *catering,* gimnasios, mantenimiento integral de edificios (limpieza, seguridad...), centros médicos, centros de estética.

15. **MURCIA:** balnearios, fabricación de muebles.

16. **NAVARRA:** guarderías, asistencia a la tercera edad, empresas de seguridad, academias de formación.

17. **PAÍS VASCO:** asistencia a la tercera edad, centros de estética, empresas de seguridad, mantenimiento integral de edificios (limpieza, seguridad...).

Adaptado de un artículo de David Rodrigo, José Leal y Abel Núñez publicado en *Actualidad Económica.*

a) **Identifica cada una de las 17 CC.AA. en el mapa.**

b) **¿En qué CC.AA. te gustaría instalar tu negocio? ¿Por qué?**

c) **De las oportunidades de negocio indicadas para esa comunidad, ¿a cuál te gustaría dedicarte? Justifica tu respuesta.**

FICHA 3. LA FORMA JURÍDICA DE LA EMPRESA

1. De los siguientes factores a considerar a la hora de decidir la forma jurídica de una empresa, ¿cuál es más importante para ti y por qué? ¿Cuál carece de importancia y por qué?

imagen **responsabilidad** **costes** **fiscalidad**
número de socios **financiación** **subvenciones**

2. Actividad en parejas.

Estudiante A: estas son las características de una empresa individual. Debes defender esa forma jurídica ante tu compañero y tomar una decisión al respecto.

FACTOR	Estudiante A Empresario individual	
Imagen	No ofrece garantías ya que no está obligado a depositar sus cuentas en el Registro Mercantil.	
Responsabilidad	Debe responder con todo su patrimonio en caso de suspensión de pago o quiebra.	
Fiscalidad	El empresario individual obtiene los beneficios de la actividad empresarial y tributa por estos en el IRPF (15-45%).	
Número de socios	Uno.	
Costes	Los trámites para establecerse no suponen ningún gasto.	
Financiación	Debe avalar los préstamos con su patrimonio personal.	
Subvenciones	Ayudas al autoempleo para empresarios individuales.	

Estudiante B: estas son las caracteristicas de una S.L. Debes defender esa forma jurídica ante tu compañero y tomar una decisión al respecto.

FACTOR		Estudiante B Sociedad Limitada
Imagen		Ofrece una mejor imagen y mayores garantías al estar obligada a depositar sus datos contables en el Registro Mercantil.
Responsabilidad		Si quiebra, no afecta el patrimonio personal de sus socios y administradores.
Fiscalidad		Es la propia sociedad la que obtiene los beneficios y tributa por ellos en el Impuesto de Sociedades (30-35%).
Número de socios		Más aconsejable si son varios los socios, y también puede formarse con un solo socio.
Costes		Exige un capital mínimo de 3006,06 € (aunque puede ser aportado mediante bienes) y unos gastos promedio de 781,32€.
Financiación		El aval es su propio capital social. Lo normal es que los socios avalen los préstamos con su propio patrimonio personal.
Subvenciones		Incentivos para crear una sociedad limitada.

Adaptado de la revista *Emprendedores*.

3. Exponed vuestra decisión al resto de la clase. ¿Cuál de las dos formas jurídicas prefiere la mayoría de estudiantes?

FICHA 4. EL NOMBRE DE LA EMPRESA

Tu empresa debe tener un nombre y este no debe coincidir con el nombre de otra empresa. Para evitar esto, hay que acudir al Registro Mercantil y solicitar una certificación de que el nombre elegido no se encuentra ya registrado por otra empresa.

También hay que tener en cuenta los siguientes principios a la hora de elegir el nombre para tu empresa:

- El nombre debe ser descriptivo de lo que la empresa produce o vende con el fin de ayudar al cliente a saber por qué compra el producto de tu empresa.

- El nombre debe ser distintivo, fácil de identificar y recordar.

- El nombre debe ser atractivo, tanto lingüística como gráficamente (logotipo).

- El nombre no debe limitar las posibles nuevas y futuras actividades de la empresa, tiene que tener en cuenta su expansión futura.

1. Teniendo en cuenta estos principios, contesta las siguientes preguntas, que te servirán de guía para seleccionar el mejor nombre para tu empresa.

Nombres que describen mejor la actividad de mi empresa.

Nombres que me resultan más atractivos.

Nombres que identifican mejor mi actividad.

Ideas para un posible logotipo.

¿Descriptivo?

¿Acrónimo?

¿Geográfico?

¿Simbólico?

¿Siglas?

¿Patronímico?

Renfe

gasNatural

ZARA

Agb

CAMEL

CAJA MA

2. **Después de pensar en el nombre que prefieres para tu empresa, y de eliminar los que no te parecen tan apropiados, completa la siguiente solicitud de certificación para el nombre de tu empresa. Como verás, tienes que dar dos opciones más en caso de que el nombre escogido ya esté inscrito.**

REGISTRO MERCANTIL CENTRAL
SECCIÓN DE DENOMINACIONES

PRÍNCIPE DE VERGARA, 94
TELÉF. 91 563 12 52
28006 MADRID

SOLICITUD DE CERTIFICACIÓN

A) En caso de CONSTITUCIÓN DE SOCIEDAD, indíquese el nombre y apellidos o denominación social, de uno de los socios fundadores.

____

B) En caso de CAMBIO DE DENOMINACIÓN (Indicar el nombre actual de la sociedad)

____

DENOMINACIONES SOLICITADAS (1)

PRIMERA DENOMINACIÓN SOCIAL (2)
____
____
FORMA O TIPO (3)
SEGUNDA DENOMINACIÓN SOCIAL
____
____
FORMA O TIPO
TERCERA DENOMINACIÓN SOCIAL
____
____
FORMA O TIPO
____

Nombre y apellidos del presentante:

____

En ____________ a ____ de ____________ de 20____

Fuente: *Guía para la creación de empresas,* Cámara Oficial de Comercio e Industria de Madrid.

FICHA 5. CARTA CIRCULAR DE APERTURA

1. Lee la siguiente carta y realiza las actividades a continuación.

RELOCATION MADRID, S.L.
P.º Castellana, 103, 2.º 1.ª
28045 Madrid, España
T. 91 7789878 Fax 91 7789574
http: www.relocationmadrid.es

30 de octubre de 2005

Sra. Monika Borgers
Directora de Recursos Humanos
BNV Ibérica
P.º de la Habana 83
28015 Madrid

Estimada señora Borgers:

Nos es grato notificarle que hemos organizado e iniciado las operaciones de nuestra Sociedad Limitada RELOCATION MADRID, especializada en atender a los ejecutivos y a las empresas extranjeras que, como BNV Ibérica, se instalan en Madrid.

Para poner en marcha nuestra empresa, disponemos de una extensa red de contactos que nos permite brindar todos los servicios relacionados con trámites administrativos, búsqueda de vivienda, selección de colegios, cursos de español, así como cubrir cualquier necesidad que un ejecutivo extranjero y su familia puedan tener a la hora de establecerse en nuestra ciudad.

Dada la larga experiencia en este campo de nuestro experto y cualificado personal, estamos seguros de poder atenderle con suma eficacia. Por lo tanto, le enviamos adjuntos a la presente, nuestro catálogo de servicios y lista de precios. Nos agradaría poder ofrecerles nuestros servicios en un futuro muy próximo.

Muy atentamente,

Alberto del Río Díez
Director General

Anexos: catálogos y lista de precios

a) **Marca las siguientes partes en la carta: anexos, destinatario, despedida, fecha, firma, membrete, saludo, texto.**

b) **Da un sinónimo de las siguientes palabras o frases, usando las que están subrayadas en la carta.**

a. cordialmente ____________________
b. esta carta ____________________
c. nos complacería ____________________
d. tenemos el gusto de ____________________

c) **La siguiente carta tiene 10 errores de tipo gramatical u ortográfico. Léela cuidadosamente y después haz las correcciones necesarias para que la versión final al destinatario no tenga errores.**

Centro Wellness Castellana, S.L.
P.º Castellana, 222
28046 -Madrid, España
T. 91 3389876 Fax 91 3389764
http://www.centrowellnesscastellana.es

30 de Octubre de 2005

BNV Ibérica
P.° de la Habana, 83
28015 Madrid

Estimados señores,

Tenemos el agrado de dirigirse a Uds. con el fin de comunicarle que se a procedido a la apertura y comienzo de actividades de nuestro Centro Wellness Castellana.

Centro Wellness Castellana es diseñado para disfrutar de la calma y el cuidado de su cuerpo y mente. Nuestra zona de aguas, nuestro *beauty center*, nuestras sesiones de actividades dirijidas y de entrenamiento Pilates les ayudarán a lograr su equilibrio físico y emocional.

Les brindamos también un amplia zona de restauración con una dieta sana y equilibrada así como servicios exclusivos que harán más agradable su estancia: Parking concertado en C/ Sinesio Delgado; caja fuerte; taquillas de uso personal; servicios de toalla, albornoz o lavandería.

Lo remitimos un catálogo con una descripción detallada de todos nuestros equipos y servicios acompañado de una lista de precios. Esperamos poder atenderles en un futuro muy próximo.

Quedamos de uds. muy atentamente,

Miguel Angel Rey
Director General

Anexos: catálogo y lista de precios.

2. Escribe una carta circular de apertura para la empresa que has creado a lo largo de esta tarea.

ACTIVIDADES RECOPILATORIAS

1. **A partir de las actividades realizadas en las fichas 1, 2, 3 y 4, completa la siguiente ficha de trabajo, que te servirá como base para presentar al resto de la clase la empresa que has decidido crear.**

LA IDEA EMPRESARIAL:

- **Nombre de la empresa o de la marca que la identificará:**

- **Razones para esa denominación:**

- **Indica detalladamente la actividad a la que se dedicará la empresa:**

UBICACIÓN DE LA EMPRESA:

- **Lugar donde situarás el centro de trabajo u oficinas centrales:**

- **Ámbito geográfico en el que desarrollarás tus actividades:**

EL PRODUCTO O SERVICIO:

- **Define brevemente qué productos o servicios pretendes ofrecer en tu futura empresa.**

DEFINICIÓN DE LA FORMA JURÍDICA:

- **¿Tienes pensado cuál es la forma jurídica que mejor se adapta a tus necesidades y a las de tu negocio?**

PROCEDIMIENTO ADMINISTRATIVO:

- **¿Conoces cuáles son los procedimientos administrativos que hay que seguir para poner en marcha tu empresa?**

Adaptado de A. López-Amo, *Guía para crear tu empresa.*

LA ORGANIZACIÓN DE LA EMPRESA

TEMA 3

FICHA 3.1. LA NECESIDAD DE ORGANIZACIÓN

1. En tu opinión, ¿por qué es necesario que una empresa esté organizada?

2. ¿Crees que toda empresa debe estar organizada sea cual sea su tamaño?

3. ¿Cuál crees que es la principal ventaja de una buena organización? ¿Y el principal inconveniente de una mala organización?

4. La organización de una empresa tiene como base definir las tareas que se han de llevar a cabo, determinar quiénes son las personas más adecuadas para efectuarlas, así como las relaciones que deben existir entre ellas. A continuación tienes varias personas que ocupan los puestos de más jerarquía en una empresa, así como las tareas que desempeñan. Relaciona cada persona con sus funciones.

1

En dependencia del Director General, se responsabiliza de la gestión y coordinación de las áreas administrativa y financiera, así como de las estrategias, políticas y procedimientos de la empresa. Asume la gestión de todos los aspectos administrativos y financieros, así como la elaboración y seguimiento de los presupuestos y los informes financieros. Dirige y controla la contabilidad de la empresa, desarrollando sistemas y análisis contables, dirigidos a la optimización de la información para la toma de decisiones.

2

En dependencia del Director General, se responsabiliza de la planificación y desarrollo de la política de RR.HH. de la compañía (selección, formación, planes de carrera), así como de la supervisión de las tareas de administración de personal.

3

En dependencia del Consejo de Administración, se responsabiliza de la promoción, gestión, ejecución y posterior seguimiento de la explotación de diversos proyectos. Debe desarrollar la estructura de la compañía, las estructuras de financiación, los contactos con las entidades financieras y los proveedores, negociar contratos, etc.

4

En dependencia del Director General, se encarga del desarrollo y la gestión informática de la empresa. Es el responsable de implantar los sistemas informáticos, en función de las necesidades de la empresa. Debe analizar y estudiar las necesidades corporativas y de los usuarios, y diseñar soluciones informáticas, así como dar soporte a todos los proyectos en los que se utilicen medios informáticos.

5

Dependiendo del Director General, se encarga de obtener los objetivos de calidad y productividad de la fábrica, gestionando con eficacia al equipo de producción. Se responsabiliza de la ejecución de los programas y procedimientos de producción y garantiza una utilización eficiente de la mano de obra y los equipos.

6

En dependencia del Director General, tiene a su cargo la plena responsabilidad sobre el área de Ventas y Marketing, lo cual supone elaboración de la estrategia global comercial, presupuestos, márgenes, acciones promocionales, lanzamiento de nuevos productos, gestión directa con clientes especiales, así como la coordinación, motivación y conducción de la red comercial a nivel nacional y posteriormente mercados exteriores, procurando la máxima incidencia en el mercado y la consecución de objetivos progresivos.

	Texto N.º
Dirección Producción	
Dirección Informática	
Dirección Comercial	
Dirección Recursos Humanos	
Dirección Financiera	
Dirección General	

5. Haz una lista de los verbos que se usan para las descripciones de puestos como, por ejemplo, *responsabilizarse de...*

6. Con los verbos de la actividad anterior, escribe la descripción de tu puesto ideal.

FICHA 3.2. EL ORGANIGRAMA

Para que haya coordinación, es esencial la transmisión de información entre los miembros de una organización. Cada persona tiene una tarea que debe desarrollar en la organización. Recibe y da instrucciones, controla y a la vez es controlado. Este flujo de información se representa gráficamente mediante un organigrama, en el que deben figurar los diferentes departamentos de la empresa y sus funciones, los niveles de autoridad y los canales de transmisión de información.

1. ¿Puedes dibujar el organigrama correspondiente a la empresa cuyos puestos de trabajo definiste en la ficha 3.1.?

2. ¿Y el organigrama para la empresa que has creado en la Tarea 1?

FICHA 3.3. EL TRABAJO DE LOS DIRECTIVOS

1. ¿Qué crees que es más importante para que un directivo pueda ser eficiente: sus conocimientos, su experiencia o su racionalidad?

2. ¿Qué características debe tener un buen directivo para poder realizar su trabajo?

3. Descripción del jefe ideal. Según el estudio realizado por la consultora Otto Walter España y el informe "Dirigir en el siglo XXI", de la Fundación Española de Directivos, estas son las principales características que los trabajadores esperan de sus superiores.

a) **Léelas y marca las cinco más importantes para ti.**

	Que escuche y cuente con mis ideas y opiniones.
	Que sea coherente y consecuente.
	Que sea claro en la comunicación de decisiones y tareas.
	Que desarrolle mi carrera profesional.
	Que me reconozca lo que hago bien, y me corrija lo que hago mal.
	Que me apoye y me ayude para poder hacer bien mi trabajo.
	Que sea justo y equitativo.
	Que me diga claramente lo que espera de mí.
	Que cumpla sus compromisos.
	Que tenga un trato personal respetuoso.
	Que sea ejemplo de lo que predica.
	Que me enseñe.
	Que se interese por mi trabajo/tarea, que sepa lo que hago.
	Que no disponga de mi tiempo sin consultar conmigo.
	Que respete los horarios y funciones de cada uno.
	Que me exija.
	Que controle.

Adaptado de Laura Sánchez del artículo "El jefe *diez*", publicado en *ABC Nuevo Trabajo*.

b) **Ahora, trabajando con un compañero, escribid las cinco características que debe tener un jefe ideal. Tenéis que usar esta estructura: *Queremos un jefe que...***

c) **Ahora comparad vuestra descripción con la del resto de la clase para ver cuáles son las cinco características más importantes.**

4. Por otro lado, los expertos en organización de empresas también han señalado lo que esperan los buenos directivos de sus empleados. Para saberlo, relaciona los elementos de ambas columnas.

Los directivos esperan que sus empleados...

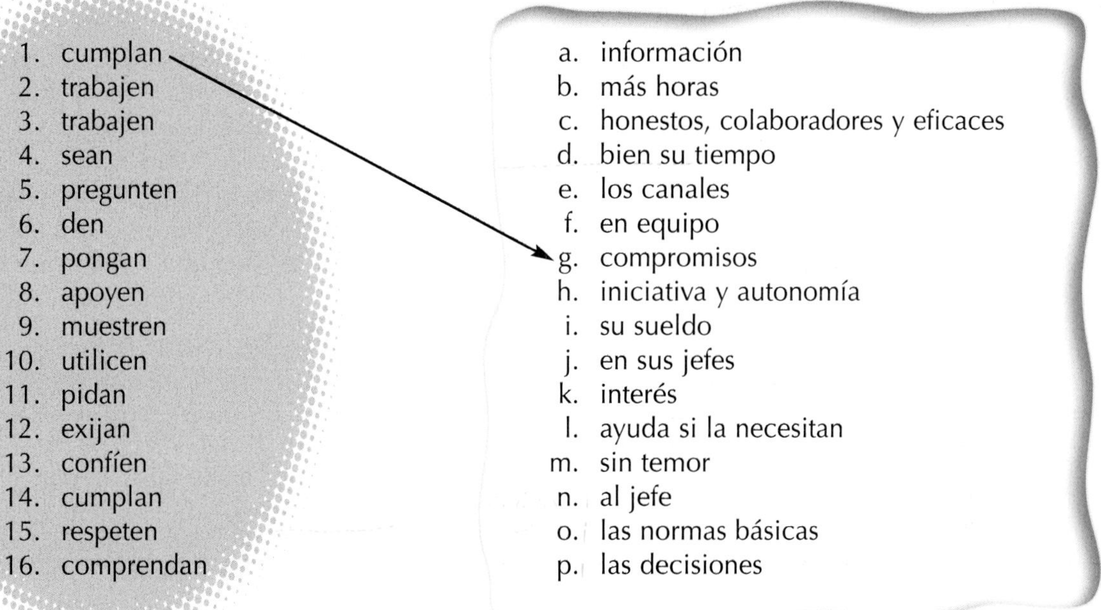

1. cumplan	a. información
2. trabajen	b. más horas
3. trabajen	c. honestos, colaboradores y eficaces
4. sean	d. bien su tiempo
5. pregunten	e. los canales
6. den	f. en equipo
7. pongan	g. compromisos
8. apoyen	h. iniciativa y autonomía
9. muestren	i. su sueldo
10. utilicen	j. en sus jefes
11. pidan	k. interés
12. exijan	l. ayuda si la necesitan
13. confíen	m. sin temor
14. cumplan	n. al jefe
15. respeten	o. las normas básicas
16. comprendan	p. las decisiones

Adaptado de un artículo de Jordi Goula, publicado en *Dinero.*

5. Estudio de un caso. "Mi jefe tiene mentalidad de *bwana*".
¿Sabes qué expresa la palabra "bwana" en la cultura española? Si no lo sabes, observa atentamente el dibujo. ¿Qué tipo de jefe aparece representado? Lee detenidamente este caso y realiza las actividades que aparecen al final.

No me gustan las personas déspotas, que ejercen su poder despóticamente y se creen que son alguien.

Pero no es eso lo que le pasa a mi jefe. En ocasiones pierde los estribos, pero habitualmente cuida las formas: supongo que forma parte de la educación que recibe la gente bien. Además, él no necesita demostrar nada: todo el mundo reconoce su autoridad. Es el director general e hijo del fundador de la empresa.

El problema es que muchas veces trata a sus empleados como si fuesen propiedad suya; por lo que dicen, debe de haberlo heredado de su padre. ¿Ejemplos? ¡A montones! Es incapaz de llegarse a la máquina de café que tiene a cincuenta metros de su despacho: si en ese momento su secretaria está haciendo un recado, se lo pide a la responsable de atención telefónica al cliente, cuya mesa está muy cerca. Otro día, manda al primer administrativo con el que se cruza que "por favor" vaya a llenarle el depósito de gasolina de su coche, e incluso que "si no te importa" le compre una participación de lotería.

Puede encargar cualquier cosa al que se le pone a tiro, independientemente de la categoría y función que tenga. En cualquier empresa se supone que uno desempeña una función específica –para la que ha recibido la capacitación adecuada– al servicio de un interés común. Por supuesto que uno ha de estar dispuesto lo mismo a un fregado que a un barrido. En ocasiones imprevistas no se te han de caer los anillos por hacer lo que sea, para ayudar a un compañero o en favor de los clientes, pero no al servicio de los caprichos particulares del jefe.

Si lo anterior humilla a la gente, lo que te exaspera es que el jefe dé por supuesto que no tienes otra cosa que hacer que trabajar. En la práctica se considera amo y señor de la vida de sus empleados. Estoy exagerando, pero es típico que, sin previo aviso, convoque una de esas eternas reuniones a las siete y media de la tarde, "cuando los clientes nos dejan tranquilos," dice. No entiende que de vez en cuando la gente tiene una reunión en el colegio de su hijo, que ha de acompañar a su mujer a una revisión médica o que por fin va a venir a casa el fontanero. Acabas yéndote, por supuesto, pero de muy mala uva por la cara que te ha puesto. Si lo que pensabas era irte a cenar con unos amigos o llevar a tu mujer al teatro, más vale que cuentes una mentira piadosa o que telefonees anulando en plan. No lo hace con mala idea, por supuesto, pero no hay derecho.

Mi caso es diferente, porque me fichó como segundo de a bordo. Me fastidia lo mismo que a los demás, pero considero que hasta cierto punto forma parte de mi sueldo y que ser directivo tiene otras compensaciones. Lo malo es que llevo solo ocho meses en la empresa, y todavía no me he ganado del todo su confianza como para plantarle cara en este asunto. Lo he hecho con otros temas también importantes, pero solo en la mitad de los casos ha aceptado mis sugerencias. ¿Qué puedo hacer?

Adaptado de Carlos M. Canals, "¿Ud. qué haría?", *Actualidad Económica*.

a) **Selecciona cuál de estas opciones explica mejor cada una de estas frases:**

- "En ocasiones ***pierde los estribos***, pero habitualmente cuida las formas". ○
- "Puede encargar cualquier cosa ***al que se le pone a tiro***, independientemente de la categoría y función que tenga". ○
- "Por supuesto que uno ha de estar dispuesto ***lo mismo a un fregado que a un barrido***". ○
- "En ocasiones imprevistas ***no se te han de caer los anillos*** por hacer lo que sea". ○
- "Acabas yéndote, por supuesto, pero ***de muy mala uva*** por la cara que te ha puesto". ○
- "Mi caso es diferente, porque me fichó como ***segundo de a bordo***". ○
- "***Se considera amo y señor*** de la vida de sus empleados". ○

- ○ **Sub-jefe.**
- ○ **Para hacer cualquier cosa.**
- ○ **A cualquiera que pase cerca de él.**
- ○ **Piensa que sus empleados le pertenecen.**
- ○ **De muy mal humor.**
- ○ **Se deja dominar por sus nervios.**
- ○ **No vas a perder tu dignidad.**

b) **Haz un resumen de la situación con tus propias palabras.**

c) **Completa.**

Posiblemente el problema radica en que el jefe espera que sus empleados...

y los empleados esperan que su jefe...

¿Coinciden las expectativas de este jefe y de sus empleados con lo que hemos visto en las actividades 3 y 4 de esta ficha?

d) **¿Qué harías si estuvieras en esta situación?**

e) **Juego de roles.**

ESTUDIANTE A:

Eres el jefe descrito en el caso. Un empleado viene a hablar contigo.

ESTUDIANTE B:

Tus compañeros te han escogido para que, en nombre de todos los empleados, hables con el jefe y le comuniques el descontento general con su actitud.

f) **Actividad comunicativa. Trabaja con un compañero.**

ESTUDIANTE A:

1. **Imagina que tienes uno de estos tipos de jefes. Descríbeselo a tu compañero. Pídele que te diga qué hacer.**

a) Tu jefe te insulta, te grita y te presiona. Su lema es: "Mientras más presión haya, más cosas se hacen". Fomenta el miedo para ganarse el respeto. Siempre está enfadado. Oye lo que quiere oír. Si dices algo, te grita.

b) Tu jefe es una persona muy insegura que cree ser el objetivo de diferentes complots. Siempre te pregunta con quién estás hablando por teléfono o por qué tratas con compañeros de otros departamentos.

c) Tu jefe no es una persona con carácter directivo. No quiere tomar decisiones por temor a equivocarse. Te desespera pues tu trabajo depende de que tome decisiones.

2. **Ahora tu compañero te va a describir a su jefe. Identifica qué tipo de jefe tiene y dale consejos sobre lo que debe y no debe hacer para cada tipo. Ejemplo: *Debes tener mucha paciencia. / Ten mucha paciencia.***

a) Obsesionado: Es necesario tener mucha paciencia / soportar la crítica / explicar todo tu trabajo con tablas, números, etc. / rezar para que lo asciendan y te cambien de jefe.

b) Vago: Es necesario trabajar el doble y callado / no crear conflictos con él / firmar todos tus trabajos / hablar de su trabajo con los superiores.

c) Megalómano: Es necesario halagarlo / evitar los conflictos / admirar su coche y su casa / expresar las ideas usando "nosotros".

ESTUDIANTE B.

1. **Tu compañero te va a describir a su jefe. Identifica qué tipo de jefe es y dale consejos sobre lo que debe y no debe hacer. Ejemplo: *Debes aguantar los insultos. / Aguanta los insultos.***

a) Colérico: Es necesario aguantar los insultos / no darle la menor importancia / decirle las cosas claras / aprovechar los momentos de calma para hablar y comentar / explicar que tu trabajo no depende de la intensidad de sus gritos.
b) Paranoico: Es necesario evitar ser el objeto de sus sospechas / seguir los protocolos / darle la sensación de que le estás consultando / atraer su confianza.
c) Cobarde: Es necesario tomar la iniciativa / proponer proyectos y llevarlos a cabo / no preguntar / convertirte en su mano derecha.

2. **Ahora selecciona uno de los tres tipos de jefe siguientes y descríbeselo a tu compañero, para que te diga lo que debes hacer.**

a) A tu jefe le obsesiona la perfección. Después de corregir un informe cinco veces, aún encuentra fallos. Se fija más en las comas de las cartas que en el contenido. Es ordenado, perseverante, maniático con los detalles.
b) Tu jefe es apático, indiferente, a veces distante. Pierde el tiempo demostrando que trabaja: va de un lado a otro o llama compulsivamente por teléfono. Es tan sutil que nadie excepto tú sabe cómo es realmente.
c) Tu jefe se apropia de todas las ideas y le gusta vanagloriarse de lo bien que lo hace todo. Es mejor callarse si no quieres que los proyectos tengan su firma.

Adaptado de la revista *Capital*.

ACTIVIDADES RECOPILATORIAS

1. Este es el perfil del directivo español.

CARACTERÍSTICAS PERSONALES

- El directivo español es fundamentalmente hombre (83%).
- Su edad media es de 44 años.
- La mayoría está casada (89%) siendo el porcentaje de mujeres directivas casadas inferior al de los hombres (77% frente al 99% de los hombres).
- El 79% de los directivos tiene hijos. El número medio de hijos por directivo es de 2,26.

CARACTERÍSTICAS PROFESIONALES

- La mayoría de los directivos lleva a cabo su actividad en el sector servicios (66%), seguido del sector industrial (29%).
- El número medio de idiomas que conoce el directivo español es de 1,96.
- Dedican una media de 41 a 50 horas semanales a su actividad laboral, y la mayoría realiza desplazamientos relacionados con su trabajo.
- La retribución que con mayor frecuencia reciben es la remuneración fija (68%), el resto recibe una remuneración mixta (fija más variable).
- El número medio de empresas en las que ha trabajado es de 3,82.
- La mayoría de los directivos españoles son licenciados en Ciencias Económicas o Empresariales (45%).

Adaptado de Laura Peralta del artículo "Directivos con mucha clase", publicado en *ABC Nuevo Trabajo*.

2. **¿Cuáles son las principales características de los ejecutivos de tu país? ¿Crees que son similares a las de los españoles?**

3. **Posiblemente te habrá resultado difícil generalizar sobre los directivos de tu país y te habrás dado cuenta de que hay diferencias regionales. En España, sin ir más lejos, hay diferencias entre los directivos de Madrid y de Barcelona.**

a) Para descubrirlas, realiza la siguiente actividad con tu compañero.

ESTUDIANTE A.

Estas son las principales características de los directivos de Madrid. Léelas y explícaselas a tu compañero/a. Luego, él/ella te explicará las de Barcelona.

Sentido del humor: El madrileño suele ser más abierto y mostrarse cordial, con lo que la sensación inicial de acogida se produce enseguida.
Horarios: La intensidad del trabajo es la misma que en Barcelona, pero los horarios se alargan mucho más. Le dará apuro marcharse de la oficina a las 7.
Movilidad: El directivo de Madrid se precia de ser más dinámico y dispuesto a trasladarse a otro destino para progresar profesionalmente.
Comidas de negocios: Se convocan más, suelen ser más largas y a menudo tienen un mayor componente de relaciones públicas. Pero también sirven para hacer negocios.
Hacer contactos: En Madrid cuesta más que se pongan al teléfono. Pero una vez que lo hacen, tendrá sensación de fluidez en las relaciones profesionales, que se contaminan de las relaciones sociales.
Comparaciones odiosas: El madrileño interpretará como "complejo de inferioridad" que un directivo de Barcelona compare constantemente todo lo que se hace o se tiene con Barcelona. Según el madrileño, el catalán lo hace.
Vestimenta: En Madrid, el directivo es más clásico, pero osado con las corbatas.

ESTUDIANTE B.

Tu compañero/a te va a explicar las principales características de los directivos de Madrid. Escúchalas y luego explícale tú las de los directivos de Barcelona.

Sentido del humor: Ten en cuenta cuando hagas tratos con un catalán que le cuesta algo más reírse de sí mismo. O eso dicen los madrileños.
Horarios: A la hora de hacer llamadas, recuerda que a las 7 de la tarde empezarás a tener problemas para encontrar interlocutores. El catalán se organiza para respetar los horarios.
Movilidad: Si lanzas una oferta profesional a un directivo de Barcelona, no te olvides de que, probablemente, será un paréntesis y acabará volviéndose a casa.
Comidas de negocios: Evítalas si puedes, a menos que sea para festejar un acuerdo. En Barcelona, los negocios suelen hacerse en el despacho. En todo caso, empiezan puntuales.
Hacer contactos: En Barcelona, los directivos son más asequibles que en Madrid. En eso no tendrás problemas. Se ponen antes al teléfono.
Búsqueda del acuerdo: Por favor, ve al grano. El catalán es celoso con su tiempo. A partir del segundo encuentro, debes empezar a negociar sin dilación.
Lengua: El catalán no es una barrera para el directivo, pero en Barcelona apreciarán un pequeño esfuerzo. La voluntad de integrarse pasa por la lengua.
Vestimenta: El directivo viste trajes de corte más moderno y colores discretos.

Adaptado de "¿Son tan diferentes los directivos de Madrid y Barcelona?", *Actualidad Económica.*

b) **Ahora marca dónde crees que sucede lo siguiente, en Madrid o en Barcelona. Compara tus respuestas con las de tu compañero:**

1) Te vas a sentir bien recibido rápidamente.
2) Saldrás del trabajo puntualmente a las 7.
3) No tendrás compañeros de trabajo partidarios de la movilidad geográfica.
4) Podrás hacer negocios durante la comida.
5) Verás compañeros con corbatas atrevidas.
6) No encontrarás personas a las que les guste perder el tiempo.

4. Aquí tienes información sobre dos de los empresarios españoles más importantes de España, Amancio Ortega, de Inditex, e Isidoro Álvarez, de El Corte Inglés. Léela y haz una lista de sus diferencias y semejanzas.

AMANCIO ORTEGA

- Nace en León en 1936.
- Con 14 años entró a trabajar como repartidor en la camisería Gala, en A Coruña.
- Su formación académica se reduce a estudios primarios.
- En 1975 abre su primera tienda Zara en A Coruña.
- De él destacan su increíble intuición, su creatividad y su capacidad de delegar y responsabilizar a cada uno de su trabajo.
- Se le considera un hombre ambicioso y con tesón.
- No tiene chófer, suele conducir su propio vehículo. Le gusta comer y cenar con sus amigos, entre ellos Manuel Fraga, expresidente de Galicia.
- A diario almuerza en uno de los cinco comedores de Inditex con sus empleados.
- Su indumentaria personal no le preocupa y nunca usa corbata.
- Hombre austero, no quiere fotos porque así puede ir de incógnito.
- Tiene olfato para saber lo que quiere el público y un talento innato para la venta.
- No se toma ninguna decisión en Zara sin consultarle previamente.
- Tiene afición por los caballos.
- Tiene dos hijos de su primera mujer y una hija con su actual mujer.

ISIDORO ÁLVAREZ

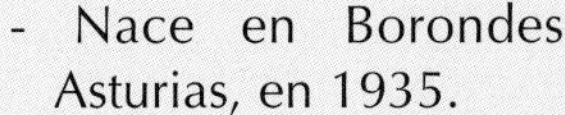

- Nace en Borondes, Asturias, en 1935.
- Se incorpora a El Corte Inglés a los 18 años simultaneando trabajo y estudios.

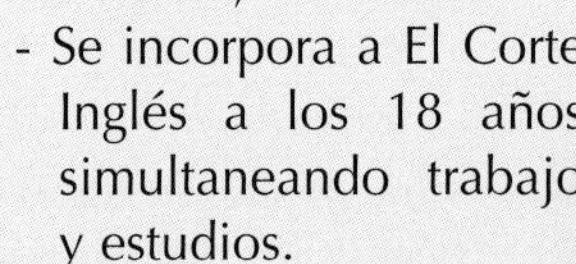

- Realiza la carrera de Ciencias Económicas y Empresariales en la Universidad Complutense de Madrid, donde se licencia con premio extraordinario.

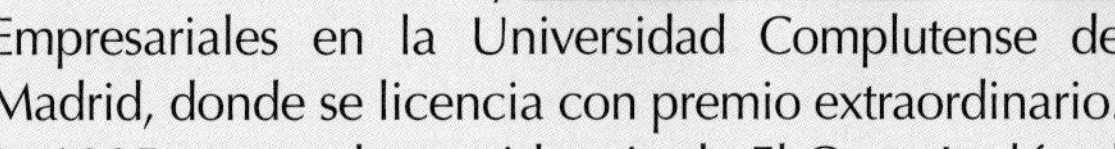

- En 1995, asume la presidencia de El Corte Inglés al morir su tío y tutor Ramón Areces.
- Recibe un imperio económico constituido por 18 centros comerciales, 5 empresas filiales y otras 2 vinculadas.
- Trabaja 12 horas diarias.
- Le encanta visitar las tiendas de incógnito y no es difícil encontrarle el primer día de rebajas o la noche de Reyes en alguno de sus centros.
- Celoso de su intimidad, es uno de los personajes más desconocidos.
- No le gusta hablar con la prensa ni es fácil conseguir una declaración suya.
- Es austero y trabajador.
- Es fumador empedernido.
- Suele usar trajes oscuros y corbata negra.
- Sus aficiones son la caza y viajar.
- Está casado y no tiene hijos.

Adaptado de un artículo de Celia Lorente, publicado en la revista *Tiempo*.

5. ¿Puedes escribir una breve descripción personal y profesional de un ejecutivo conocido en tu país? ¿Su historia es similar a la de Amancio Ortega o Isidoro Álvarez?

RECURSOS HUMANOS

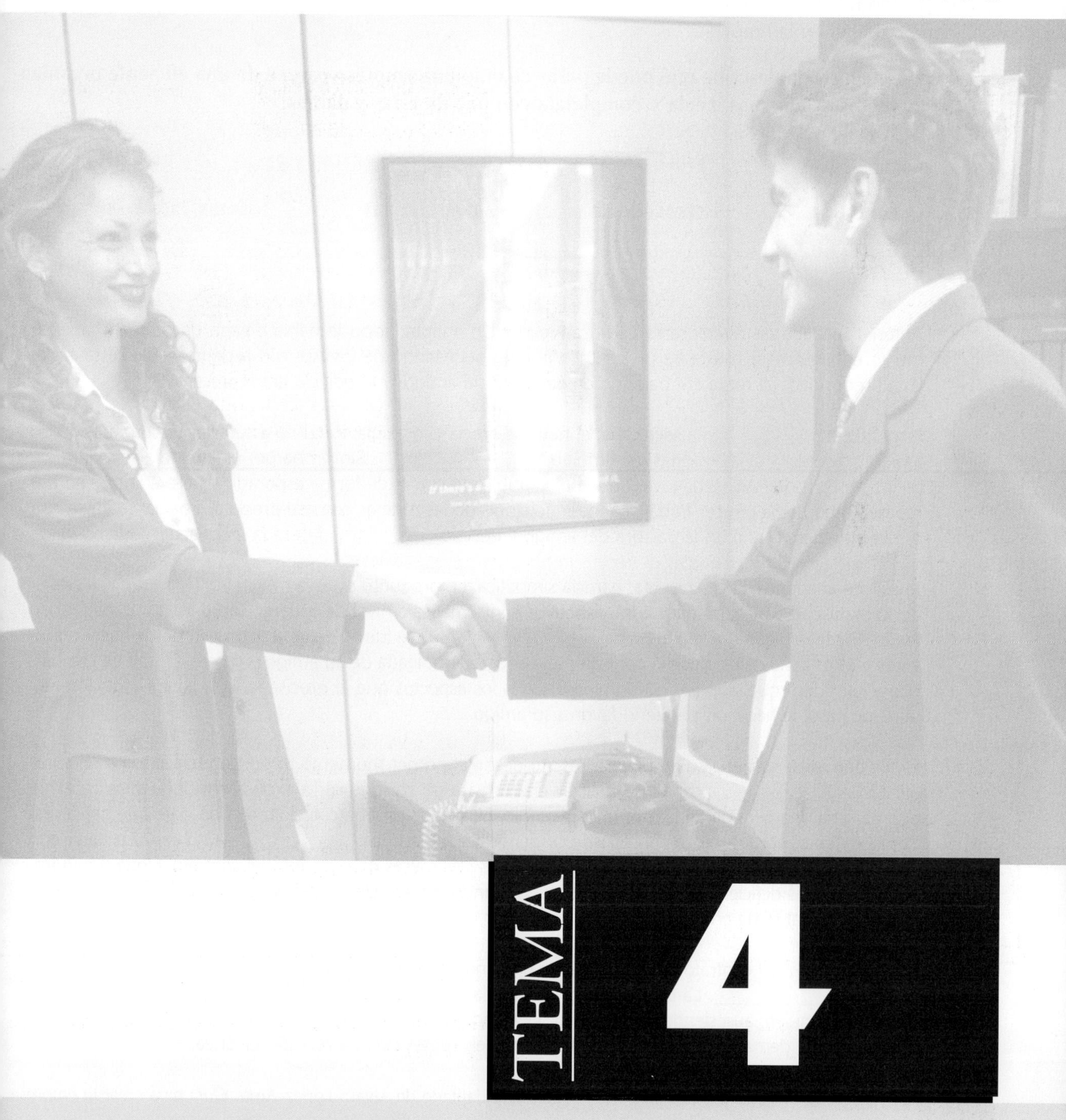

TEMA 4

FICHA 4.1. ORGANIZACIÓN DE LOS RECURSOS HUMANOS

La función de organización de personal consiste en determinar las necesidades de personal que tiene la empresa y cubrir los puestos de trabajo con las personas más adecuadas. Por este motivo, es necesario tener la información relacionada con las características de los puestos de trabajo y las características de las personas que trabajan en la empresa.

1. La siguiente historia describe qué puede pasar cuando una empresa carece de una eficiente organización de recursos humanos. Léela y complétala con una de estas palabras:

conocimientos	**prueba**	**despedir**	**entrevistar**	**horarios**
contratar	**improcedente**	**universitarias**	**indemnización**	

Antonio acababa de establecerse como abogado. Un antiguo socio le había dejado un pequeño apartamento en la primera planta de un céntrico edificio del Madrid de los Austrias recientemente restaurado. Una preciosidad. La renta era baja (no en vano era un amigo) y el edificio era representativo.

Necesitaba __________ una secretaria; el negocio crecía y lo exigía. Recurrió a canales de contratación de amigos, clientes, y a las oficinas de empleo ______________. Sin embargo, el "amigo-arrendador" le recomendó a una muchacha joven, que había trabajado con él de forma esporádica, pero a la que en ese momento no podía ofrecer trabajo. Al haberle alquilado las oficinas con ese precio tan bajo, y tratarse con esa familiaridad, confió en la palabra del amigo y decidió _____________ a la muchacha.

Joven, de apariencia física correcta, parecía simpática. Le preguntó si tenía ____________ de secretariado, contabilidad básica, trámites administrativos e informática a nivel de usuario, sobre todo tratamiento de textos. Ella le dijo que sí. El no le hizo __________ alguna. Ese fue su error. Tras un tiempo de hacer entrevistas a otros candidatos, decidió contratar a la antigua empleada de su amigo y casero. El trabajo era sencillo y consideró que, aunque no dominase todos los aspectos que él precisaba, aprendería rápidamente; y así, de paso, le hacía un pequeño favor a su amigo.

Elena, que así se llamaba su empleada, resultó desde el primer momento torpe, con tendencia a no cumplir los ___________ , incapaz de realizar una tarea a no ser que se lo explicasen todo varias veces, lo que suponía una pérdida de tiempo para Antonio. El mes de prueba coincidió con un viaje que había realizado Antonio, por lo que se sobrepasó ese periodo y no la pudo __________ a no ser que fuese con _____________ . Antonio se resignó a aguantar los seis meses de duración del contrato. Elena siguió trabajando con las deficiencias mencionadas, aumentando, en vez de disminuyendo, el trabajo a Antonio, y creando un mal clima entre ellos.

A la finalización del contrato de Elena, esta le demandó ante el Servicio de Mediación y Arbitraje por despido ______________. La demanda era inopinada, sin razón, pero la interpuso. Supuso cierta zozobra a Antonio, a quien, aun siendo abogado, le desagradaban los tribunales. Elena no se presentó a la cita de mediación y la demanda se archivó. Así acabaron seis meses de una relación errónea.

Adaptado de Alvaro López-Amo, *Guía para crear tu empresa.*

2. **Haz un resumen de la situación usando todas las palabras de la actividad 1.**

3. **¿Cuál crees que fue el principal error de Antonio? Justifica tu respuesta.**

a) Alquilarle un local a un amigo.
b) Contratar a Elena para hacerle un favor a su amigo.
c) No hacerle ninguna prueba a Elena.
d) Irse de viaje durante el mes de prueba.
e) No renovar el contrato de Elena.

4. **¿Y de Elena?**

a) Mentir en la entrevista.
b) Ser incapaz de realizar las tareas asignadas.
c) Demandar a Antonio tras el despido.
d) No acudir a la cita de mediación.

5. **¿Qué debería haber hecho Antonio: 1) antes de contratar a Elena, y 2) durante el contrato de Elena?**

FICHA 4.2. EL RECLUTAMIENTO

Posiblemente el principal error de Antonio fue la manera incorrecta en que realizó el reclutamiento. No desarrolló las acciones y actividades necesarias para conseguir la cantidad suficiente de candidatos disponibles y capacitados, para después iniciar el proceso de selección.

Para realizar un buen reclutamiento, hay que acudir a varias fuentes. Una fuente de reclutamiento es el lugar en el que se buscan los candidatos para cubrir un puesto. Hay dos tipos de fuentes de reclutamiento: las externas y las internas.

1. **Esta tabla presenta las principales fuentes de reclutamiento usadas en España en los últimos años.**

a) **¿Qué puedes comentar al respecto?**

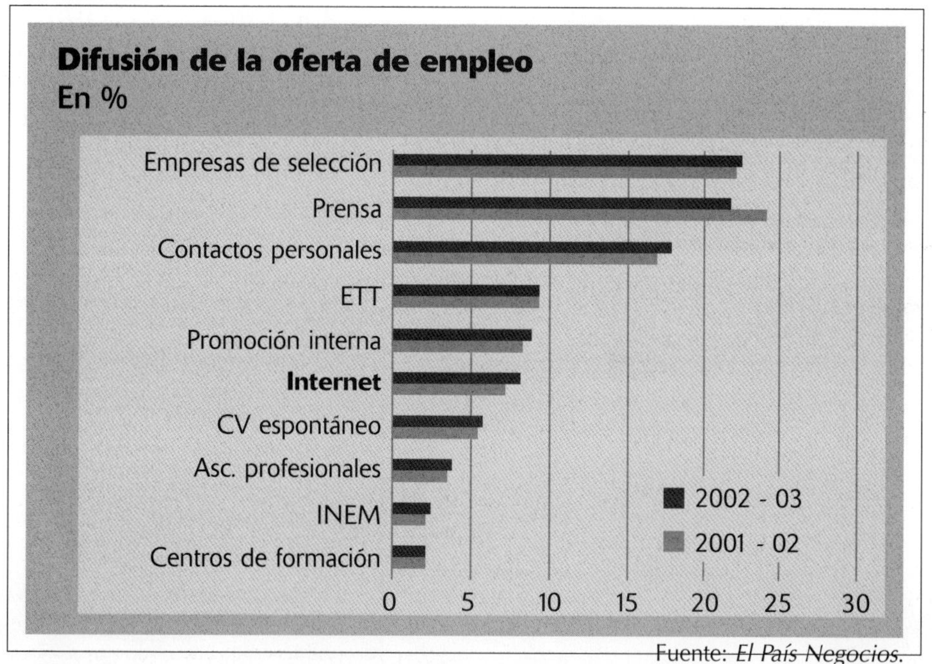

Fuente: *El País Negocios.*

b) Clasifica las 10 fuentes de reclutamiento de la tabla en internas o externas.

c) ¿Cuáles crees que son las fuentes de reclutamiento más usadas en tu país?

d) ¿Qué fuente de reclutamiento crees que resulta más cara? ¿Y cuáles son las más baratas e incluso gratuitas?

2. Observa las siguientes ofertas de empleo publicadas en la prensa y realiza las actividades a continuación.

Anuncio 1

Empresa editorial en fase de expansión y desarrollo, con más de cien años de compromiso con la educación desea contratar:

ASESORES COMERCIALES

para las siguientes zonas:

Madrid (REF. AC-M)
Barcelona (REF. AC-B)
Bilbao (REF. AC-PV)
Sevilla (REF. AC-S)
Valencia (REF. AC-V)

En dependencia de la responsable corporativa del canal consumo, se encargará del asesoramiento y venta de nuestros productos en librerías y grandes superficies de la zona asignada.

Se requiere de jóvenes profesionales con iniciativa, valorándose formación universitaria y experiencia comercial.

Se ofrece contrato laboral en el Régimen General de la Seguridad Social, retribución fija más incentivos por cumplimientos de objetivos, vehículo de empresa, y plan de formación e Integración individualizado al ingreso y participación en el plan anual de formación de la empresa.

Las personas interesadas podrán enviar su historial profesional y foto, indicando referencia en el sobre a:

Dpto. de Recursos Humanos
c/ Xaudaró, 25, 28034 Madrid.

Anuncio 2

NUESTROS PROFESIONALES
SON NUESTRA MARCA
nH selecciona personal para:
Central de Reservas Internacional
Ref. CRI
· Diplomados en turismo procedentes de escuelas europeas.
· Conocimiento de reservas y atención al cliente.
· Orientación al cliente, adaptabilidad y habilidades de comunicación.
· Dominio de tres idiomas (holandés, alemán, inglés, italiano y otros).
nH HOTELES
ENTRA EN EL NUEVO MUNDO nH
Envía tu curriculum vitae indicando la referencia correspondiente a: NH - Dpto. Selección y Desarrollo.
C/ Santa Engracia, 120 - 28003 Madrid,
vía e-mail a: empleo@nh-hotels.com o a través
del área de empleo de www.h-hoteles.com

Anuncio 3

URÍA & MENÉNDEZ
Abogados

Madrid, Barcelona, Valencia, Bilbao, Bruselas, Nueva York, Londres, Lisboa, Buenos Aires, Lima, Santiago de Chile, São Paulo, México D.F.

Buscamos abogados colaboradores para nuestras oficinas de Madrid, Barcelona, Valencia y Bilbao:

Licenciados en derecho en los años 2004 y 2005
Estudiantes en su último curso de licenciatura

Ofrecemos:
- Oportunidad de iniciarse en la profesión de Abogado.
- Participación en la resolución de asuntos de primer orden.
- Plan General de Formación con cursos y seminarios semanales.
- Durante el primer año, dos rotaciones de seis meses cada una en diferentes áreas de ejercicio.

Se requiere:
- Vocación por el Derecho y la profesión de Abogado.
- Excelente expediente académico.
- Dominio del inglés.
- Muy buena expresión oral y escrita.

Se tendrá en cuenta: dominio del francés, alemán y otros idiomas.

Las pruebas de selección comenzarán a partir del 2 de abril y el inicio de la colaboración está previsto para la primera semana de septiembre.

Si está interesado envíe una carta acompañada de su currículum vitae y una copia del expediente académico, antes del día 10 de febrero a la siguiente dirección:

Uria&Menéndez · Departamento de Selección
Jorge Juan, 6 · 28001 Madrid
www.uria.com

Anuncio 4

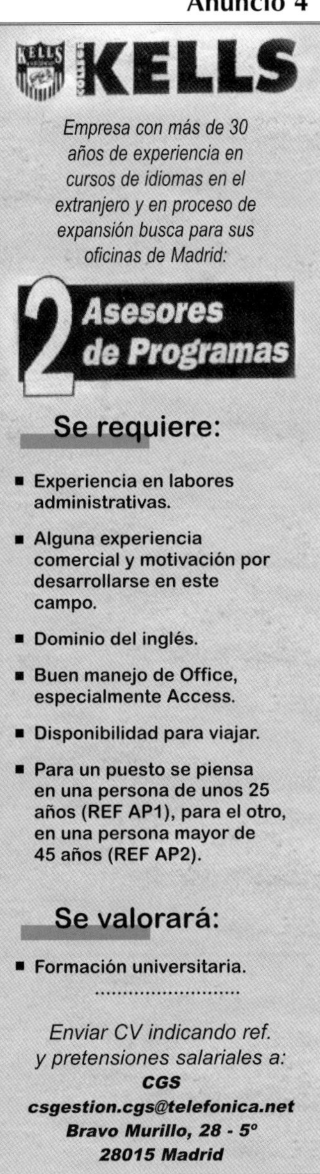

KELLS
Empresa con más de 30 años de experiencia en cursos de idiomas en el extranjero y en proceso de expansión busca para sus oficinas de Madrid:
2 Asesores de Programas
Se requiere:
▪ Experiencia en labores administrativas.
▪ Alguna experiencia comercial y motivación por desarrollarse en este campo.
▪ Dominio del inglés.
▪ Buen manejo de Office, especialmente Access.
▪ Disponibilidad para viajar.
▪ Para un puesto se piensa en una persona de unos 25 años (REF AP1), para el otro, en una persona mayor de 45 años (REF AP2).
Se valorará:
▪ Formación universitaria.
Enviar CV indicando ref. y pretensiones salariales a:
CGS
csgestion.cgs@telefonica.net
Bravo Murillo, 28 - 5º
28015 Madrid

a) **Examina cuidadosamente estos 4 anuncios y señala en qué anuncio/s se especifica los siguiente:**

	1	2	3	4
1. Se requieren idiomas.				
2. La persona trabajará exclusivamente en Madrid.				
3. Es necesario enviar una foto.				
4. Se puede enviar el CV por e-mail.				
5. Requiere disponibilidad para viajar.				
6. La experiencia es un requisito imprescindible.				
7. Se requieren conocimientos de informática.				
8. Ofrece una retribución mixta (fijo más variable).				
9. El candidato debe indicar cuánto aspira a ganar.				
10. Hay que indicar la referencia al enviar el CV.				
11. Se dirige tanto a licenciados como a estudiantes del último año de carrera.				
12. Ofrece un plan de formación.				
13. Se valorará la formación universitaria; no es un requisito indispensable.				

b) **¿Posees los requisitos para alguno de estos puestos?**

c) **¿A cuál de estos anuncios te gustaría enviar tu CV para que te consideraran?**

d) **¿Cuál sería tu anuncio de oferta de empleo ideal? Diséñalo teniendo en cuenta las partes que debe tener y el lenguaje que debe utilizarse.**

FICHA 4.3. EL PROCESO DE SELECCIÓN DE PERSONAL

Para seleccionar a las personas que mejor se adaptan al puesto de trabajo que espera cubrir la empresa será necesario efectuar un proceso de selección entre los posibles candidatos. Este será diferente según la empresa y el tipo de puesto que se desea cubrir.

1. Orientaciones para un candidato.

Las directrices básicas para un aspirante a cualquier puesto de trabajo están siempre orientadas hacia dos puntos fundamentales: el currículum vítae y la entrevista personal.

a) **El currículum vítae o CV.**

Lo ideal es que conste de dos partes diferentes.

- **Carta de presentación**: Debe poseer un marcado carácter personal, y es de gran importancia redactar una para cada empresa y puesto que se solicite. Se ha de adecuar a las necesidades concretas demandadas por la compañía.

Lee estas dos cartas de presentación y realiza las actividades a continuación.

Alejandro Primer Trabajo
C/Alba Roca, n.º 23, 3º A.
08230 Barcelona
93 444 44 44 - 800 000 000
aprimertrabajo@allmail.com

Sr. D. Iván Mayor Alapont
Director de Recursos Humanos
Consultores Asociados, S.L.
C/ Rosario, 23-25
08017 Barcelona

Barcelona, 10 de octubre de 2005

Estimado Sr. Mayor Alapont:

Recientemente he finalizado mis estudios en Administración y Dirección de Empresas en la Universidad de Tarragona, licenciándome con una calificación media de sobresaliente.

La metodología aplicada en el centro me ha permitido desarrollar una gran capacidad de resolución y adquirir una perspectiva global de todas las áreas de la empresa, con especial énfasis en los sistemas y nuevas tecnologías de la información.

A lo largo de mi formación, he intentado potenciar mi espíritu de trabajo en equipo, iniciativa e implicación en las tareas asumidas. También mi conocimiento de idiomas, mediante estancias y cursos intensivos en Inglaterra y Francia.

He tenido oportunidad, asimismo, de desarrollar mis primeras experiencias laborales mediante prácticas en distintas empresas, cuyo detalle encontrará en el CV que le adjunto para su consideración.

Me gustaría mucho integrarme en el Departamento Financiero de su empresa, especialmente en el área de Control de Gestión, ya que son de mi agrado todas las funciones que en este se desarrollan.

Estoy a su entera disposición para realizar una entrevista y las pruebas que considere oportunas.

Agradeciéndole su atención,

Le saluda atentamente,

Alejandro Primer Trabajo

Anexo: CV

Adaptado de *www.infojobs.net*

David Experiencia Cronológica
C/ Alba, n.º 5
20160 San Sebastián
500 1234567
dec@allmail.com

Sra. Doña Gloria Caballero González
Directora de Marketing
PubliCAM, S.L.
40014 San Sebastián

San Sebastián, 1 de noviembre de 2005

Estimada Sra. Caballero:

He tenido ocasión de ver el anuncio publicado en "El País" de fecha 28 de octubre de 2005 en el que solicitan un Marketing Manager para su empresa.

Mi experiencia profesional, que detallo en el Currículum Vitae que le adjunto, se centra en el desarrollo de innovadores programas de fidelización y de captación de nuevos clientes. Mi contribución durante el último año a mi empresa actual ha sido decisiva en el éxito conseguido en nuestra última campaña "Pide un deseo".

Licenciado en Marketing y Comunicación por la Universidad de Navarra, poseo un nivel alto de inglés e italiano, al haber trabajado en el extranjero durante cuatro años.

Estoy acostumbrado a utilizar las más sofisticadas tecnologías de investigación de mercados. Esto me ha permitido convertirme en experto en segmentación de ficheros, ventas cruzadas, etc.

Me interesa especialmente trabajar en su empresa ya que me consta que se trata de una de las entidades con mayor prestigio y renombre dentro del sector.

Me agradaría mucho mantener una conversación con usted a su mejor conveniencia y poderle ampliar personalmente la información que le remita. Para ello podrá localizarme con facilidad en el número de teléfono 500 1234567 o, si prefiere, por correo electrónico dec@allmail.com.

A la espera de sus noticias y dándole las gracias anticipadas por la atención prestada a esta solicitud, le saluda atentamente,

David E.

David Experiencia Cronológica

Anexo: CV

Adaptado de *www.infojobs.net*

1) Identifica cuál de las dos cartas anteriores es una candidatura espontánea y cuál responde a un anuncio de oferta de empleo.

2) Para la carta que responde a un anuncio de oferta de empleo, ¿cuáles crees que eran los requisitos indicados en el anuncio y cómo demuestra el candidato que los posee?

3) Ambas cartas tienen un párrafo donde el candidato demuestra que conoce la empresa donde quiere trabajar. Identifícalos.

4) Escribe una carta de presentación. Tienes dos opciones: a) una carta que responda a la oferta de empleo ideal que has diseñado en la actividad 7 de la ficha 2, o b) una candidatura espontánea dirigida a una empresa en la que te gustaría trabajar.

b) El currículum. Debe incluir la siguiente información:

- Datos personales.
- Formación académica detallada.
- Experiencia profesional.
- Idiomas, aportando documentos de títulos o grados obtenidos.
- Informática, incluyendo especificaciones sobre los entornos dominados.
- Formación de tipo complementario.
- Otros datos de interés: Se pueden añadir aficiones, actividades extraprofesionales o gustos particulares.

En general, debe ser un documento conciso y claro, con una redacción sencilla y breve y debe tener un alto grado de realismo. Además, se deben evitar las faltas de ortografía, utilizar un documento original en blanco y negro y añadir una fotografía tamaño carné, en la que se tenga buena presencia.

1) **Aquí tienes un ejemplo de un currículum vítae cronólogico, o sea, que presenta la experiencia profesional cronológicamente. Estúdialo y luego escribe tu propio CV cronológico.**

Información personal

Nombre y apellidos: LUCAS EXPERIENCIA CRONOLÓGICA
Fecha y lugar de nacimiento: 27 de Octubre de 1972, Valladolid.
Estado civil: Casado, 1 hijo.
Nacionalidad: Española.
Dirección: C/ Artesa, n.º 16 2.º D. 50190 Zaragoza.
Teléfono particular: 976 00 00 00
Teléfono móvil: 500 00 00 00
E-mail: lec@allmail.com

Formación Académica

Licenciado en Ciencias Económicas y Empresariales. Universidad de Zaragoza. 1995.

Diversos cursos de formación realizados en materias Contables, Fiscales, Administrativas, Dirección de Equipos e Informática.

Experiencia profesional

CONTROL Y MONTAJES S.A. Zaragoza.
Instalaciones eléctricas en plantas industriales. Estudio, proyecto y fabricación de paneles de control. Diseño e implantación de sistemas para instalaciones de seguridad.
6 Delegaciones. Facturación 102 773 069 € Plantilla: 798 empleados.

2000- actual **Director de Administración y Finanzas**

- *Supervisión y organización interna de las distintas delegaciones.*
- *Desarrollo de sistemas de Procedimientos, Control y Gestión.*
- *Análisis financieros y estudios de posibles desarrollos para el Departamento Comercial.*
- *Control presupuestario. Cierres mensuales y anuales. Reporting a la Dirección General.*
- *Control de la Contabilidad y Administración.*
- *Responsable de la Tesorería, Balance y vías de financiación.*
- *Responsable del área informática.*

Coordinación de un equipo de cuatro personas.

1997-2000 **Responsable de Administración y Contabilidad**

- *Administración:*
  Nóminas, SS, Impuestos.
- *Contabilidad (Analítica-Financiera):*
  Análisis periódico ingresos/gastos. Elaboración de informes.
  Relación con bancos (créditos, transferencias, ingresos, pagos...).
- *Tesorería-Cash:*
  Caja, gestión gastos de personal.

Coordinación de un equipo de dos personas.

1995-1997 ***GESTORIA S.L.*** Zaragoza.
Gestión de nóminas, IVA e IRPF para distintas empresas.

Idiomas

Inglés: *Nivel medio*

Informática

Sistemas operativos: Windows 95, 98 y 2000.
Microsoft Office (Word, Excel, Access, Powerpoint, Outlook).
Contabilidad y gestión: Contaplus, Contawin, Gestión, Programas a medida.
Banca electrónica.

www.infojobs.net

c) **Entrevista personal:** Se aconseja mostrar una actitud abierta ante las preguntas que se formulen. El tono de voz debe ser claro y demostrar cierta fluidez y agilidad verbal. Hay que cuidar especialmente la forma, no caer en la arrogancia, y contestar con naturalidad. Entrevistar al entrevistador es lo ideal, pero cuidado, esto puede ser un "arma de doble filo" si pecamos de arrogancia en nuestra actitud.

Adaptado de *ABC Nuevo Trabajo.*

d) **Verdadero o falso:**

	V	F
1) Un candidato puede mandar la misma carta de presentación a todas las empresas que le interesen.		
2) El CV incluye conocimientos de idiomas y de informática, así como aficiones y gustos particulares.		
3) El candidato debe tener una actitud arrogante y cerrada durante la entrevista.		
4) Durante una entrevista, no se pueden hacer preguntas al entrevistador.		

2. ¿Qué hacer y qué no hacer durante el proceso de búsqueda de trabajo? A continuación tienes una lista de actividades. Clasifícalas en cosas que debes hacer o que no debes hacer.

ANTES DE LA ENTREVISTA

1.Enviar un CV conciso, directo y claro.
2.Cambiar constantemente de trabajo.
3.Reciclar un sobre para enviar el currículum o corregir a mano algún dato equivocado.
4.Seguir las instrucciones del anuncio, por ejemplo, enviar una foto o una carta en inglés si se pide.
5.Llegar a la entrevista con una mínima preparación sobre la empresa que puede contratarte para demostrar interés.
6.Llegar demasiado pronto a la entrevista.
7.Ser puntual al llegar a la entrevista.
8.Centrarse en el puesto y en la empresa todo lo que sea posible.
9.Tener un historial que muestre que el candidato lleva haciendo lo mismo durante años y en la misma compañía.

DURANTE LA ENTREVISTA

10.Hablar demasiado y acaparar la entrevista.
11.Parecer demasiado arrogante.
12.Criticar la empresa anterior.
13.Responder con monosílabos, ir a remolque del seleccionador o coincidir en todo con él.
14.Mentir en el currículum o durante la entrevista.
15.Demostrar mucha profesionalidad durante la entrevista: capacidad de comunicación, actitud y apariencia.
16.Ir vestido informalmente o ir vestido como para una boda.
17.Ir a la entrevista con un amigo o un familiar.
18.Demostrar personalidad, perspectiva, claridad de ideas, visión, optimismo, espontaneidad.
19.Fumar un cigarrillo detrás de otro.

DESPUÉS DE LA ENTREVISTA

20.Haber pedido demasiado dinero.
21.Saber a qué está dispuesto a renunciar y a qué no.
22.Insistir demasiado sobre la decisión final de la empresa.
23.Usar demasiadas recomendaciones.
24.Tener malas referencias.
25.Estar suficientemente cualificado para el puesto.

Adaptado de Juan Carlos Cubeiro, "Veinticinco razones para no ser contratado", *Actualidad Económica*.

3. El entrevistador tendrá que hacer preguntas relacionadas no solo con 1) su empresa y 2) el puesto de trabajo específico, sino también referentes a 3) la personalidad, 4) las motivaciones, 5) los objetivos personales, 6) la formación y 7) la experiencia previa del candidato. Clasifica las siguientes preguntas según uno de los siete criterios mencionados:

a) Describe en cinco minutos los puntos concretos más relevantes de tu currículum.
b) ¿Qué asignaturas te gustaron más en tus estudios?
c) ¿Te gustaría dirigir tu propia empresa?
d) ¿Por qué crees que encajas para este puesto?
e) ¿Por qué dejaste tus trabajos anteriores?
f) ¿Qué has aprendido de tu experiencia de trabajo?
g) ¿Qué sabes sobre nuestra empresa?
h) ¿Qué es más importante para ti, el dinero o el tipo de trabajo?
i) ¿Te gusta el trabajo duro, rutinario o desafiante? ¿Por qué?
j) ¿Por qué cursar un máster?
k) ¿Cuánto consideras que podría ser una retribución adecuada?
l) ¿Qué crees que hace falta para tener éxito en una empresa como la nuestra?
m) ¿Por qué elegiste esta profesión?
n) ¿Los estudios te han resultado útiles?
o) ¿Qué piensas que estarás haciendo dentro de cinco años? ¿Y dentro de diez?
p) ¿Te importaría estar unos meses en fase de entrenamiento?

Adaptado de Maite López, "Selección de personal: Acierta a la primera", *Ideas y Negocios*.

4. **Preguntas y situaciones "trampa" donde puedes caer. ¡Haz este test! No te asustes, normalmente no te tenderán trampas ni utilizarán la denominada entrevista de presión. Pero ¡cuidado!: algunas empresas querrán pillarte. Comprueba tu capacidad de reacción contestando estas preguntas. Luego tu profesor te dará las claves para interpretar tus respuestas.**

1) Explíqueme por qué usted está delante de mí.

a) Soy el candidato perfecto que está buscando.
b) Porque cumplo los requisitos solicitados para el puesto que desean cubrir (con la mejor de tus sonrisas).
c) Su empresa me ha llamado para hacer las pruebas.

2) Hábleme de usted.

a) Expones de forma cronológica y durante media hora los acontecimientos de tu vida.
b) Preguntas a tu entrevistador qué le interesaría saber en concreto y si este responde "todo", resumes los contenidos de tu currículum en menos de 10 minutos.
c) Contestas: "No creo que mi vida personal interfiera para ocupar este puesto en concreto".

3) ¿Cuánto quiere ganar?

a) Hablas de tus maravillosas cualidades y luego respondes: "Ahora, ¿cuánto cree que me merezco?".
b) Las personas con mi titulación y nivel de experiencia cobran entre tanto y tanto y me gustaría situarme en este nivel salarial.
c) Das una cifra demasiado elevada o demasiado baja.

4) ¿Cuánto le gustaría ganar dentro de cinco años?

a) En ese tiempo habré demostrado mis cualidades, así que espero cobrar una cifra que se ajuste a mi elevado perfil.
b) Me gustaría una progresión mínima de mi poder adquisitivo de un 10% anual.
c) Lo mismo que un empleado actual que lleve ese tiempo en la empresa.

5) ¿Piensa tener hijos?

a) Este tema me preocupa mucho, pero no sé si mis crecientes responsabilidades en el mundo del trabajo me permitirán tenerlos.
b) Es una cuestión que todavía no me he planteado.
c) ¿Qué tiene que ver esta pregunta con el puesto? (mueca de desagrado)

6) ¿Por qué está usted en el paro? ¿Por qué le han despedido?

a) Todavía no me lo explico, pues yo era uno de los mejores trabajadores y no sé cómo podrán arreglárselas sin mi presencia en el departamento.
b) Cuentas la verdad, pero te concentras en tus características positivas y ganas de trabajar.
c) Denuncias que tu anterior empresa te echó a la calle sin ninguna explicación, criticas a tu antiguo jefe y dices que estás desesperado por trabajar.

7) ¿Cómo se ve en un futuro inmediato?

a) Como directivo.
b) Todavía me queda mucho para ser un gran profesional, pero es mi principal objetivo.
c) En un puesto, una empresa y un sector totalmente diferentes.

8) **¿Por qué quiere trabajar en nuestra compañía?**

a) Porque es la primera del sector, porque tiene buena imagen y porque sus oficinas son muy agradables.
b) Me ilusiona mucho ocupar el puesto al que aspiro y me gusta el futuro que podría alcanzar en su compañía.
c) Porque es la primera que me ha llamado.

9) **¿Cuáles son sus puntos débiles?**

a) Soy excesivamente responsable y trabajo demasiadas horas.
b) Hablas de un área profesional que puedes mejorar, como: "No sé hablar en público por falta de práctica". También puedes convertir un defecto en cualidad, como: "Exijo demasiado porque me frustra no obtener resultados, pero he mejorado en este aspecto".
c) Tengo mal humor y me cuesta mucho levantarme por las mañanas.

10) **El entrevistador se queda varias veces en silencio.**

a) Intentas evitar los silencios rellenándolos con palabras.
b) Respetas esos segundos de silencio (15 como mucho) y preguntas: "¿Es suficiente mi respuesta o necesita que la desarrolle más?".
c) Te pones nervioso/a y contestas bruscamente: "¿Por qué se queda callado?".

Adaptado de la revista *Capital*.

FICHA 4.4. ADMINISTRACIÓN DE RECURSOS HUMANOS

1. El contrato.

a) **¿Qué es un contrato de trabajo?**

b) **¿Qué partes debe incluir todo contrato de trabajo?**

c) **¿Alguna vez has firmado uno?**

d) **"Contratos en toda regla". Completa el siguiente artículo con una de estas palabras:**

acuerdo **distribución** **preaviso** **social** **salariales**
identidad **documento** **vacaciones** **categoría**

El contrato de trabajo es el ____________ que compromete a trabajador y empresario. Para que sea válido, debe reunir una serie de condiciones. Los contratos de trabajo pueden formalizarse de "palabra", aunque solo si se trata de contratos por tiempo indefinido a tiempo completo o para contratos eventuales de duración superior a cuatro semanas. No obstante, hay que plasmar en un papel el ____________ si una de las partes, ya sea el trabajador o la empresa, desea que se haga por escrito.

Pueden firmarlo los mayores de 18 años y los mayores de 16 (menores de 18) que vivan de forma independiente con el consentimiento de sus padres o tutores o con autorización de la persona o institución que los tenga a su cargo. El empresario deberá facilitar al trabajador los elementos esenciales del contrato de trabajo y las principales condiciones de ejecución de la prestación laboral, de forma escrita y en el plazo de dos meses a contar desde la fecha de comienzo de la relación laboral. Esta información debe aparecer en el contrato de trabajo. Por lo tanto, tienen que aparecer los siguientes datos:

a) La ____________________ del empresario o empresa y del trabajador.

b) Fecha de comienzo de la relación laboral y, si se trata de un contrato temporal, la duración previsible de la misma.

c) El domicilio __________ de la empresa, o en su caso, el domicilio del empresario y del centro donde el trabajador vaya a prestar sus servicios habitualmente. Si va a tener que trabajar en diferentes centros deberá figurar esta circunstancia.

d) La __________ o el grupo profesional del puesto de trabajo que desempeñe el trabajador o la descripción resumida del mismo, de forma que pueda conocer con suficiente precisión en qué va a consistir su trabajo.

e) La cuantía del salario base inicial y de los complementos __________ , así como la periodicidad de su pago.

f) La duración y la ____________ de la jornada ordinaria de trabajo. La duración máxima de la jornada ordinaria de trabajo será de 40 horas semanales de trabajo efectivo de promedio en cómputo anual. Esto quiere decir que en ningún caso la jornada máxima anual podrá exceder de 1876 horas. La jornada diaria no puede exceder de 9 horas (8 para los menores de 18 años), estableciéndose como descanso obligatorio entre jornadas un período mínimo de 12 horas. A su vez, el descanso semanal obligatorio tendrá una duración mínima de día y medio (dos días para los menores de 18 años).

g) La duración de las __________ y, en ocasiones, cómo se distribuyen. La duración nunca puede ser inferior a 30 días naturales (incluye, por tanto, domingos y festivos).

h) Los plazos de ___________ que están obligados a respetar el empresario y el trabajador en el supuesto de extinción del contrato.

i) Debe informar de forma precisa y concreta, la referencia legal, reglamentaria o convenio colectivo aplicable.

Adaptado de un artículo de Caridad Ruiz publicado en *ByN Ella ABC*.

e) **Compara los siguientes datos de un contrato en España y un contrato en tu país:**

	En España	**En tu país**
1) ¿Hay contratos orales?		
2) ¿Cuál es el máximo de horas que se puede trabajar al día?		
3) ¿Cuántos días de vacaciones debe tener un empleado cada año?		
4) ¿Hay convenios colectivos?		

2. Tipos de contratos.

a) **Relaciona cada situación con el tipo de contrato a que se refiere.**

☐	Contrato ordinario a tiempo indefinido.
☐	Contrato en prácticas.
☐	Contrato para la formación.
☐	Contrato de trabajo a tiempo parcial.
☐	Contrato por obra o servicio determinado.
☐	Contrato eventual por circunstancias de la producción.
☐	Contrato de interinidad.
☐	Contrato de relevo.

1 Contrato destinado a titulados universitarios (licenciados o diplomados) o titulados de FP media o superior, que hayan acabado en los 4 años anteriores sus estudios.

2 Contrato para sustituir a trabajadores con derecho a reserva de su puesto de trabajo.

3 Contrato que solo se puede celebrar con trabajadores entre 16 y 21 años, que no posean título medio o superior universitario o de FP.

4 Es un contrato en el que un trabajador presta sus servicios durante un número de horas al día, a la semana, al mes o al año inferior al 77% de la jornada a tiempo completo establecida para esa actividad.

5 Cuando existen trabajadores que solo trabajan un 50% de su jornada y perciben un 50% de su salario por el hecho de que van a jubilarse, se concierta un contrato de trabajo por el 50% de la jornada que queda vacante con un nuevo trabajador.

6 Contrato que concierta una relación laboral sin establecer límite de tiempo alguno en la prestación de los servicios por parte del trabajador con una jornada completa.

7 El trabajador es contratado para realizar una tarea concreta que, en su ejecución, tiene una duración incierta.

8 Contrato que se concierta para atender a las exigencias circunstanciales del mercado, acumulación de tareas o exceso de pedidos, aun tratándose de la actividad normal de la empresa.

b) **Imagina que te van a contratar para trabajar en España, ¿qué tipo de contrato preferirías y por qué?**

c) **¿Cuáles son los tipos de contrato más comunes en tu país?**

3. La siguiente tabla ofrece información sobre los tipos de contratos más comunes en España. Coméntala.

Contratos registrados *En jornada completa o parcial*

TIPO DE CONTRATO	
Indefinido ordinario (jornada completa)	294 974
Indefinido fomento (jornada completa)	201 018
Indefinido ordinario/fomento (jornada parcial)	165 343
Fijo discontinuo	73 519
Obra o servicio determinado*	5 058 733
Eventual circunstancias producción*	6 233 171
Interinidad*	1 003 414
Prácticas*	78 195
Formación*	126 568
Resto modalidades*	404 559
● TOTAL CONTRATOS INICIALES	**13 639 494**
● CONVERSIONES EN INDEFINIDOS	**539 754**
● TOTAL CONTRATOS REGISTRADOS	**14 179 248**

(*)En jornada completa o parcial

Fuente: *La Vanguardia Negocios.*

4. El documento que aparece a continuación es una nómina, que sirve como justificante del pago y liquidación del salario para la empresa, y como justificante de cobro para el empleado. Observa la nómina e identifica sus partes clave, las cuales se describen a continuación.

a) **Datos del trabajador:** datos fiscales, número de afiliación a la Seguridad Social, categoría profesional y antigüedad.

b) **Devengos:** las retribuciones a las que tiene derecho el trabajador según el convenio que haya suscrito la empresa o el sector al que pertenece. Aparte del salario, pueden existir complementos salariales.

c) **Retenciones:** un trabajador fijo aporta un 6,35% de su base de cotización a la Seguridad Social. Todos los meses, además, la empresa retiene al trabajador un porcentaje de sus retribuciones y lo ingresa en Hacienda como pago a cuenta del IRPF.

d) **Datos de la empresa:** nombre con que está registrada, CIF y domicilio, número de patronal y la ubicación.

e) **Total a percibir o sueldo neto:** es lo que va a cobrar el trabajador después de restar al total devengado (ingresos brutos) las aportaciones a la Seguridad Social y al IRPF.

f) **Periodo de liquidación**: suele ser mensual.

EMPRESA	DOMICILIO	N.º INSCRIPCION S.S.
EDINUMEN, S.L.	Piamonte, 7	2710401532-68

TRABAJADOR	CATEGORIA	N.º MATRIC.	ANTIGÜEDAD	D.N.I.
Adrián Jimeno Gil	Maquet.		10-02-98	51430158-W

N.º AFILIACION S.S.	TARIFA	EPIGRAFE	SECCION	NRO.	PERIODO	TOTAL DIAS
27/12345678-77	7	113			Mens. 01 oct. 05 a 31 oct. 05	31

Forma de pago: transferencia bancaria

		TIPO	IMPORTE
Salario base:	1663,95		
Antigüedad:	39,02		
Complemento específico:	250,42		
Complemento de carrera:	150,25		
Complemento puesto:	601,01		
I.R.P.F.	2704,65	21,00%	567,98
Cuotas a la S.S.:	2574,90	4,70%	121,02
FORMACIÓN PROFESIONAL:	2574,90	0,10%	2,57
DESEMPLEO:	2574,90	1,55%	39,91
TOTAL	2704,65		731,48
NETO A PERCIBIR			1973,17

NOMINA A-3 APLICACIONS INFORMATIQUES - EXP 92/82

68678 - 06 - 02

5. Estudio de un caso. El despido.

A veces, por diferentes motivos, se hace necesario despedir a un empleado. Uno de los despidos más frecuentes es el objetivo: la empresa justifica la extinción del contrato por razones económicas, organizativas o de producción, aunque también puede alegar la ineptitud del trabajador o su falta de adaptación al puesto.

También se puede dar el caso de un despido disciplinario cuando el trabajador incumple sus funciones.

Si un empleado no está de acuerdo con su despido, puede denunciarlo. Un juez decidirá si el despido es improcedente porque la empresa no ha demostrado los motivos por los que ha extinguido el contrato. En este caso, la empresa debe readmitir al empleado o indemnizarlo. En caso de que el juez crea que las causas que alega la empresa son justas, el despido es procedente y el trabajador no tiene derecho a indemnización, excepto que se trate de un despido objetivo.

a) **¿Cuáles serían los motivos por los que despedirías a un empleado?**

b) **Lee el siguiente caso y realiza las actividades que le siguen.**

¿Cómo despedir a mi mejor amigo?

Nos conocimos a finales de los 80. Los dos éramos unos recién licenciados que acabábamos de incorporarnos a nuestro primer empleo. Logramos sobrevivir y además nos hicimos muy amigos.

Aunque luego nuestras vidas profesionales se separaron, mantuvimos la relación. Ambos fuimos testigos de nuestras respectivas bodas, y los matrimonios todavía nos reunimos muchas veces.

Hace un par de años se me presentó la oportunidad de dar el salto: una compañía vasca quería instalarse en mi ciudad y me ofreció montar la delegación. Acepté encantado. Había que crear una delegación –a la que se trasladarían los clientes de aquí que antes atendían desde Bilbao– de la que yo sería el director general, con plena responsabilidad.

Afortunadamente, la sucursal que yo dirijo creció muy deprisa. Fui fichando a más y más gente, pero la euforia económica provocó que las empresas empezáramos a piratearnos la gente unas a otras. Como yo estaba desbordado de trabajo, decidí fichar a alguien con experiencia y de confianza y, lógicamente, me acordé de mi amigo del alma. No se lo pensó dos veces: a los 15 días empezó a trabajar conmigo.

Pasados 6 meses, me he llevado un chasco mayúsculo. ¡Qué poco conocemos a la gente! No es un mal profesional, pero se limita a cumplir el expediente. Tiene mentalidad de funcionario o de asalariado instalado en la mediocridad. Cuando el cliente exige una respuesta inmediata, no basta con cumplir el horario. En un mundo tan competitivo, hay que esforzarse al máximo y echarle mucha más imaginación porque las recetas generales están al alcance de cualquiera. Varias veces he tenido que corregirle auténticas chapuzas: tareas hechas de cualquier manera, para salir del paso.

La confianza que nos tenemos ha demostrado ser muy perjudicial, porque se toma a pitorreo los numerosos toques de atención que le he dado: me tomo las cosas demasiado a la tremenda, siempre estoy al borde del ataque de nervios, tampoco es para tanto... Si mi segundo de a bordo se comporta así, y no ha dado muestras de cambiar, ¿cómo podemos exigir profesionalidad a los demás colaboradores?

La cabeza me dice que debo echarle, pero... Hace medio año dejó un trabajo seguro para venirse conmigo y ahora se encontrará en la calle con un hijo pequeño y una hipoteca para tirar de espaldas. Por supuesto, adiós a una amistad de años, nuestra y de nuestras mujeres. En estas cosas no hay que tener sentimentalismos, pero me parece que aquí hay algo más que sentimientos. Hay que despedirle, sí. Pero, ¿existe algún medio para hacerlo menos traumático?

Adaptado de Carlos M. Canals, "¿Usted qué haría?", *Actualidad Económica.*

c) **Explica con tus propias palabras estas expresiones:**

1. "Hace un par de años se me presentó la oportunidad de dar el salto".
2. "La euforia económica provocó que las empresas empezáramos a piratearnos la gente unas a otras".
3. "Yo estaba desbordado de trabajo".
4. "Me he llevado un chasco mayúsculo".
5. "Se limita a cumplir el expediente".
6. "Se toma a pitorreo los numerosos toques de atención que le he dado".

d) **Haz un resumen de la situación con tus palabras.**

e) **¿Cuáles son las opciones que tiene este director general para afrontar esta situación?**

f) **¿Qué crees que debe hacer?**

g) **Si lo despide, ¿crees que sería un despido procedente o improcedente?**

h) **Juego de roles. Con un compañero, representad el diálogo que tendría lugar cuando el director general le comunica a su amigo la decisión que ha tomado.**

FICHA 4.5. EL MERCADO LABORAL EUROPEO

1. Actividad en grupos. Las siguientes tablas os ayudarán a haceros una idea de la situación del mercado laboral europeo, tanto de los países que formaron la UE de los Quince, como de los países que se han incorporado posteriormente. Para realizarla, debéis dividiros en grupos de 4 y cada estudiante tendrá que explicar una de las gráficas al resto del grupo. Una vez hechas las 4 presentaciones, escribiréis un informe en grupo y lo discutiréis con el resto de la clase.

a) **El objetivo del pleno empleo se tambalea.**

El desempleo en la Unión Europea.
En % de la población activa.

sd. *Sin datos.*

■ TOTAL

	Hombre	Mujer	Media
1. España	**9,2**	**18,5**	**13,0**
2. Italia	7,2	12,6	9,3
3. Finlandia	8,8	9,7	9,2
4. Francia	7,5	10,9	9,1
Zona euro	7,1	10,3	8,5
5. Alemania	7,8	8,2	8,0
UE15	**6,8**	**9,1**	**7,8**
6. Bélgica	5,8	8,6	7,0
7. Suecia	5,2	5,0	5,1
8. Dinamarca	4,0	4,8	4,4
9. Austria	3,5	4,6	4,0
10. Portugal	3,4	4,7	4,0
11. Irlanda	4,0	3,8	3,9
12. Luxemburg.	1,9	3,3	2,5
13. Holanda	1,9	2,7	2,2
Grecia	sd	sd	sd

■ EL PARO EN MENORES DE 25 AÑOS

	Hombre	Mujer	Media
1. Italia	24,5	31,0	2
2. España	**20,0**	**31,3**	**24,9**
3. Finlandia	19,7	22,3	20,9
4. Francia	19,1	20,8	20,0
Zona euro	15,1	20,5	17,5
5. Alemania	15,5	18,5	16,9
UE15	**15,0**	**16,4**	**15,7**
6. Bélgica	11,7	11,6	11,7
7. Suecia	10,7	8,4	9,6
8. Dinamarca	8,1	10,7	9,2
9. Austria	6,9	8,1	7,4
10. Portugal	6,7	6,6	6,7
11. Irlanda	6,1	6,7	6,4
12. Luxemburg.	5,8	6,4	6,1
13. Holanda	5,5	4,6	5,1
Grecia	sd	sd	sd

Fuente: *El País.*

b) **Los bajos salarios del Este, un polo de atracción para la industria de la UE.**

Factura salarial UE

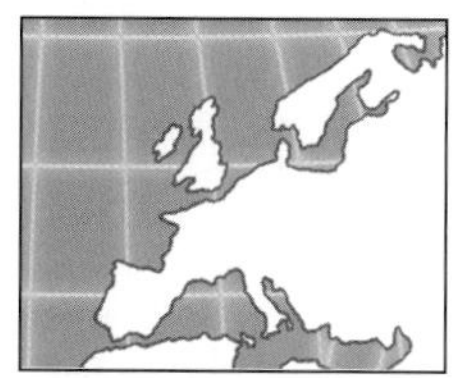

Salarios brutos promedio expresados en euros.

Aunque muy aproximados, son valores orientativos ya que puede haber diferencias por los cambios aplicados en el momento en que se recogieron los datos.

	INDUSTRIA	*CONSTRUCCIÓN*	*HOSTELERÍA*	*INTERMEDIACIÓN FINANCIERA*	*SALARIO MÍNIMO*
BULGARIA	132	101	82	251	52
POLONIA	523	492	402	581	186
ESLOVAQUIA	301	249	213	550	111
ESLOVENIA	883	705	666	1234	408
HUNGRÍA	415	318	271	860	180
CHEQUIA	494	516	400	959	194
RUMANÍA	165	133	109	580	43
LETONIA	284	255	176	638	101
LITUANIA	339	297	276	658	123
ESTONIA	399	334	241	783	102
MALTA	856	882	840	1162	440
CHIPRE	1200	1500	1100	2100	483
ITALIA	2500	2200	1990	3700	*
ESPAÑA	**1510**	**1131**	**901**	**2120**	**516**
FRANCIA	1905	1430	1390	2950	1126
ALEMANIA	3241	2800	1860	3860	*
REINO UNIDO	2368	2300	1550	2953	1124
BÉLGICA	2490	2202	1930	3218	1163

* No existe salario mínimo.

Fuente: *La Vanguardia.*

c) **El cobro del paro, ¿una revolución?**

La situación en Europa

País	Periodo min. de cotización	Prestación
Bélgica	312 días en 18 últ. meses	60% salario de referencia (con tope)
Dinamarca	52 semanas en últ. 3 años	90% salario de referencia
Alemania	12 meses en últ. 3 años	67% salario neto (con tope)
Grecia	125 días en últ. 14 meses	50% salario mensual
España	360 días en últ. 6 años	70% sal. ref. (60% seis meses después)
Francia	122 días en 18 últ. meses	57,4% salario de referencia
Irlanda	39 semanas	98 euros/semana
Italia	52 semanas en 2 últ. años	30% sal. medio con tope (últ. 3 meses)
Holanda	26 semanas en últ. 5 años	70% último salario con tope
Austria	52 semanas en 24 últ. meses	55% salario neto diario
Portugal	540 días en 24 últ. meses	65% salario de referencia
Finlandia	43 semanas en 24 últ. meses	21 euros diarios+plus
Suecia	450 días en 6 meses	80% salario de referencia
Reino Unido	un año de los 2 últ.	83 euros por semana

Fuente: *La Vanguardia Dinero.*

d) Las pensiones, ¿es necesaria una reforma?

El acceso a las pensiones en Europa				
País	*Periodo mínimo de cotización*	*Años cotizados para 100% de la pensión*	*Cotización para el cálculo de la pensión*	*Edad de jubilación*
Alemania	60 meses	No existe	Toda la vida laboral	65 años (hombres) 60 años (mujeres)
Bélgica	Ninguno	45 (hombres) 40 (mujeres)	Toda la vida laboral	63 años (65 en 2009)
Dinamarca	3 años	40	15 años	67 años
Francia	3 años	40	25 años	No hay edad obligatoria
Grecia	12 años y 17 meses	35	Toda la vida laboral	65 años (hombres) 60 años (mujeres)
Irlanda	Afiliación antes de 55 años y 156 semanas cotizadas	No existe	-	65 años
Italia	20 años	40	Toda la vida laboral	60 años (hombres) 55 años (mujeres)
Luxemburgo	120 meses	40	Toda la vida laboral	65 años
Holanda	Ninguno	50	-	65 años
Portugal	15 años	36,3	Toda la vida laboral	65 años (hombres) 63 años (mujeres)
Reino Unido	11 años (hombres) 9,75 años (mujeres)	44 (hombres) 39 (mujeres)	Entre 11 y 14 (hombres) Entre 11 y 39 (mujeres)	65 años (hombres) 60 años (mujeres)
ESPAÑA	15 años	35	Últimos 15 años	65 años

Fuente: Revista *Tiempo*.

ACTIVIDADES RECOPILATORIAS

1. Comprensión lectora. El "Spanish way of life".

a) Los expertos hablan del "Spanish way of life". ¿Alguna vez has oído este concepto? ¿Sabes cómo se define esta manera de vivir a la española?

b) ¿Podemos también hablar de otras maneras de vivir, como la japonesa o la americana?

c) Lee el siguiente texto y realiza las actividades a continuación.

El "Spanish way of life", en la picota

A pesar de que España tiene la tasa de paro y de precariedad laboral más altas de Europa, ha acuñado un modelo de vida que es la envidia del resto del mundo. Es el "Spanish way of life". Como afirma un destacado empresario, "la renta per cápita en España es cuatro veces inferior a la de Japón, la mitad de la norteamericana y un 13% inferior a la media europea, pero a pesar de todo, se vive mejor".

Este modelo de vida, sin embargo, empieza a estar seriamente cuestionado. No es cierto que los españoles trabajen poco. Como afirma la secretaria general de Comfia-CC.OO., María Jesús Paredes, "una cosa es la jornada laboral oficial y otra completamente distinta la real. En banca las jornadas son larguísimas y nadie se atreve a cumplir estrictamente con sus horas porque sería tanto como cerrar la puerta a cualquier promoción profesional. De hecho, yo creo que buena parte del milagro económico español se ha producido porque se trabaja más que en ninguna otra parte. El precio que estamos pagando es que no tenemos sociedad civil". El responsable de salud laboral del sindicato, Joaquín Nieto, añade que gran parte de la siniestralidad laboral se explica por los accidentes "in itinere", es decir, en el trayecto de vuelta a casa tras una dura jornada de trabajo. "La calidad de vida no es ganar cada vez más para tener menos horas, sino tener tiempo para disfrutar de lo que se ha conseguido".

Detrás de este planteamiento está la reducción de la jornada laboral a 35 horas semanales, como reclama el secretario general de UGT, Cándido Méndez. "El progreso y el desarrollo tecnológico conllevan jornadas de trabajo más reducidas, esto ya sucedió con la revolución industrial, donde se pactó la fórmula de ocho horas para trabajar, ocho horas para descansar y ocho horas para vivir. La revolución tecnológica, se quiera o no, va acompañada de la sociedad del ocio. De nada nos sirve tener sol, cocina mediterránea y un carácter alegre si nos pasamos el día trabajando. La vida no es trabajar para comer y comer para trabajar.

El presidente de la patronal CEDE, José María Cuevas, está radicalmente en contra de estas tesis. En su opinión, la única manera de lograr el bienestar social es alcanzando un elevado grado de desarrollo económico y para lograrlo "no se puede trabajar menos, hay que trabajar más". Es el modelo japonés o norteamericano, donde las jornadas laborales legales son considerablemente más largas y las vacaciones son muy inferiores.

Para el PSOE es evidente que hay que alcanzar una reducción de la jornada laboral real (no la legal) y esto solo se puede lograr mediante acuerdos entre las empresas y los sindicatos. Nadie propone una ley de 35 horas a la francesa porque no ha funcionado.

Fuente: Mariano Guindal, "Empleo frente a calidad de vida", *La Vanguardia Dinero.*

1) **Como habrás visto, el "Spanish way of life" se debate y hay varias posturas al respecto. Resume con tus propias palabras la postura de:**

- Comisiones Obreras (CC. OO.).
- Unión General de Trabajadores (UGT).
- Los dueños de empresas (patronal CEDE).
- El Partido Socialista Obrero Español (PSOE).

2) **Y tú, ¿cuál es tu opinión al respecto?**

2. Aunque España pudo cumplir los exigentes criterios económicos de la Unión Europea, la verdad es que el país está muy lejos de algunos países que forman parte de ella en cuanto a la productividad y al bienestar de los trabajadores de todos los niveles, incluidos los directivos: se trabajan más horas, se tienen más vacaciones, se cobra menos, se produce peor y hay menos satisfacción laboral. Con tu compañero, clasifica los siguientes aspectos en positivos o negativos para los trabajadores.

	P	N
a) España está entre los países con más días de vacaciones anuales: 36.		
b) La temporalidad de los contratos no baja del 30%.		
c) Los directivos españoles son los quintos con mayor poder adquisitivo en Europa.		
d) El sueldo medio en España ronda los 1200 euros. El salario mínimo es el segundo más bajo en la UE de los Quince: 490,30 euros.		
e) En caso de despido, los ejecutivos españoles perciben las indemnizaciones más elevadas: unos 37 500 euros de media para diez años de antigüedad.		
f) Tiene la tasa de paro más alta de la UE de los Quince, superior al 11%.		
g) La presión fiscal es la cuarta más baja, después de Irlanda, Portugal y Grecia.		
h) El gasto social se sitúa siete puntos por debajo de lo que gastan otros países europeos.		
i) Es líder en accidentes laborales.		
j) Solo el 5% de los trabajadores entre 25 y 64 años tiene acceso a formación.		
k) España registra el segundo coste de vida más barato, después de Portugal, de los países miembros de la UE de los Quince.		

Adaptado del artículo "España no sabe trabajar" de E. Molinero, A. Serrano, A. Arteta, publicado en *Actualidad Económica*.

3. Más debate. Indica tus preferencias con respecto al tipo de trabajo. Justifica tus respuestas. Luego, discútelo con el resto de la clase.

- a) Funcionario o trabajo indefinido.
- b) Cuenta ajena o cuenta propia.
- c) Propia ciudad o cambio de ciudad.
- d) Tiempo parcial o tiempo completo.
- e) Horario fijo o flexibilidad horaria.
- f) Trabajo como reto o trabajo con infracualificación.
- g) Retribución fija/variable/mixta.

LA FUNCIÓN FINANCIERA

TEMA 5

FICHA 5.1. EL SIGNIFICADO DEL DINERO

1. **El dinero se define como un medio de pago aceptado con carácter general, que sirve como unidad de cuenta y como depósito de valor. Sin embargo, cada persona tiene su propia definición del dinero. Esto es lo que, al respecto, han dicho algunas personas famosas sobre el dinero. ¿Con cuál de estas frases te sientes más identificado?**

- *"El dinero no da la felicidad, pero procura una sensación tan parecida, que se necesita un especialista muy avanzado para verificar la diferencia".* **Woody Allen**
- *"¡Hay tantas cosas en la vida más importantes que el dinero! ¡Pero cuestan tanto!".* **Groucho Marx**
- *"Con el dinero sucede lo mismo que con el papel higiénico; cuando se necesita, se necesita urgentemente".* **Upton Sinclair**
- *"Lo que distingue al hombre de los otros animales son las preocupaciones financieras".* **Jules Renard**
- *"El dinero es la tarjeta de crédito de los pobres".* **Herbert Marshall McLuhan**

2. **Desgraciadamente, para algunas personas el dinero se ha convertido en una obsesión. ¿Lo es para ti? El siguiente test te ayudará a determinarlo.**

a) **Para determinar si te comportas de una manera "normal" cuando hay dinero de por medio, contesta a las siguientes preguntas.**

	Tu respuesta	% clase	% EE. UU.
1. ¿Te irías a una isla desierta durante un año por 1 000 000 de euros?			65%
2. ¿Te raparías la cabeza por 10 000 euros?			59%
3. ¿Dormirías en la calle durante una semana, como un mendigo, por 2000 euros?			58%
4. ¿Vestirías la misma ropa durante una semana por 500 euros?			61%
5. ¿Besarías a una rana por 50 euros?			75%
6. ¿Accederías a ser espía de otro país?			25%
7. Si tuvieras más dinero del que puedes imaginar, ¿continuarías trabajando?			42%
8. ¿Crees que serás millonario antes de los 40 años?			55%
9. ¿Romperías una amistad por dinero?			19%
10. Cuando comes con amigos, ¿pagáis la cuenta a partes iguales?			46%
11. ¿Usas la tarjeta de crédito para comprar en el supermercado?			40%
12. ¿Abonas el saldo de tu tarjeta de crédito de una sola vez en vez de dividirlo en pagos mensuales?			49%
13. ¿Pagas tus impuestos de forma voluntaria?			83%
14. Si ganaras 10 000 000 de euros, ¿darías el 0.10% a obras de caridad?			27%
15. En tu cartera, ¿llevas los billetes ordenados por su valor?			72%
16. ¿Prefieres ser rico antes que ser delgado?			82%
17. ¿Abandonarías a todos tus amigos por 10 millones de euros?			25%

Adaptado de un artículo de Mayte Rius publicado en *La Vanguardia de Dinero*.

b) **Comenta tu respuesta con el resto de la clase para sacar el porcentaje de la clase y completad la columna "% clase".**

c) **Comparad este porcentaje con la columna "% EE. UU.", que muestra lo que han respondido los universitarios de los Estados Unidos, según el libro *¿Es usted normal en cuestiones de dinero? ¿Se comporta como todos los demás?* de Bernice Kanner.**

FICHA 5.2. HOMBRE RICO, HOMBRE POBRE

1. Estas tablas te presentan a las personas más ricas del mundo y de España, según la prestigiosa revista *Forbes*. ¿Sabes algo de ellos? ¿Cómo se hicieron ricos? ¿Heredaron dinero de sus padres o se hicieron ricos fundando y desarrollando una empresa?

RANKING MUNDIAL

1.	Bill Gates, presidente de Microsoft.	40 700 millones de dólares.
2.	Warren E. Buffett, inversor de EE. UU.	30 500 millones de dólares.
3.	Karl y Theo Albrecht, minoristas alemanes.	25 600 millones de dólares.
4.	Paul G. Allen, cofundador de Microsoft.	20 100 millones de dólares.
5.	Alwaleed Bin Talal Alsaud, Príncipe Arabia Saudí.	17 700 millones de dólares.

Y DE ESPAÑA

1.	Amancio Ortega, fundador y presidente de Inditex.	12 600 millones de dólares.
2.	Rafael del Pino y familia, constructor.	5000 millones de dólares.
3.	Jesús de Polanco, grupo Prisa.	2800 millones de dólares.
4.	Esther Koplowitz, empresaria.	2500 millones de dólares.
5.	Isak Andic, fundador y presidente de Mango.	2000 millones de dólares.

2. En Estados Unidos hay un millón de personas que ganan más de un millón de dólares al año. Y en España, durante los últimos, años ha surgido un voluminoso grupo de ricos que han hecho su fortuna en una sola generación. Personas que, como Amancio Ortega, que posee actualmente no solo una de las mayores fortunas de España, sino la mayor de Europa y una de las mayores del mundo, han levantado un imperio sin otras armas que su imaginación y su empuje.

a) **Vas a realizar esta actividad en grupos de tres. Lee una de las siguientes tres historias y explícala a tus dos compañeros.**

José Luis Carles, informático

"Ser rico no significa acumular pertenencias. Ser rico significa no tener que pensar en el dinero", opina José Luis Carles, director de marketing de negocio de una empresa de telecomunicaciones.

Carles vivía en Valencia con su madre y sus cuatro hermanos y las discusiones derivadas de la escasez de recursos económicos de su familia eran frecuentes. Gracias a una beca pudo estudiar informática en la universidad. A los 19 años, se fue de casa y compaginó los estudios con un empleo en una empresa de informática. Al cabo de un año, decidió trabajar por su cuenta, ofreciendo sus servicios a otras empresas. Cuatro años más tarde, montó su propia compañía con un socio. No iba mal, pero Carles dio el salto. Se instaló en Madrid y aceptó la oferta de una multinacional norteamericana como técnico de preventa. Su ambición y dedicación pronto le catapultaron a la dirección del departamento de marketing.

Carles confiesa que su fórmula del éxito es su natural cabezonería. No pretende acumular cargos ni prestigio social, lo único que desea es sentirse satisfecho con lo que ha logrado sin la ayuda de nadie. Pero parece que a sus treinta y pocos quiere mucho más. El pasado año, una de las principales empresas –esta vez española y con sede en Barcelona– de telecomunicaciones le ofreció el cargo de director de marketing de negocio. Aceptó, aun sabiendo que viviría pendiente del puente áereo. Pero gana lo suficiente y ya no piensa en el dinero. También sabe que su escaso tiempo libre se reducirá aún más.

Ramón González, empresario textil

Su empresa tiene en nómina a 185 trabajadores, factura unos 9 millones de euros anuales y alcanza un crecimiento superior al 25% anual en ventas. Desfila en el Salón Gaudí y tiene tiendas propias. Con las franquicias pretende vestir a millones de clientes en Pekín y Moscú.

Nacido en 1949, González, uno de los exponentes del fenómeno de la industria textil gallega, empezó como aprendiz en una sastrería de Lalín a los 14 años. Después de cumplir el servicio militar, con la decadencia de la sastrería, se incorporó a una empresa de confección en la que llegó a ser el jefe de producción. En 1977, él y un compañero compraron la marca Toypes. Era mala época para pedir préstamos al banco y aplicaron un sistema propio: si el cliente adelantaba el pago del pedido, le ofrecían un descuento del 10%. Empezaron a fabricar y presentaron su primera colección, con un objetivo claro: mantener una fábrica con unas 25 personas en nómina, donde se realizara todo el proceso: diseño, confección y distribución. A principios de los 80 les costaba moverse en el sótano de 20m^2. Actualmente ocupan una superficie de más de 10 000. González no confía demasiado en la suerte: "La única suerte es estar sano. En el trabajo, lo fundamental es rodearse de un buen equipo y poder delegar". Donde más disfruta es eligiendo tejidos. Su próxima meta: trabajar 8 horas diarias.

Alberto Cerdán, peluquero

Nacido en 1954 en un pequeño pueblo de Navarra, emigró con su familia a Barcelona. Su madre, peluquera, llegó a la ciudad con un secador y un tocador, que era la dote de matrimonio. Montó una pequeña peluquería mientras su padre trabajaba en el metro. Este, en los ratos libres, iba de proveedor en proveedor para comprar los productos necesarios para los peinados de la época. Alberto y su hermano dormían junto a la peluquería y recuerda que el sonido de los secadores le despertaba cada mañana, domingos incluidos. De lavar cabezas en la peluquería de su madre, los hermanos Cerdán pasaron a trabajar en uno de los salones más populares de Barcelona: *Cebado*. Allí aprendió los secretos de un oficio que, técnicas aparte, requiere mucha habilidad en las relaciones sociales. "A las clientes no se les da champán, sino cariño", comenta el peluquero. Recién estrenada la mayoría de edad, Cerdán trabajaba más de doce horas diarias entre el salón de *Cebado* y la peluquería de su madre. En verano, siguiendo a la clientela, se trasladaba a la Costa Brava para atender el local de *Cebado* en Palafrugell.

Pero Alberto no se conformaba con trabajar en una peluquería de gran prestigio. En 1998, junto a Jordi Ripoll, creó la empresa Ripoll-Cerdán y abrieron dos locales en Barcelona. El éxito conseguido en la capital catalana se repitió en Madrid en el 2001. El negocio va viento en popa y todo el famoseo le conoce y requiere sus servicios. Su receta para el éxito: el trato humano y elegir un buen equipo. "No existen buenos negocios, existen buenos socios" afirma.

Adaptado de un artículo de Manuel Díaz Prieto publicado en *El País Semanal*.

b) **Haced una lista de las diferencias y semejanzas entre las tres historias.**

c) **¿Cuál de ellos creéis que tiene más mérito?**

d) **¿Con cuál te podrías sentir más identificado/a? ¿Por qué?**

e) **Como habrás visto, los tres tienen su propia filosofía con respecto al dinero o al éxito. ¿Cuál es tu filosofía?**

3. El otro lado de la moneda. La mayoría de las personas no aparecen en la lista de los más ricos de la revista *Forbes*. Su situación es muy diferente. Para saber en qué situación se encuentran, vamos a realizar la siguiente lectura.

a) **Pero antes, ¿sabes qué significan las siguientes palabras?**

ingresos **gastos** **ahorrativa** **riqueza**
ahorro **hipotecas** **financiero**

b) **Completa la siguiente lectura con una de las palabras anteriores.**

Las comunidades autónomas más ricas destinan menos al ahorro

La ______________ no es sinónimo de ahorro. O al menos eso es lo que parece en España, donde los habitantes de las comunidades autónomas más ricas no son precisamente los que más ahorran. Así, Aragón, por ejemplo, es la primera comunidad autónoma en cuanto a ahorro ______________, mientras que ocupa la séptima plaza en el ranking de riqueza por habitante (producto interior bruto, PIB, per cápita).

Si bien es cierto que en los últimos tiempos la capacidad de ahorro de las familias españolas ha disminuido, los hogares de algunas comunidades españolas con __________ bajos siguen destinando al ahorro más del 10% de lo que dedican a sus ______________. Según el estudio de Unespa, una de las principales causas que reduce la capacidad de ahorro en España son las elevadas cuotas de las ________________.

Mientras varios estudios señalan que seis de cada 10 españoles no pueden destinar ni un euro al ahorro, el informe de Unespa da a entender que no hay una relación directa entre riqueza y ahorro. Así, en aquellas regiones como Extremadura, donde el entorno para el ahorro podría ser considerado más hostil, es donde, sin embargo, se da con más fuerza.

El informe de Unespa señala, asimismo, que, desde el punto de vista geográfico, la capacidad de ahorro se distribuye por todo el territorio con igual intensidad, si bien se destaca la capacidad ______________ de la zona formada por La Rioja, Navarra y Aragón.

El estudio, efectuado a partir de una serie de encuestas realizadas entre enero y febrero de este año, refleja que en España, por cada hogar que no ahorra, hay 1,7 que sí lo hace. Sin embargo, solo un 34,4% de los 14,2 millones de hogares que existen en España destinan una cuarta parte o más de sus ingresos al ahorro. Los colectivos que menos dinero destinan al ahorro son los formados por individuos sin formación o con estudios primarios, los de las clases sociales más humildes y los mayores de 51 años.

Adaptado de un artículo de Teresa de Elizalde publicado en *La Vanguardia*.

c) **Escribe un resumen del artículo usando las palabras que has utilizado para completarlo.**

4. La siguiente tabla te ofrece información sobre cuáles son las comunidades más ricas de España y en cuáles se ahorra más.

a) ¿Qué puedes comentar al respecto?

El ahorro en España

	TASA DE AHORRO EN PORCENTAJE	PIB PER CÁPITA (EUROS)
Aragón	45,9	17 417
Melilla	45,6	12 994
La Rioja	45,5	17 864
Navarra	42,6	20 500
Extremadura	41,7	10 461
C.Valenciana	41,2	15 601
Asturias	38,2	14 086
Cantabria	38,1	15 860
Baleares	37,8	19 138
País Vasco	37,3	19 694
Galicia	37,2	12 670
Madrid	35,8	21 599
Castilla y León	34,7	15 070
Andalucía	32,7	12 094
Canarias	32,6	14 990
Ceuta	30,1	12 994
Castilla-La Mancha	27,7	13 130
Cataluña	26,9	19 445
Murcia	19,2	13 543
TOTAL:	34,4	16 148

Fuente: *La Vanguardia*.

b) ¿Cuál es la situación en tu país? ¿Cuáles son las zonas más ricas y en cuáles se ahorra más?

5. ¿Cuáles crees que son los principales gastos de los españoles?

6. Compara tus respuestas con los siguientes datos:

La factura anual del español medio	EUROS	%
Alimentos y bebidas no alcohólicas	1106	18
Bebidas alcohólicas y tabaco	142	2
Vestido y calzado	460	8
Vivienda, agua, electricidad, gas	1815	30
Muebles, enseres, servicios para el hogar	302	5
Servicios médicos y gastos sanitarios	130	2
Transportes	669	11
Comunicaciones	130	2
Ocio, espectáculos y cultura	367	6
Educación	72	1
Hoteles, cafés y restaurantes	523	9
Otros bienes y servicios	334	6
TOTAL	6050	100

Adaptado de Mayte Rius, "¿En qué nos gastamos el dinero?", *La Vanguardia*.

7. **Y tú, ¿cuáles son tus gastos anuales y qué porcentaje representa cada uno de ellos del total de tus gastos?**

FICHA 5.3. INVERSIÓN Y FINANCIACIÓN

Las empresas, al igual que las familias y los individuos, necesitan, para desarrollar sus actividades, una serie de elementos. En el caso específico de las empresas, tienen necesidades como el local, la maquinaria, los gastos en I + D, etc., es decir, toda una serie de bienes y servicios. Para adquirir estos bienes y servicios, necesitan invertir. La inversión consiste en la adquisición de bienes y servicios que faciliten la consecución de sus objetivos. Invertir se refiere a cualquier destino dado a los medios financieros, y comprende tanto el pago de deudas y la adquisición de materias primas, como la compra de equipos e instalaciones.

1. **Los elementos básicos de la inversión son: *inversor, objeto, coste, rendimiento.* Completa:**

a) __________: la esperanza de obtener una utilidad futura mayor.
b) __________: el sujeto que invierte.
c) __________: la privación inmediata de los bienes a los que se renuncia para realizar la inversión.
d) __________: el soporte sobre el que recae la decisión de invertir.

2. **Las inversiones se pueden clasificar desde diferentes puntos de vista y atendiendo a distintos criterios: según su soporte, según su finalidad y según su periodo de permanencia. Lee cada una de estas tres clasificaciones y determina cuál es el criterio utilizado.**

Inversiones físicas: maquinaria, mobiliario, elementos de transporte, ordenadores, etc.
Inversiones inmateriales: marcas, patentes, nombres comerciales, etc.
Inversiones financieras: obligaciones, acciones, pagarés, etc.

a) Criterio: ______________________

Inversiones a corto plazo: cuando la duración es inferior a un periodo de un año.

Inversiones a medio plazo: cuando la duración comprende un periodo entre uno y tres años.

Inversiones a largo plazo: cuando la duración es superior a un periodo de tres años.

b) Criterio: ______________

Inversiones para iniciar la actividad: tienen como objetivo la adquisición de los elementos necesarios para poner en funcionamiento el proyecto de inversión.
Inversiones para renovar o reemplazar la actividad: su finalidad consiste en sustituir un equipo productivo por otro nuevo.
Inversiones de expansión: su objetivo es aumentar la capacidad productiva de la empresa.
Inversiones para modernizar la empresa: tienen como finalidad la mejora de los productos fabricados por la empresa o el lanzamiento de otros nuevos.
Inversiones estratégicas: son aquellas que tratan de consolidar a la empresa en el mercado, reduciendo así los riesgos derivados del progreso técnico y la competencia.

c) Criterio: ______________

Adaptado de José Colino Sueiras et al, op. cit.

Para desarrollar su actividad financiera y llevar a cabo sus proyectos de inversión, la empresa necesita disponer de recursos financieros. La financiación se define como la obtención de dichos recursos para llevar a cabo las inversiones.

En el momento de planificar un proyecto de inversión, la empresa tiene que considerar cuál es la fuente de recursos que permitirá llevarlo a cabo, y evaluar el coste de cada fuente de recursos.

La dirección financiera de la empresa tiene que empezar por elegir los proyectos de inversión más adecuados, establecer cuáles son las necesidades financieras de la empresa y determinar las fuentes donde pueden obtenerse los recursos financieros necesarios y su coste. Estas fuentes pueden ser de dos tipos: internas o propias de la empresa, o externas o ajenas a la empresa.

3. Relaciona cada una de las fuentes de financiación con su definición.

RECURSOS PROPIOS

a) **Reservas**

b) **Acciones**

c) **Subvenciones**

1) Beneficios de años anteriores que no han sido distribuidos y se han retenido en la empresa.

2) Transferencias de las administraciones públicas a las empresas.

3) Títulos emitidos por una empresa que confieren a sus poseedores la propiedad jurídica de la misma y, por lo tanto, el derecho a participar en las decisiones empresariales.

RECURSOS AJENOS

d) **Préstamos**

e) **Obligaciones**

f) ***Leasing***

g) **Créditos bancarios**

h) **Retenciones**

i) **Crédito comercial**

j) **Descuento de efectos**

4) Título emitido por una entidad que reconoce a su poseedor la cualidad de acreedor de la misma por el importe indicado en el título, en el vencimiento acordado en el momento de su emisión.

5) Una operación financiera mediante la cual las instituciones financieras entregan una cantidad a personas físicas o jurídicas, quienes se comprometen a devolver dicha cantidad en el tiempo y plazo acordados, y a pagar intereses sobre la deuda pendiente en cada periodo o plazo.

6) Anticipo por parte de un organismo financiero del importe del crédito concedido a los clientes, entregando a la entidad financiera los documentos que justifican el crédito (recibos, letras, pagarés) y descontando gastos por comisión e intereses.

7) Financiación que una empresa obtiene de sus suministradores de bienes y servicios.

8) Una operación de arrendamiento financiero que permite el uso de bienes de producción sin adquirir su propiedad.

9) Una operación financiera mediante la cual se pone a disposición de una persona física o jurídica un importe de dinero por un plazo, pudiendo utilizar la cantidad que estime oportuna y en cada momento siempre y cuando no supere el límite establecido. Se pagan intereses de la cantidad utilizada y una comisión sobre el importe no utilizado.

10) La empresa recauda IVA de sus clientes, y retiene impuestos y cuotas de la Seguridad Social de sus empleados.

4. ¿Crees que la mayoría de las empresas españolas se financian con recursos propios o recursos ajenos?

5. Observa la siguiente tabla y coméntala.

Las empresas más endeudadas

Datos en millones de euros

	DEUDA	VARIACIÓN SOBRE EL AÑO ANTERIOR	CAPITALIZACIÓN BURSÁTIL	VARIACIÓN BURSÁTIL
Telefónica	19 990	-2542	50 897	+25,26%
Endesa	18 019	-4728	14 822	+25,56%
Repsol	6424	-1262	17 348	+12,78%
Iberdrola	10 595	-340	13 451	+11,76%
Cepsa	1265	-282	6288	+35,14%
Unión Fenosa	6873	-558	4393	+14,90%
Gas Natural	1290	-337	7531	-6,92%
Iberia	2174	-42	1634	+27,86%
Altadis	2409	+1300	6659	+0,28%
NH	639	-28	1080	+10,38%

Fuente: *La Vanguardia.*

FICHA 5.4. EL SISTEMA FINANCIERO ESPAÑOL

1. **Estos son los tipos de instituciones financieras, públicos y privados, que existen en España. Relaciona cada uno con su definición:**

a) Banco de España ***b) Banca pública*** ***c) Banca privada*** ***d) Cajas de ahorros***

1) Institución creada en 1856 y encargada de desarrollar la política monetaria y cambiaria según las reglas y decisiones del Banco Central Europeo (BCE). Además, tiene como competencias propias la supervisión de las instituciones de crédito, la promoción de un eficiente sistema de pagos, y ejerce de tesorero y agente financiero del Estado.

2) Instituciones inicialmente de carácter benéfico que, a diferencia de los bancos, no tienen su capital dividido en acciones. En España, son propiedad de fundaciones, ayuntamientos, diputaciones o de comunidades autónomas. Reciben depósitos de sus clientes y realizan prácticamente las mismas operaciones que la banca. De sus beneficios, una parte se dedica a actividades sociales.

3) Es el conjunto de las entidades oficiales de crédito, como por ejemplo el Instituto de Crédito Oficial (ICO). Sus fines son el sostenimiento y la promoción de las actividades económicas que contribuyen al crecimiento y a la mejora en la distribución de la riqueza nacional y, en especial, de aquellas que, por su trascendencia social, cultural, innovadora o ecológica, merezcan fomento.

4) Tipo de negocio que desarrolla dos clases de actividades fundamentales: manejo del flujo de dinero de una economía (canal de cobros y pagos a cambio de comisiones) e intermediación financiera (se toman recursos ajenos para dar créditos a los clientes). En España puede tener ámbito local, regional o nacional. Según la Ley de Ordenación Bancaria de 1946, debe tener estas características: habitualidad, ánimo de lucro, actuación bancaria (captación de depósitos y concesión de créditos), sociedades anónimas y carácter privado.

2. Las operaciones bancarias. A continuación tienes una lista de algunas de las operaciones que desempeña un banco. Pueden ser de tres tipos: 1) Operaciones pasivas o de captación de recursos propios y ajenos, 2) Operaciones activas o de inversión de los recursos captados y 3) Otros servicios. Clasifícalas.

a) Aportaciones directas de sus socios o accionistas. _____
b) Créditos del Banco de España. _____
c) Operaciones de *leasing*, seguros variados, planes de pensiones. ____
d) Créditos a particulares. ____
e) Compra de propiedades (oficinas, equipos, etc.). ____
f) Cuentas de residentes y de no residentes. ____
g) Tesorería: cobros y pagos, domiciliación de recibos, tasas, letras, transferencia de efectivos. ___
h) Descuento comercial. ____
i) Descubiertos en cuentas corrientes. ____
j) Operaciones comerciales y financieras con el exterior. ____
k) Cajeros automáticos, tarjetas de crédito, pago de nóminas, alquiler de cajas de seguridad, cheques de viaje, cheques bancarios, fondos de inversión. ____

3. ¿Bancos o cajas de ahorros? El siguiente artículo resume la situación de los bancos y cajas de ahorros españoles en los últimos años. Léelo y realiza las actividades correspondientes.

Las cajas duplican su mercado en 25 años

Las entidades de ahorro, volcadas en abrir oficinas y en las hipotecas, igualan la cuota de los bancos.

En 1977, en plena transición de la dictadura a la democracia, los problemas políticos que vivía España eran de primera magnitud. Sin embargo, todo ese ruido no impidió que cuatro economistas de prestigio vislumbraran las dificultades que podrían tener las cajas de ahorros en el futuro. Para remediarlo, establecieron un nuevo marco jurídico que permitiera a las cajas competir con los bancos.

Este nuevo marco permitió a las cajas competir contra la banca y se centraron en la captación de depósitos. Así continuó la situación hasta 1985. Ese año, el Banco de España autorizó a las cajas a abrir oficinas fuera de sus provincias de origen.

Las cajas recibieron la autorización en un momento en que tenían un exceso de capital en sus balances, es decir, tenían el músculo suficiente para que la expansión fuera rápida. Ahora están casi empatadas con los bancos en créditos, cuando hace 25 años la diferencia era de cuatro a uno, y los superan claramente en depósitos.

En dos décadas, aquellas entidades de ahorro, relacionadas en sus orígenes con las casas de misericordia y los montes de piedad, han dado la vuelta al mapa financiero y se han convertido en peligrosos rivales de la banca. La clave para el crecimiento de las cajas fue el acierto estratégico de centrarse en el crédito hipotecario como sistema para seguir al pequeño cliente. Los bancos, por otro lado, se centraron en el crédito al consumo y a la empresa.

La gran ventaja del negocio hipotecario es que vincula al cliente con la entidad, de manera que ahora es difícil robarlo a las cajas. Los dos grandes, el SCH y el BBVA, tan ocupados antes en las participaciones industriales y en América Latina, han avisado de que pondrán todo su interés en el negocio español. Por el momento, el SCH lamenta haber prescindido de 1800 oficinas desde 1999.

Además de estos aciertos estratégicos, las cajas recibieron un regalo de sus rivales. Nunca las cajas habrían llegado donde están si los bancos no hubieran cerrado casi 4000 oficinas desde 1990, dentro de un proceso de concentración sin precedentes. A finales de 2002, las cajas superaban las 20300 oficinas mientras los bancos se quedaban en algo más de 14000.

Las cajas han formado la Confederación Española de Cajas de Ahorros (CECA), que ha facilitado sistemas informáticos, controles de riesgos y una red para los sistemas de pago, sobre todo las tarjetas.

Adaptado del artículo de Íñigo de Barrón, publicado en *El País*.

a) **Completa con la información del artículo:**

1) En 1985, el Banco de España empezó a permitir que ______________ abrieran oficinas en otras provincias españolas.

2) En la actualidad, las cajas de ahorros ________________ con los bancos en depósitos y ________________ en créditos.

3) Durante estas dos últimas décadas, las cajas de ahorros se han concentrado en ______________ mientras los bancos han optado por ____________________________.

4) Las hipotecas ______________ al cliente con la entidad bancaria.

5) Los bancos han cerrado casi _________ oficinas desde 1990.

b) **Preguntas de opinión.**

1) El texto señala que los bancos se vieron obligados a cerrar oficinas "dentro de un proceso de concentración sin precedentes". ¿Qué quiere decir esto?

2) ¿Cómo podrían atraer los bancos a las familias y convertirlas en sus clientes?

3) Y por otro lado, ¿qué podrían hacer las cajas para que las empresas fueran sus clientes?

4) Seguramente, caminando por las calles españolas has visto muchos bancos y cajas, incluso hay varios de ellos en una misma manzana. ¿Sucede lo mismo en tu país?

4. Los bancos en tu país. Prepara una breve presentación sobre las instituciones financieras en tu país.

FICHA 5.5. LA BANCA *ON-LINE*

Actividades de pre-lectura.

1. ¿Tu banco tiene página web?

2. ¿La has utilizado alguna vez? En caso afirmativo, ¿para qué?

3. ¿Cuáles crees que son las ventajas y los inconvenientes de realizar operaciones bancarias en la red?

4. Lee el siguiente texto y realiza las actividades a continuación.

La posibilidad de acceder al banco las 24 horas del día, los 365 días del año y desde cualquier lugar, sumados a unas atractivas rentabilidades para el ahorro, va ganando adeptos. La banca *on-line* o por Internet no ha tenido el despegue fulgurante que se esperaba, pero avanza. En lo que va de año, prácticamente uno de cada tres euros que se ha confiado a una entidad bancaria ha ido a parar a un banco *on-line*.

La banca directa o banca *on-line* tiene en España un millón y medio de clientes, con algo más de 9200 millones de euros de depósitos a finales de agosto de 2002, después de cuadruplicar el volumen de ahorro gestionado en tan solo dos años. Si en el 2000 tan solo uno de cada diez euros que se depositaba en un banco se confiaba a una entidad *on-line*, en el 2001 era uno de cada cinco, y este año, el ratio es de un euro de cada tres, lo que significa que este tipo de entidades está captando más del 30% de los nuevos depósitos. No obstante, y a pesar de un crecimiento vertiginoso, su cuota de mercado sobre el total de depósitos gestionados por bancos en España es aún de tan solo el 3,35%.

Los responsables de los bancos *on-line* todavía se preguntan cómo es que no les llueven los clientes, si sus ofertas de depósitos, de hipotecas, de tarjetas y de créditos figuran como las mejores del mundo, y si su servicio es más ágil y cómodo que el de las entidades tradicionales. En Patagon, la segunda entidad por volumen de negocio en el sector, han llegado a la conclusión de que una de las principales razones es el recelo de los ahorradores a confiar su dinero a bancos "impersonales". De ahí que algunas de las entidades *on-line* hayan sacrificado su existencia puramente "virtual" para abrir oficinas que les acerquen a los clientes, además de instalar "quioscos" en centros comerciales, en el metro, en estaciones de tren y hasta en tiendas de ropa y comida para entrar en contacto con potenciales interesados.

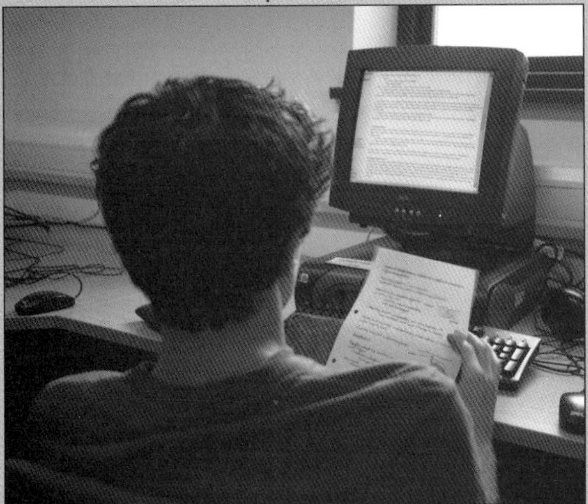

Pero no es la falta de calor humano la única pega que encuentran los ahorradores a la hora de trasladarse a la banca *on-line*. Hay también, según los expertos, un problema de "credibilidad y seguridad" que estas entidades tienen que vencer. "La gente recela de entregar su dinero a alguien que no ve, porque no sabe a quién reclamar si se produce algún contratiempo".

Un reciente informe de Grupo Analistas sobre la banca por Internet apuntaba que este tipo de entidades todavía son "deficientes en transaccionalidad, gama, contenidos formativos y herramientas de asesoramiento al cliente". Un ejemplo del primer aspecto, la transaccionalidad, lo constituyen las hipotecas. Son muchos los clientes que han llegado a una entidad *on-line* atraídos por sus competitivos tipos de interés en el crédito hipotecario, y que luego se han visto defraudados por la complejidad que suponía cumplimentar todos los trámites que exige formalizar una hipoteca, viéndose obligados al final a desplazarse a una oficina bancaria para cerrar la operación.

Otro de los reproches que hace el estudio de Grupo Analistas es que, con frecuencia, "estos bancos carecen de elementos de ayuda que faciliten el manejo del portal" a sus clientes. Y añaden la "insuficiente" presencia de elementos de asesoramiento y formación para que el cliente pueda tomar sus decisiones.

Adaptado de Mayte Rius, "La banca *on-line* avanza", *La Vanguardia*.

a) Preguntas de comprensión: Verdadero o falso.

	V	F
1) Entre 2000 y 2002 el volumen de ahorro gestionado por los bancos *on-line* se multiplicó por 4.		
2) Los expertos de Patagón han concluido que a los ahorradores no les gustan los bancos *on-line* porque los consideran muy poco personales.		
3) Ningún banco virtual tiene oficinas reales en España.		
4) La gestión de las hipótecas *on-line* es un ejemplo de la falta de transaccionalidad de los bancos *on-line*.		
5) Otra queja de los usuarios de este tipo de bancos es el exceso de asesoramiento. Tanta información en la página web les impide tomar una decisión.		

b) **Estudia bien la siguiente información y realiza las actividades a continuación.**

Antes de abrir una cuenta en Internet conviene tener una idea básica de qué puede encontrarse. Esta es una pequeña guía.

- **Atlántico:** www.batlantico.es Cuenta sin comisiones, mejor remuneración en depósitos y operaciones más baratas. Préstamos en dos horas.
- **Banesto:** www.ibanesto.com –sucursal que opera solo por Internet– y www.banesto.es –página de asesoramiento y servicios–. Cuenta sin comisiones, mejor remuneración en depósitos, préstamos más bajos y operaciones entre un cincuenta y un cien por cien más baratas.
- **Bankinter:** www.ebankinter.com Cuenta sin comisiones, mejor remuneración en depósitos, préstamos más bajos y operaciones gratuitas. Tarjetas gratis el primer año.
- **BBVA:** www.bbva.es Cuentas, depósitos y préstamos en mejores condiciones. Tarjetas gratis.
- **Caja España:** www.cajaespana.es Depósitos mejor remunerados y operaciones más baratas. Préstamo personal de concesión instantánea en la Red.
- **Caja Madrid:** www.cajamadrid.es Depósitos mejor remunerados y operaciones más baratas. Préstamos solo como consulta. Cuentas y tarjetas iguales.
- **Eurobank del Mediterráneo:** www.eurobank-med.es Cuentas y depósitos con buena remuneración. Operaciones a precios habituales.
- **Evolvebank:** www.evolvebank.com Cuentas sin comisiones y con elevada remuneración, operaciones gratis. Tarjetas gratis el primer año y luego más baratas.
- **Halifax:** www.halifax.es Cuentas, tarjetas, depósitos y operaciones como oficinas. Préstamos más baratos.
- **Ibercaja:** www.ibercajadirecto.com Cuentas mejor remuneradas y sin comisiones. Interés más alto en depósitos. Préstamos más baratos –solo personales–. Otras operaciones con un sesenta por ciento de descuento.
- **ING Direct:** www.ingdirect.es Buena remuneración en depósitos y cuentas. Operaciones gratis, pero limitadas.
- **La Caixa:** www.lacaixa.es Cuentas, depósitos y préstamos como en oficinas. Operaciones más baratas.
- **Pastor:** www.pastor.es y www.oficinadirecta.com Cuenta sin comisiones, préstamos más baratos y mejor remuneración en depósitos. Otras operaciones, más baratas.
- **Patagon:** www.patagon.es Cuentas y depósitos con buena remuneración. Préstamos a bajo interés. Operaciones gratuitas. Tarjeta de débito gratis.
- **Popular:** www.bancopopular-e.com Cuentas y depósitos mejor remunerados, préstamos y operaciones más baratos. Tarjeta de débito gratis.
- **Sabadell:** www.bancsabadell.com Cuentas, depósitos, préstamos y tarjetas igual que en oficinas. Operaciones más baratas.
- **Santander Central-Hispano:** www.gruposantander.com Las mismas condiciones que en oficinas.
- **Unicaja:** www.unicaja.es Cuentas, depósitos, préstamos y tarjetas como en oficinas. Operaciones más baratas.
- **Uno-e:** www.uno-e.com Cuenta con buena remuneración y sin comisiones. Depósitos competitivos. Préstamos BBVA Clic-e. Operaciones y tarjeta de débito gratis.
- **Zaragozano:** www.bancozaragozano.es Cuenta mejor remunerada y sin comisiones. Depósitos con interés más alto. Operaciones más baratas. Tarjeta de débito gratis el primer año. Préstamos igual que en oficinas.

Fuente: *Actualidad Económica.*

1) **¿Qué bancos ofrecen cuentas sin comisiones?**
2) **¿Qué bancos ofrecen las mismas operaciones y/o condiciones que en sus oficinas?**
3) **¿Qué bancos ofrecen concesión instantánea de préstamos en su página web?**
4) **¿Cuáles ofrecen tarjetas de débito?**
5) **¿Qué banco escogerías para abrir tu cuenta y realizar tus operaciones? Justifica tu respuesta. Visita su página web y escribe tus comentarios.**

5. **Estafas por Internet: Evite que los *cibercacos* pesquen su dinero.**

A finales del año 2003, algunos clientes de bancos estadounidenses empezaron a recibir correos electrónicos, aparentemente de sus bancos, con enlaces a páginas web falsas del banco, para obtener datos personales, como las contraseñas de acceso a servicios bancarios. Un año después, esta técnica de estafa, conocida como *phishing* (palabra que se deriva de la inglesa *fishing*, que signfica "pesca"), llegó a España. Miles de españoles recibieron avalanchas de correos electrónicos de diferentes bancos. A continuación tienes un ejemplo adaptado de un correo electrónico auténtico:

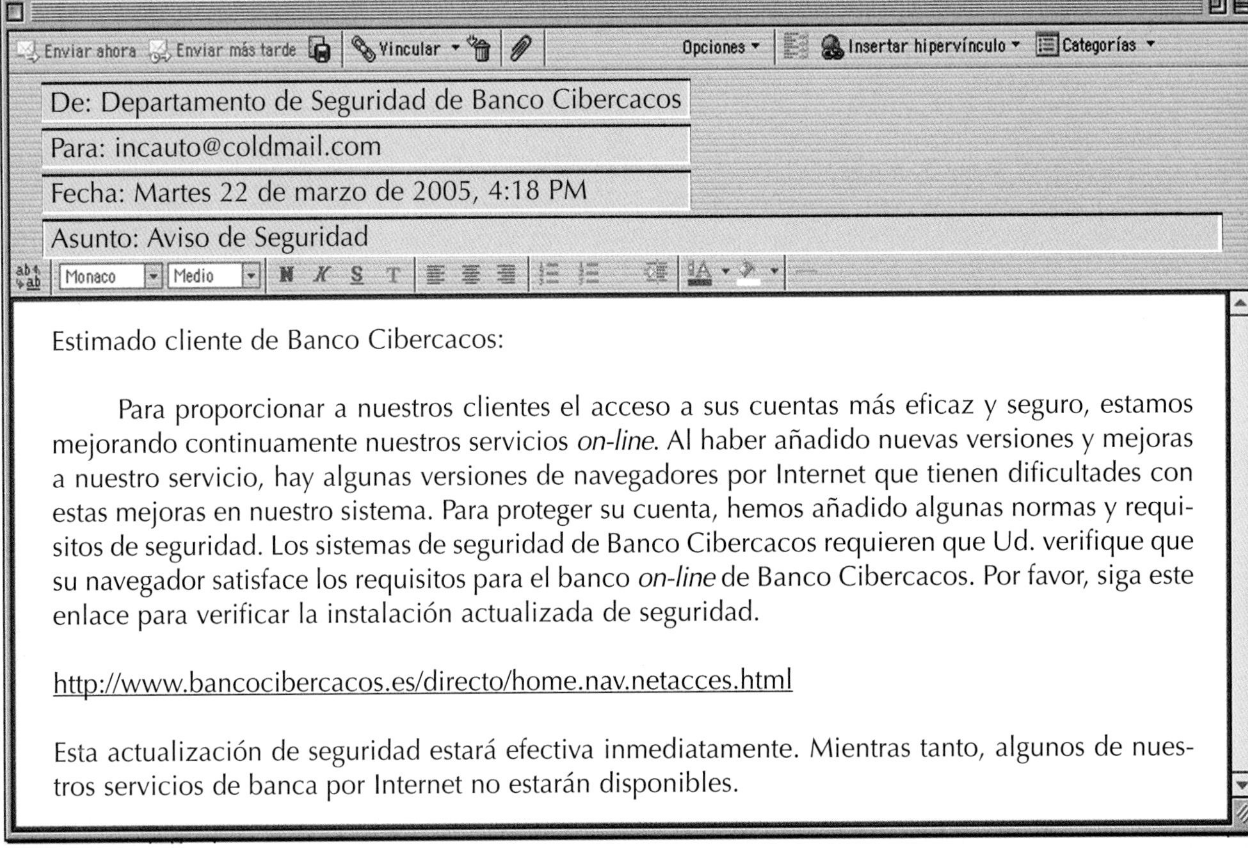

a) **¿Conoces a alguien que haya recibido un correo electrónico así? En caso afirmativo, ¿qué hizo al respecto?**

b) **¿Qué harías si recibieras un correo así?**

c) **Trabajas en el departamento de comunicación de un banco español y se te ha encargado que redactes una circular para enviar a todos los clientes advirtiéndoles de los peligros del *phishing* y dándoles una serie de normas para no ser víctimas de esta estafa. Por supuesto, se la vas a enviar por correo regular para que los clientes no tengan ninguna duda de que viene de su banco. Para ayudarte, has reunido normas de las asociaciones de consumidores, los expertos en informática y los responsables de seguridad de las instituciones financieras. Además de enfatizar que un banco nunca pide una clave a través de un correo electrónico, debes incluir los siguientes puntos:**

- No abrir mensajes electrónicos de origen desconocido.
- No introducir datos personales o financieros en sitios desconocidos.
- No atender los correos electrónicos a nombre de una entidad bancaria escritos en un idioma que no se hable, ni de las entidades de las que no sea cliente.
- Teclear directamente el nombre de la web de su banco en la barra de direcciones o fijar el enlace en el apartado de "favoritos" del navegador.

- No conectar al banco desde enlaces incorporados a correos electrónicos o webs de terceros.
- Evitar operar desde ordenadores públicos.
- Tener un antivirus.
- Observar que la dirección de la web comienza con https y comprobar la existencia de un candado amarillo en la parte inferior derecha del navegador que, cuando se efectúa un doble click sobre él, muestra un certificado de autenticidad.
- Utilizar claves aleatorias y cambiarlas periódicamente, no revelarlas a nadie y guardarlas siempre en lugar seguro, nunca junto al ordenador.
- Guardar una copia impresa de todas las operaciones monetarias realizadas.
- Si no se usa mucho el servicio de banca *on-line*, anotar la fecha en que se operó por última vez en la web del banco.

Adaptado del artículo de Mayte Rius, publicado en *La Vanguardia Dinero*.

ACTIVIDADES RECOPILATORIAS

1. Solicitar un préstamo. Hay momentos en los que un pequeño préstamo puede ayudarnos a poner en marcha un proyecto con el que soñábamos desde hacía tiempo. Saber cuánto nos va a cobrar nuestro banco y conocer otras opciones es fundamental para decidirnos.

a) **¿Por cuál de estos motivos solicitarías un préstamo a tu banco?**
   - montar un negocio
   - reformar o amueblar la casa
   - comprar un coche
   - realizar un curso de formación
   - comprar un ordenador

b) **¿Cuánto dinero le pedirías a tu banco?**

c) **Este cuadro resume las condiciones de varios préstamos. Estúdialas detenidamente y escoge el que más te convenga. Antes debes mirar en el periódico del día la tasa del MIBOR (Madrid Interbank Offered Rate), del Euribor (Euro Interbank Offered Rate), de la CECA (Confederación Española de Cajas de Ahorros) y de Referencia de las Entidades.**

MIBOR= **EURIBOR=** **CECA=** **Índice Ref. Entidades=**

	BANKINTER	BBVA	CAJA MADRID	POPULAR	BSCH
Montar un negocio (30 000€)	**IF:** 3,5% **C:**2%	**IV:** euribor +2% (1er año)* **C:** 2,5%	**IV:** mibor a un año +2% **C:** 1%	**IV:** 4,67% (1er año) **C:** 2,15%	**IF:** 4,95% **C:** 2,5%
Reformar o amueblar la casa (9000€)	**IF:** 4,5% **C:** 2%	**IF:** 4,75% **C:** 2,2%	**IV:** CECA +2% **C:** 0%	**IV:** 4,67% (1er año) **C:** 2,15%	**IF:** 4,95% **C:** 2,5%
Comprar un coche (15 000€)	**IF:** 3,5% **C:** 2%	**IF:** 4,96% **C:** 2,2%	**IV:** CECA +2% **C:** 0%	**IV:** 4,67% (1er año) **C:** 2,5%	**IF:** 4,95% **C:** 2,5%
Formación (6000€)	**IF:** 3,5% **C:** 2%	**IV:** 4,45% (1er año) **C:** 2%	**IF:** 3,75% **C:** 1,5%	**IV:** Índice de Ref. Entidades +1,25% **C:** 0,5%	**IF:** 4,5% (1er año) **C:** 2,5%
Comprar un ordenador (1800€)	**IF:** 13% (con tarjeta) **C:** 0%	**IF:** 7,75% **C:** 30,05%	**IF:** 7,5% **C:** 1,5%	**IV:** 7,67% (1er año) **C:** 2,15%	**IF:** 7,95% **C:** 2,5%

IF= Interés fijo; **IV**= Interés variable; **C**= Comisiones; * Orientativo, depende de las condiciones del cliente.

Adaptado del *El País Semanal*.

2. Correspondencia bancaria. Lee la carta y contesta a estas preguntas:

a) ¿Es una carta circular o está dirigida a un solo destinatario?

b) ¿Cuál es el propósito de la carta?

c) ¿La Sra. Arroyo ya es clienta de este banco?

d) ¿Cuáles son las condiciones del depósito en cuanto a fecha de contratación, renovación e importe máximo?

e) ¿Qué puede hacer un cliente si quiere más información?

DOÑA MARGARITA ARROYO
C/ ALBERTO ALCOCER 108, 5.ª 1.ª
28028 MADRID

Madrid, 20 de marzo de 2005

Estimada Sra. ARROYO:

Nos complace informarle del lanzamiento de un **nuevo Depósito Semanal al 6% TAE**, 5,77% nominal, un producto especialmente diseñado para nuestros clientes, que podrá contratar **desde el 15 de abril del 2005.**

Este Depósito Semanal se renueva automáticamente sin que usted tenga que molestarse en dar ninguna orden y le permite recuperar su dinero en el momento que lo desee, sin gastos ni comisiones. Puede contratarlo por **un importe máximo de 25 000 euros**, pudiendo provenir los primeros 3000 euros de sus actuales saldos en Patagon, mientras que el resto deberá incrementar su posición global con nosotros del día 12 de abril de 2005.

Nuestra pertenencia al grupo Santander Central Hispano, grupo financiero líder en España e Iberoamérica y uno de los primeros de Europa, nos exige mantener muy alto el listón de la calidad de nuestros productos. Por eso **le recomendamos que aproveche esta ocasión y contrate nuestro nuevo Depósito Semanal** lo antes posible.

Si desea ampliar información o tiene alguna duda, conéctese a www.patagon.es o llámenos al **901 247 365** donde le atenderemos encantados.

Atentamente,

Carlos Oliva
Dirección comercial

901 247 365 **www.patagon.es**

Plaza Manuel Gómez Moreno, 2 28020 Madrid

Patagon Internet Bank, S.A. Registro Mercantil de Madrid, Hoja nº 78.974, Folio 1, Tomo 8.269, C.I.F.:A/28021079

3. Escribe una carta similar a la anterior con la información que tienes en el siguiente anuncio.

· Plazo a 1 mes
· A partir de 3000 €
· Liquidación de intereses al vencimiento
· Importe máximo 50 000 €
· Solo para nuevas aportaciones

BANCODINERO, S.A.

*Tipo de interés nominal anual 6,31%
901 901 901 www.bancodinero.es

BUSCANDO FINANCIACIÓN

TAREA 2

FICHA 1. INVERSIÓN NECESARIA

1. **¿Recuerdas la empresa que creaste en la Tarea 1? ¿Qué capital inicial necesitarías para ponerla en marcha? Haz un presupuesto que incluya los gastos de constitución, el alquiler o la compra de un local, los ordenadores o cualquier otro equipo que necesites, los materiales de oficina, la contratación de personal y cualquier otro gasto que preveas para los primeros meses.**

2. **¿De cuánto dinero dispones? Si no dispones de todo el capital que necesitas inicialmente, ¿dónde crees que puedes conseguir el resto?**

FICHA 2. FUENTES DE FINANCIACIÓN

1. **Según un artículo publicado en *Ideas y Negocios*, el 60,6% de la financiación de las empresas proviene de recursos propios, el 38,7% de recursos ajenos y el 0,7% de subvenciones. Así que, a menos que cuentes con recursos propios suficientes o que seas uno de los pocos que recibe una subvención que cubra el 100% de tus necesidades financieras, una de tus principales preocupaciones será la falta de capital. El siguiente artículo te da ideas sobre dónde puedes encontrarlo. Léelo y realiza las actividades a continuación.**

"El principal problema fue encontrar financiación". Luis Sans, consejero delegado del operador postal privado ViaPostal reconoce que la búsqueda de inversores fue una tarea ardua. Necesitaba 240 millones de euros para poner en marcha su negocio. Tras varios meses, Banco Popular entró en el accionariado con 120 millones de euros.

Al igual que este empresario, muchos emprendedores encuentran dificultades para conseguir financiación. Sin embargo, la Fundación BBVA lanza un mensaje tranquilizador: hay más recursos financieros que proyectos de interés.

El primer paso es determinar los fondos necesarios para poner en marcha la empresa. Para ello se debe realizar una estimación sobre la evolución de los pagos y los cobros. Los expertos aconsejan no poner en marcha el negocio sin dinero suficiente para asegurar su desarrollo. "El empresario debe tener capital propio, porque es muy difícil conseguir financiación para el 100% de la inversión", explica Sara García, responsable del Departamento Financiero de la Asociación de Jóvenes Empresarios de Madrid.

Si no se cuenta con recursos propios suficientes, el emprendedor tiene ante sí dos grandes vías: pedir un préstamo o crédito, o bien buscar un socio, lo que implica ceder parte del accionariado. Asimismo, hay organismos públicos que incentivan la creación de empresas a través de subvenciones. Sin embargo, estas ayudas no deben constituir el pilar básico para empezar un negocio.

En muchas ocasiones se busca el capital semilla entre amigos y conocidos. Es el caso de Aitor López-Davalillo, que junto con otros dos socios aportaron los 300 000€ necesarios para poner en marcha la consultora informática Rigelis. "Además, tenemos una línea de crédito por si hay necesidades de financiación, un caso que todavía no se nos ha presentado", asegura. El rápido desarrollo del negocio –esperan facturar 1 millón de euros en su primer ejercicio– les ha permitido autofinanciar sus necesidades de equipamiento informático, al que han destinado 21000€ – mediante las fórmulas de *renting* y *leasing*.

A la hora de pedir un préstamo, los emprendedores suelen encontrarse con la falta de garantías para avalar su proyecto. Las Sociedades de Garantía Recíproca (SGR) públicas, como AvalMadrid, o privadas, como Elkargi, estudian la concesión de avales. Además, analizan el proyecto, aconsejan sobre las líneas de financiación y gestionan ayudas públicas.

También se puede ir al Instituto de Crédito Oficial (ICO), una entidad de préstamo pública. En el caso de las pymes, el ICO suele operar generalmente utilizando los bancos y cajas de ahorro como intermediarios.

Otra posibilidad es llamar a las puertas del capital riesgo, una actividad que consiste en la toma de participaciones con carácter temporal en empresas no cotizadas. En este mercado operan sociedades que cuentan entre sus accionistas con organismos públicos que no descartan invertir en las primeras fases de una empresa. Sociedades como Catalana d´Iniciatives, Capital Riesgo Madrid o Talde realizan inversiones de pocos millones en capital semilla.

Junto a ellas, hay sociedades privadas como Apax Partners, Mercapital, Excel Partners... Sin embargo, muchas de ellas no entran en el accionariado de una compañía en sus primeros pasos sino en una etapa posterior.

Adaptado de Miriam Prieto, "Por cuenta propia", *Actualidad Económica.*

a) **Explica con tus propias palabras estos conceptos:**

1. "capital semilla"	**3. *leasing***	**5. aval**
2. accionariado	**4. *renting***	**6. empresas no cotizadas**

b) **Verdadero o falso:**

	V	F
1. Es normal que a los empresarios les preocupe conseguir financiación: hay más proyectos que recursos.		
2. No es aconsejable montar una empresa esperando obtener financiación para el 100% de la inversión.		
3. Las subvenciones no deben ser la fuente principal de financiación.		
4. Para los emprendedores que no tengan un aval, existen sociedades públicas y privadas que pueden avalarlos.		
5. El ICO realiza sus préstamos directamente, sin intermediarios.		
6. Las sociedades de capital riesgo privadas prefieren invertir en las empresas cuando ya están en funcionamiento.		

c) **Selecciona la opción correcta:**

1. Admitir un socio implica:
   a) no tener que poner capital propio.
   b) ceder parte de las acciones.
   c) no poder recibir subvenciones.

2. Las empresas de capital riesgo:
   a) invierten en empresas que cotizan en Bolsa.
   b) invierten en empresas que están empezando.
   c) participan en empresas de manera permanente.

3. Lo primero que hay que hacer para determinar los fondos necesarios es:
   a) estimar los sueldos de los directivos.
   b) estimar los pagos y los cobros.
   c) ver el máximo que puede prestar el ICO y pedirlo.

2. **Actividad en grupos de tres. Cada uno de vosotros trabajará con una de las columnas del cuadro que aparece a continuación.**

Estudiante A: **Habla con tus compañeros sobre las diferentes fórmulas que estás considerando para poder financiar tu empresa. Después de escuchar sus comentarios, ¿qué fórmula prefieres?**

Estudiante B: **Eres muy positivo pero quizás un poco ingenuo, y solo ves las ventajas de las distintas formas de financiación. Explícaselas a tu compañero.**

Estudiante C: **Lo ves todo de color negro. Explícale a tu compañero todos los inconvenientes de las diferentes fórmulas de financiación. Tu lema es: "Si no tienes dinero, no lo hagas".**

Estudiante A - Fórmula	Estudiante B - Ventajas	Estudiante C - Inconvenientes
Pedir dinero a familiares o amigos.	Suele ser útil para los inicios: constitución de la empresa, alquiler de local, compra de material, etc.	Si no disponen de mucho dinero, solo te servirá de colchón. Necesitarás más.
Hipotecar bienes personales (casa, coche, etc.).	Te sirve de aval en un préstamo. Así, las cuotas serán pequeñas. Esto te permitirá respirar un poco.	Tu patrimonio económico y personal queda condicionado a la situación financiera de la empresa.
Productos financieros.	Hay una amplia oferta de productos tanto para la financiación a corto como a largo plazo.	Tu margen de maniobra para negociar las condiciones con las entidades de crédito son limitadas.
Subvenciones públicas.	Se convocan muchas. Te puedes beneficiar por distintos conceptos.	Hay que estar muy pendientes de los plazos. Las ayudas se reciben al año.
Sociedad de Capital Riesgo.	Si consigues que una SCR participe en tu empresa, la inyección de capital es rápida y directa.	La SCR entrará en el consejo de administración y, como tal, participará en la toma de decisiones.

Adaptado de Javier Escudero y Javier Inaraja, "Dossier: Dinero para financiar tu empresa", revista *Emprendedores*.

3. **Asesorado por tu gestor administrativo y sabiendo las desventajas de otras fórmulas de financiación, estás considerando las siguientes tres opciones. Escoge una y justifica tu respuesta.**

PRÉSTAMOS DEL ICO

Otorgan créditos a cualquier persona física o jurídica considerada pyme para:

- Inversión nueva en activos materiales e inmateriales. Importe máximo: 1,5 millones de euros por beneficiario y año.
- Creación de nuevas empresas.

Los préstamos se tramitan a través de los bancos y cajas de ahorros. La ventaja: no se cobra comisión de apertura, estudio o disponibilidad.

Tipo de interés: Puede optarse por fijo o variable, referenciado al euribor, con un diferencial de 0,5 puntos. El plazo de amortización es de tres, cinco o siete años.

BANCOS Y CAJAS DE AHORROS

Son los que mayor volumen prestan y mayor gama de servicios ofrecen. No tienen una oferta estándar, por lo que es necesario plantear el caso y explicar tus necesidades.

AYUDAS AUTONÓMICAS

Las CC.AA. ofrecen numerosas subvenciones. La clase y concepto de las ayudas son muy diversos por lo que hay que solicitar información a la Consejería de Economía de tu CC.AA.

Algunos ejemplos son:

La Rioja, ayudas para la creación de microempresas.

Madrid, ayudas para la incorporación de tecnologías de la información a las pymes.

Galicia, ayudas generales para las pymes.

4. **Ahora debes decidir qué fuente de financiación específica prefieres. Justifica tu respuesta.**

Créditos personales	Cuenta de crédito	Préstamo hipotecario	Préstamo del ICO
Para necesidades puntuales de todo tipo e importes no demasiado grandes. Requisitos simples y de rápida concesión.	Para los pagos a los proveedores. Es una cuenta corriente con un importe máximo disponible al que podrás llegar o no en función de tus necesidades de pago.	Para adquirir un local, oficina o similar. Ahora los tipos de interés son bastante bajos, aunque el precio de los inmuebles no.	Para la adquisición de *software* o marcas.

5. **¿Y en cuánto tiempo vas a devolver el préstamo? Esta tabla te ayudará a decidirte. Recuerda que cuantos más años de plazo y mayor sea el tipo de interés aplicado, mayor será la cantidad final a devolver.**

Tipo de interés supuesto: 5%. Cifras en euros.

PRÉSTAMO	TOTAL PAGADO EN 5 AÑOS	TOTAL PAGADO EN 10 AÑOS	TOTAL PAGADO EN 20 AÑOS
30051	34026	38248	47597
60101	68051	76496	95194
90152	102077	114744	142791
150253	170128	191240	237985

6. **Documentos necesarios que debes preparar antes de pedir un crédito para dar una imagen de seriedad y ahorrar tiempo. Prepáralo todo.**

a) Nombre del cliente (persona física o empresa), NIF, dirección, teléfono.

b) Tipo de sociedad, actividad, información sobre accionistas.

c) Breve historia de la empresa, organigrama.

d) Plan estratégico, calendario, presupuestos económicos y financieros, plan de marketing.

e) Características del negocio: qué bienes fabrica o servicios vende, marcas, cartera de clientes, proveedores, la competencia.

f) Negocios desarrollados con anterioridad.

g) Avales o garantías: si estás dispuesto a hipotecar tu casa, si te pueden avalar familiares o amigos, o una SGR.

7. **Estos son los errores que debes evitar. De lo contrario, posiblemente no van a concederte el préstamo/crédito. Explica por qué cometer estos errores podría perjudicar tu solicitud.**

a) No caigas en la tentación de falsear datos: las entidades financieras cuentan con medios para comprobar la verdad. La transparencia genera confianza.

b) No acudas con las ideas poco claras, sin papeles o presupuesto.

c) No hinches la solicitud.

____

____

____

d) Guarda todo documento que sirva para apoyar la petición: facturas, cifras de ventas, seguros, cartas de pago, proyectos, escrituras.

____

____

____

8. Ahora que lo tienes todo listo, vas a ir a un banco, pero es necesario que compares los préstamos que ofrecen cuatro distintas entidades, porque las diferencias pueden llegar a ser notables. Aunque requiere un poco de tiempo y esfuerzo, puede suponerte un considerable ahorro. Estudia bien esta comparativa y escoge el banco o caja que te parezca más apropiado. Justifica tu respuesta.

"laCaixa"	BBVA	SCH	POPULAR
-Amplia gama de productos y servicios para pymes. -Diversas clases de préstamos, con flexibilidad en cuanto al calendario de amortización. -Tipo hipotecario: Fijo: 5% Variable: IRPH cajas + 0,25% -Tipo excedido cuenta de crédito:15,50% -Tipo preferencial: 4,75%	-Amplia gama de productos y sistemas de financiación a través de líneas de descuento, créditos, préstamos, anticipos de crédito, *leasing* y *renting*. -Credipyme BBVA: cuenta de crédito para pymes, con vencimiento de hasta 3 años, renovación automática anual y límite entre 30000 y 150000. -Asesoramiento especializado para préstamos ICO. -Tipo hipotecario: Fijo: 4,50%-6% Variable: euribor + 1,25% -Tipo crédito personal: 7,50% -Tipo excedido cuenta de crédito: 19% - Tipo preferencial: 5%	-Amplia gama de productos y servicios para pymes, en particular préstamos a todo tipo de plazos. -Especialización en las diversas líneas del ICO. -Buena experiencia en comercio electrónico. -Amplia experiencia en financiación para franquicias. -Tipo hipotecario: Fijo: 6% Variable: euribor + 1% -Tipo crédito preferencial: 7,75% -Tipo excedido cuenta de crédito: 19%	-Variedad de productos y servicios para pymes. -Banca por Internet (bancopopular-e). -Para el desarrollo de las empresas, el Grupo Banco Popular pone a tu alcance los préstamos hipotecarios, póliza crédito, créditos y préstamos para la adquisición de nuevas instalaciones. -Paquete específico destinado a la financiación de proyectos de inversión para pymes. Cantidad: 2700 millones de euros. -Tipo hipotecario: Fijo: a negociar Variable: euribor + 1,25% -Tipo excedido cuenta de crédito: 19% -Tipo preferencial: 5,7%

Adaptado de Julio Ruiz Herrera, "10 pistas para logra créditos bancarios", *Ideas y Negocios*.

9. Juego de roles. Un cliente va a hablar con el director de su banco para pedirle dinero. Estas son las condiciones que van a negociar:

- **El tipo de interés es negociable.**
- **En un préstamo a tipo variable, lo importante es el índice de referencia.**
- **Las comisiones.**
- **Apertura. Oscila entre el 1% y el 2%, a la que pueden añadir, algunas veces, la del estudio.**
- **Cancelación. Se paga si se devuelve antes de lo pactado el préstamo. Si el préstamo es personal, suele oscilar entre el 1,5% y el 3%, y si es hipotecario, no puede pasar del 1%, el máximo legal permitido.**

ESTUDIANTE A: Vas a tu banco habitual y te entrevistas con el director para solicitarle el capital que necesitas. ¡Recuerda que debes conseguir las mejores condiciones!

- Busca argumentos para rebajar el tipo de interés, sin olvidar el primordial: que serás un buen pagador. Es lo que quieren oír.

- El índice de referencia más conveniente es el euribor, pues es el más barato, con el diferencial más reducido que sea posible.

- Ojo con las comisiones: Estas son las máximas y se pueden negociar.

- Ten cuidado también con los gastos de apertura y de cancelación.

ESTUDIANTE B: Eres el director de un banco. Un cliente habitual viene a pedirte dinero para montar una empresa. Si decides dárselo, después de examinar y estudiar bien su solicitud, intenta sacar el máximo provecho de esta operación: interés, comisiones, gastos de apertura y de cancelación lo más altos posible.

LA BOLSA

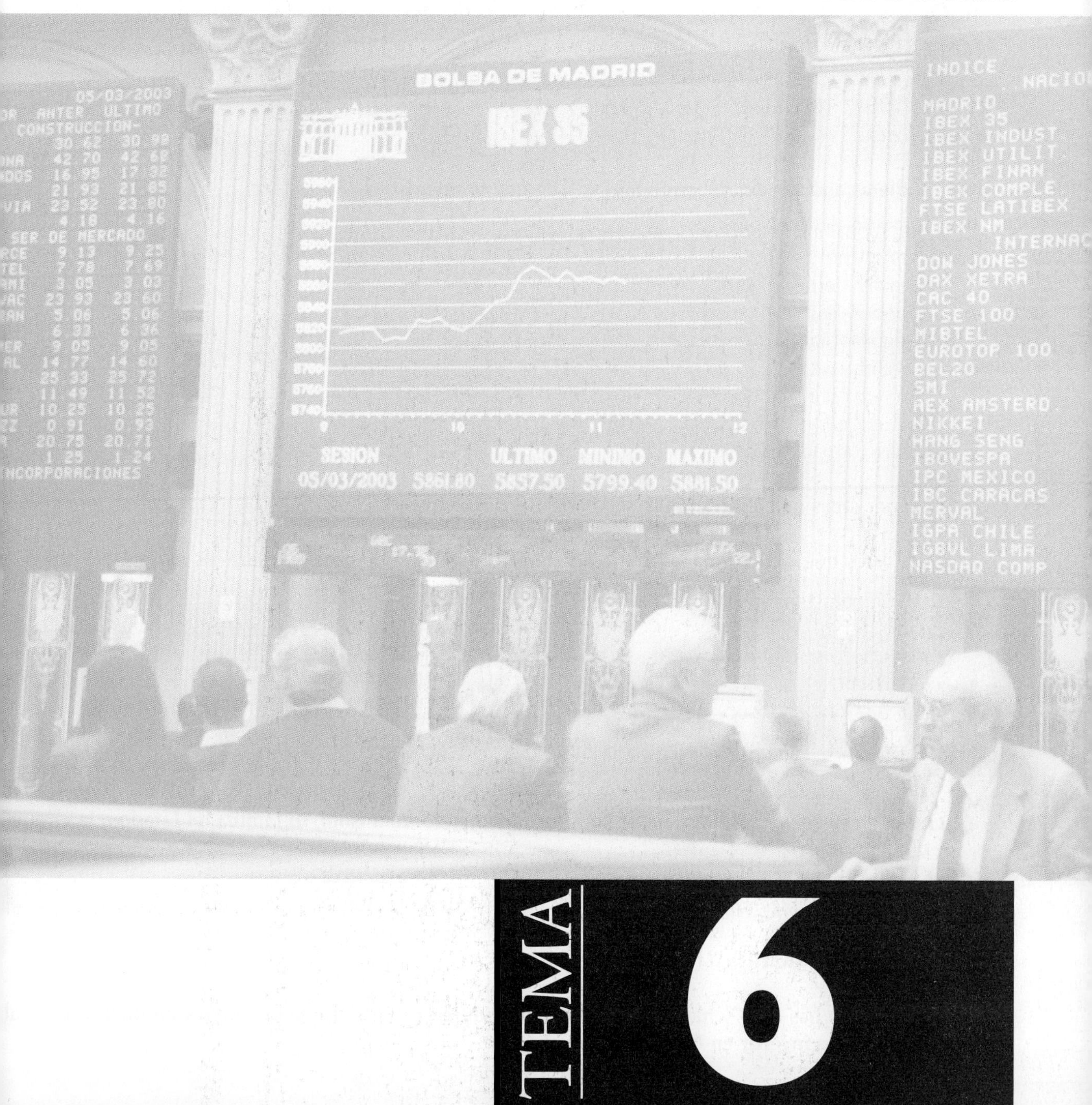

TEMA 6

FICHA 6.1. CLAVES PARA INVERTIR EN BOLSA

1. Pre-lectura.

a) **¿Qué porcentaje de tus ingresos puedes ahorrar cada mes? Especifica la cantidad.**

- Nada.
- Una cantidad insignificante.
- Del 10 al 25% de lo que gastas.
- Más del 25% de lo que gastas.

b) **Si pudieras ahorrar dinero, ¿qué harías? ¿En qué lo invertirías?**

- Comprarías una vivienda.
- En un negocio.
- En fincas, tierras, ganado.
- En fondos de inversión.
- En seguros/planes de jubilación.
- En la Bolsa.
- En una cuenta vivienda.
- En deuda pública.
- De otra forma. Especifica.

c) **¿Quiénes crees que ahorran más: los hombres o las mujeres?**

d) **¿Cuál crees que es el principal motivo de ahorro para los hombres? ¿Y para las mujeres?**

- Reserva para gastos extra.
- La jubilación.
- Preocupado por la seguridad de su familia.
- Dependencia.
- Viaje o hobby costoso.
- Otro.

e) **¿Quién crees que es responsable de tu futuro financiero: tú mismo, tu familia, el Estado o la empresa donde trabajas?**

f) **Un 5% de españoles invertiría en la Bolsa. ¿Sabes qué es la Bolsa?**

g) **¿Cómo puedes invertir en la Bolsa?**

h) **Seguramente has oído y has leído información sobre la Bolsa últimamente. ¿Es un buen o un mal momento para invertir en Bolsa?**

i) El siguiente texto, publicado en *El País Semanal* te da las claves para invertir en la Bolsa en España. Léelo y realiza las actividades a continuación.

Invertir en Bolsa puede ser una solución si quiere sacar partido a sus ahorros. Le explicamos cómo funciona el mercado bursátil y le damos algunas pistas para saber cómo realizar su inversión sin correr demasiados riesgos.

La Bolsa es un mercado donde se encuentran ahorradores y empresas. Los primeros buscan obtener una ***rentabilidad*** a su dinero, mientras que las empresas acuden a la Bolsa para buscar fondos con los que realizar su actividad.

¿Qué debe buscar una buena inversión? La mejor rentabilidad, con el mínimo riesgo (seguridad) y con una ***liquidez*** aceptable, esto es, la posibilidad de convertir rápidamente una acción en dinero.

¿Cómo realizar la inversión? Es necesario hacerlo a través de un ***intermediario*** autorizado por la Comisión Nacional del Mercado de Valores (CNMV). Las sociedades y agencias suelen cobrar una comisión del 0,25 del valor de la inversión, mientras que en el caso de las entidades financieras el porcentaje que se llevan puede llegar al 0,75%.

¿Qué vías de inversión existen? Usted puede comprar acciones directamente, indirectamente, a través de una fórmula colectiva (***fondos de inversión***, *unit linked* y ***planes de pensiones***), y vía ***oferta pública de venta*** (OPV).

Inversión directa. Está recomendada para ahorradores expertos que deseen especular (comprar y vender acciones con frecuencia). Exige conocimientos muy amplios sobre la situación de los mercados a la hora de decidir los movimientos a realizar y una gran disciplina. Se necesita una ***cartera mínima*** de unas 10 empresas.

OPV. Es una fórmula que ha tenido una gran aceptación para el ahorrador medio no especializado. Consiste en comprar acciones de una empresa, pública o privada, cuando hace una oferta masiva de activos durante un periodo de tiempo (como ha ocurrido con Telefónica, Terra, Endesa, etc.).

Inversión indirecta. Es aconsejable para los ahorradores sin grandes conocimientos de Bolsa. La fórmula más popular son los fondos de inversión, patrimonio formado por las aportaciones de muchos inversores y que es gestionado por un intermediario. Los fondos tienen interesantes ***ventajas fiscales***.

Los "unit linked". Este producto es un seguro de vida asociado a un fondo de inversión. Tributan como un seguro pero funcionan como un fondo. Solo hay que pagar impuestos cuando se retira dinero del seguro, pero las ***comisiones*** son muy elevadas y la rentabilidad obtenida es menor.

Planes de pensiones. Aparte de servir como complemento a la jubilación, las principales ventajas de los planes de pensiones son su fiscalidad y una rentabilidad aceptable. El principal inconveniente es la liquidez, el dinero solo se puede retirar en el momento de la jubilación.

¿Es un buen momento para invertir? Los últimos años se han despedido con unos malos resultados para la Bolsa y las previsiones para este año no son demasiado halagüeñas. No es un buen momento para el inversor especulador que busca una rentabilidad a corto plazo. Sin embargo, sí es una buena oportunidad para el ahorrador que apuesta por un plazo mayor. La razón es que los índices bursátiles están lejos de sus máximos y la experiencia histórica demuestra que tarde o temprano tendrán que aproximarse a ellos, con lo que es probable que las acciones que compre ahora se revaloricen en el futuro.

Adaptado de Javier Morales, *EPS*.

1) **Haz un resumen del artículo usando todas las palabras que aparecen en negrita cursiva en el texto.**

2) **Las siguientes afirmaciones tienen errores. Encuéntralos y corrígelos.**

a) Los ahorradores invierten en Bolsa buscando la máxima rentabilidad, el máximo riesgo y una liquidez aceptable.

b) Una OPV es un seguro de vida asociado a un fondo de inversión.

c) Se recomienda la inversión directa a ahorradores expertos sin conocimientos de los mercados.

d) Las sociedades y agencias tienen comisiones más altas que otras entidades financieras como bancos y cajas de ahorros.

e) El dinero invertido en los planes de pensiones se puede retirar cuando uno quiera.

f) Los fondos de inversión son gestionados por ahorradores no especializados.

g) En este momento, la Bolsa es una forma de inversión idónea para las personas que buscan rentabilid corto plazo.

FICHA 6.2. LOS ÍNDICES BURSÁTILES

Su objetivo es medir la variación de las cotizaciones referidas a un momento determinado y de esta forma reflejar lo mejor posible el comportamiento de las bolsas. Sus funciones son:

- reflejar lo que sucede en el mercado.
- permitir la comparación entre diferentes carteras de valores.
- permitir la toma de decisiones sobre inversiones.
- medir las experiencias inversoras de los que colocan sus ahorros en bolsa.
- servir como instrumentos de predicción de la evolución de los mercados.

Los principales índices en España son el Índice General de la Bolsa de Madrid (compuesto por 116 valores de diferentes sectores: bancos, eléctricas, alimentación, construcción, inversión, metal, petróleo y químicas, comunicación, etc.) y el IBEX 35, que es el índice del Mercado Continuo de la Bolsa española y que recoge las variaciones de los 35 principales valores negociables en el Mercado Continuo de las cuatro bolsas españolas (Madrid, Barcelona, Valencia y Bilbao).

Los principales índices internacionales son el Standard & Poor's 500, el Dow Jones y el Nasdaq en Estados Unidos, el FT-ordinary y el Footsie en Reino Unido, el DAX en Alemania, el CAC 40 en Francia, el Nikkei Stock Average en Japón y el Eurostoxx 50 para la zona euro.

1. Mira en el periódico qué ha sucedido con estos índices bursátiles durante la última jornada.

ÍNDICE	VALOR	VARIACIÓN
IBEX 35		
DOW JONES		
NASDAQ		
DAX		
CAC 40		
NIKKEI		

2. El juego de la Bolsa.

Imagina que tienes 5000€ para invertir en Bolsa y has decidido invertirlos en el IBEX 35. Selecciona los valores que prefieras de este índice, así como cuántas acciones quieres comprar. Dentro de una semana, revisaremos el índice para ver si tus acciones han subido o han bajado. Recuerda que los expertos aconsejan tener una cartera con un mínimo de 10 valores.

VALOR	Precio compra	Cantidad	Valor una semana después	Ganancia o pérdida

TOTAL=

FICHA 6.3. OPERACIONES BURSÁTILES ESPECIALES

La OPA, u Oferta Pública de Adquisición, es una operación que consiste en que una empresa trata de hacerse con el control de otra por medio de la compra de sus acciones en el mercado. Mediante esta operación, la empresa oferente está dispuesta a comprar el número de acciones necesario para controlar la sociedad pagando un precio superior al de cotización de las acciones en el mismo momento de la oferta. La OPA es, por lo tanto, un mecanismo de adquisición de acciones al margen de los procedimientos bursátiles ordinarios. Por tanto, el buen fin de la operación dependerá en gran medida de que los accionistas decidan aceptar el precio ofrecido, dentro de un plazo establecido durante el que se mantiene la oferta. La aceptación se comunicará a la Bolsa.

En cambio, la OPV, Oferta Pública de Venta, está dirigida al público inversor con el objetivo de proceder a la venta de determinado número de acciones de una sociedad cotizada o no cotizada (fase previa a la admisión a cotización). Los inversores que manifiesten su interés deberán formularlo. Si la OPV se produce en número suficiente se materializarán las correspondientes compraventas.

Adaptado de *La Bolsa para debutantes*, Guías Capital.

1. Comprensión lectora.
Lee el siguiente artículo y realiza las actividades a continuación.

LA BOLSA, TERRITORIO DE CAZA PARA LAS EMPRESAS

Las bolsas son ahora un excelente escenario para adquirir sociedades. Los bajos precios de muchas empresas cotizadas han provocado el apetito de grandes inversores que vuelven a dar un vuelco en la propiedad accionarial. Una operativa especialmente activa a lo largo del ejercicio que, además, se ha caracterizado por la hostilidad en buena parte de las OPA lanzadas.

Cada momento tiene su operativa. Los mercados alcistas se corresponden con salidas de nuevas empresas en Bolsa mediante OPV. En las bolsas bajistas, la lógica económica hace más factibles las OPA. Los bajos precios despiertan el apetito de inversores que pueden encontrar gangas. Son, lógicamente, otras empresas dispuestas a ampliar o diversificar sus negocios aprovechando la caída de las cotizaciones.

En los últimos meses han sido numerosas las OPA lanzadas en el mercado español. Responden a esa lógica de adquirir un paquete de control de las compañías, aprovechando los bajos precios de las compañías en Bolsa. Eso sí, como aspecto novedoso, muchas de estas operaciones han tenido el calificativo de hostil. La última de Gas Natural sobre la eléctrica Iberdrola, la lanzada por los grupos italianos Quarta y Astrim sobre Metrovacesa o la de PC SXXI Inversiones Bursátiles en La Seda, son ejemplos de ofertas no deseadas por el consejo de administración.

También ha influido la nueva regulación de OPA aprobada recientemente que se muestra más estricta en la defensa de los intereses de los accionistas minoritarios y que, por tanto, hará más costoso este tipo de ofertas. Muchos grupos han optado por acelerar este proceso de compra, bajo el temor a tener que pagar un precio más elevado con la nueva regulación.

Se han conocido numerosas ofertas de exclusión, lo que supone sacar el valor de Bolsa para que no cotice. Un tipo de OPA en la que el principal accionista considera que la cotización no ofrece suficientes ventajas y prefiere sacar la compañía del mercado para no soportar los costes y la transparencia que exige la cotización bursátil.

Además de consideraciones estratégicas para el comprador, el precio es decisivo. Actualmente, 25 compañías cotizan en Bolsa por debajo de su valor contable. Empresas, en general, de tamaño mediano o pequeño que se convierten en favoritas para recibir una oferta. Las siguientes compañías son susceptibles de ser *opables*, en función de sus características:

NH Hoteles: El atractivo de la cadena reside en su elevada presencia en Europa, así como en México y Latinoamérica.

Sol Meliá: Atractivo para grandes hoteleras americanas por su presencia en Europa y Latinoamérica, siendo el 50% hoteles vacacionales y 50% urbanos.

Zeltia: Muy atractiva para farmacéuticas por necesidad de nuevos productos como los que desarrolla la española.

Banesto: Cualquier operación deberá contar con el apoyo del Santander, que tiene el 80% del capital.

OHL: Constructora muy expuesta a obra civil y tratamiento de aguas. Actualmente cotiza barata y ha sido muy castigada por sus inversiones en Argentina.

Telepizza: Su principal atractivo son su marca y las buenas ubicaciones de los locales. Hace tiempo se habló de Nestlé como posible compradora.

Adaptado de Luis Aparicio, *El País Negocios*.

a) **Selección múltiple: escoge la opción más apropiada.**

1) Cuando los mercados están a la baja:
   a) es buen momento para OPA.
   b) es buen momento para OPV.
   c) no es buen momento para nada relacionado con la Bolsa.

2) Las empresas oferentes de OPA suelen ser:
   a) bancos y cajas de ahorros.
   b) empresas que quieren ampliarse o diversificarse.
   c) inversores extranjeros.

3) La mayoría de las últimas OPA:
   a) han sido bien recibidas por el consejo de administración de la empresa opada.
   b) no han sido bien recibidas por el consejo de administración de la empresa opada.
   c) no han sido autorizadas por la CNMV.

4) La nueva regulación de OPA:
   a) defiende a los accionistas minoritarios.
   b) defiende a las empresas opadas.
   c) defiende a las empresas oferentes.

5) Una oferta de exclusión es:
   a) una OPA hostil.
   b) una OPV que no ha tenido éxito.
   c) retirar un valor de la Bolsa para que no cotice.

b) **Imagina que eres director/a de una empresa inversora extranjera y estás buscando valores opables para comprar en España. ¿Por cuál de las empresas opables mencionadas en el artículo harías una OPA? Justifica tu respuesta. Mira el valor de esa empresa en el periódico de hoy y decide cuál sería tu oferta.**

c) **Juego de roles. Vas a trabajar con otro compañero. El estudiante A le hace una oferta a una empresa para oparla siguiendo las instrucciones de la actividad b. El representante de la empresa, estudiante B, debe aceptarla o rechazarla y justificar su decisión. Luego, os intercambiáis los papeles.**

FICHA 6.4. FACTORES QUE INFLUYEN EN EL PRECIO

La cotización de un título-valor es el precio que este alcanza en el mercado bursátil. El precio se fija por la confluencia entre la oferta y la demanda existentes para ese valor, que varía según diferentes factores.

1. Clasifica los siguientes factores en intrínsecos (propios de la Bolsa) o externos o extrínsecos a la Bolsa:

	Intrínsecos	Extrínsecos
a) Seguridad y fortaleza de la empresa.		
b) Medidas políticas.		
c) Evolución de los tipos de interés.		
d) Clima bursátil.		
e) Evolución de la economía nacional.		
f) Rentabilidad, volumen y frecuencia de la contratación.		
g) Las noticias internacionales.		
h) La evolución de la economía estadounidense.		
i) La evolución histórica de la cotización de un título.		
j) La situación de las bolsas internacionales, sobre todo la de Wall Street y la de Tokio.		

2. **Lee los comentarios de los expertos de *La Vanguardia* sobre la cotización de algunos valores del IBEX 35, y determina si su precio ha variado por factores intrínsecos o extrínsecos.**

REPSOL YPF (-1,55%) presentó unos resultados que no han gustado a los inversores a juzgar por la trayectoria de las acciones. Ibersecurities ha recomendado vender, cambiando de forma radical su opinión sobre el valor, que era comprador antes de la presentación de resultados.

ACERINOX (+2,61%) ha salido razonablemente bien esta semana de la huelga de sus instalaciones en Cádiz. La fortaleza del mercado asiático ha facilitado la obtención de buenos resultados en ventas.

CORP. MAPFRE (-1,58%) fue uno de los tres peores valores del IBEX 35 en la semana tras el anuncio de su expansión en Europa.

ARCELOR (-1,41%) ha estado de nuevo en el centro de la polémica por su anuncio de que reducirá sus inversiones en Europa a causa de las nuevas exigencias de Kioto.

NH HOTELES (-0,62%) ha vuelto a registrar pérdidas esta semana debido a las débiles opiniones que maneja la mayor parte de los analistas sobre el sector hotelero.

3. **Como hemos visto en la actividad 1, las medidas políticas son un factor extrínseco y pueden afectar la cotización de los títulos de una empresa. El impacto puede ser positivo, negativo o neutral. ¿Qué impacto crees que pueden tener las siguientes medidas en estas empresas?**

Compañía	Sector	Medidas políticas	Impacto
Abertis	Autopistas	Se reducirán las autopistas de peaje.	
Altadis	Tabacalera	Posible incremento de impuestos.	
Amper	Defensa	Incertidumbre sobre nuevos contratos.	
Endesa	Eléctrico	Exige cumplir el Protocolo de Kioto.	
Gamesa	Energía eólica	Promoción de las energías limpias.	
Gas Natural	Energía	Cumplir el Protocolo de Kioto.	
Prisa	Comunicación	Posible rebaja del IVA en prensa escrita.	
Sogecable	Comunicación	Posible rebaja del IVA.	
Telefónica	Telecom.	Pocos cambios sobre regulación del sector.	
Urbis	Inmobiliario	Moderación en el precio de los pisos.	

Adaptado de *ABC Nuevo Trabajo*.

ACTIVIDADES RECOPILATORIAS

1. Productos financieros, un amplio abanico donde elegir.

a) **Explica con tus propias palabras qué significan cada uno de estos factores a tener en cuenta a la hora de invertir, así como la importancia que le asignas a cada uno (del 1 al 7):**

- rentabilidad
- riesgo
- liquidez
- personalización
- diversificación
- minimización del riesgo
- asesoramiento

b) **Compara tus preferencias con las de los inversores españoles, las cuales aparecen en la siguiente tabla:**

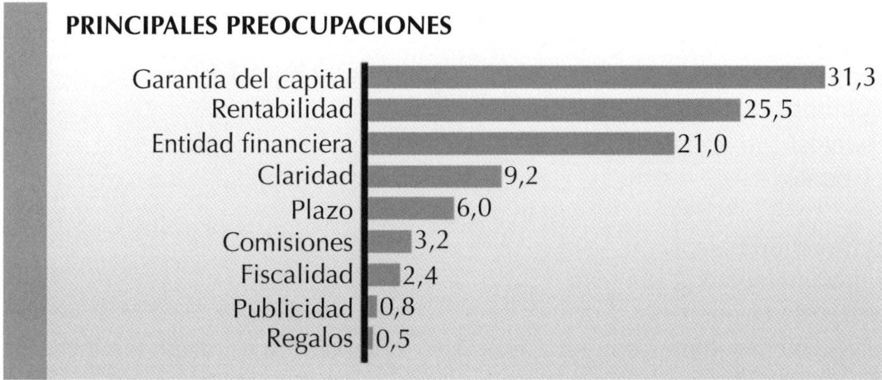

Fuente: *La Vanguardia Dinero.*

c) **Para diferenciar entre los distintos productos financieros que se ofrecen en España, señala cuál de estas definiciones corresponde a renta fija y cuál a renta variable.**

1. Un valor o título que no tiene un vencimiento preestablecido y que además no promete renta alguna. La rentabilidad esperada es incierta y depende de los resultados financieros de una empresa o está afectada por las condiciones del mercado. Como ejemplos tenemos las acciones, los fondos de inversión y los *unit linked.*

2. Título en el cual la rentabilidad que obtiene el inversionista por sus recursos se encuentra establecida desde el momento de la negociación. Está dirigido a inversores más prudentes y que buscan rentabilidad a largo plazo. Es el caso de las letras del Tesoro, los bonos y las obligaciones.

d) **¿Cuáles son tus preferencias a la hora de invertir: renta fija, renta variable o una combinación de ambas? Si prefieres la última opción, ¿qué porcentaje pondrías a renta fija y a renta variable?**

e) **Rubén García Pérez, Director General de American Express Funds para España y Portugal, ha definido así el perfil de un inversor medio español:**

"El español suele ser un inversor más conservador, que busca una rentabilidad media de la cartera algo superior a la inflación y, como no es agresivo por naturaleza, la renta fija suele tener un peso importante. En su cartera, renta fija europea y divisa suelen primar sobre otros productos. Al haber más cultura, más medios financieros y más información, sabe más que hace diez años, lo que lleva a que esa pauta conservadora se esté modificando".

Fuente: *ABC NT*

1) Y tú, ¿qué perfil inversor tienes? ¿Conservador, prudente, decidido o audaz?

2) El siguiente test te ayudará a confirmar tu respuesta:

¿Durante cuánto tiempo piensas que vas a mantener tu inversión?
- ☐ Más de 3 años (4 puntos)
- ☐ De 2 a 3 años (3 puntos)
- ☐ De 1 a 2 años (2 puntos)
- ☐ Hasta 1 año (1 punto)

¿Qué parte de tu ahorro vas a invertir?
- ☐ El 25% (1 punto)
- ☐ Del 25 al 50% (2 puntos)
- ☐ Del 50% al 75% (3 puntos)
- ☐ Más del 75% (4 puntos)

En los próximos años, esperas que tu capacidad de ahorro o tu liquidez:
- ☐ aumente (3 puntos)
- ☐ no varíe (2 puntos)
- ☐ disminuya (1 punto)

Si el valor de tu inversión bajara...
- ☐ venderías inmediatamente (2 puntos)
- ☐ venderías una parte (4 puntos)
- ☐ no venderías, pero consultarías con un asesor para replantear tu estrategia de inversión (6 puntos)
- ☐ no venderías, asumiendo pérdidas a corto plazo, sabiendo que puedes ganar más a largo plazo (8 puntos)

¿Qué nivel de riesgo aceptarías?
- ☐ Rentabilidad moderada con estabilidad en la inversión (2 puntos)
- ☐ Rentabilidad media con posibles altijabos (4 puntos)
- ☐ Alta rentabilidad, asumiendo mayor riesgo (6 puntos)

¿En qué tramo de edad te encuentras?
- ☐ Hasta 35 años (4 puntos)
- ☐ De 36 a 45 años (3 puntos)
- ☐ De 46 a 60 años (2 puntos)
- ☐ Más de 60 años (1 punto)

• **8 puntos: conservador.**	Es recomendable que inviertas principalmente en renta fija a largo plazo.
• **De 9 a 15 puntos: prudente.**	Te sugerimos que inviertas por igual en renta fija a largo plazo y renta variable.
• **De 16 a 22 puntos: decidido.**	No tengas miedo, invierte en renta variable.
• **De 23 a 29 puntos: audaz.**	¡Diversifica! Invierte sobre todo en renta variable, pero incluye renta fija a largo plazo y corto plazo en tu cartera de inversiones.

2. **Aquí tienes un gráfico relacionado con la Bolsa. ¿Cuál crees que sería un título adecuado para el artículo en el que apareció este gráfico? Justifica tu respuesta.**

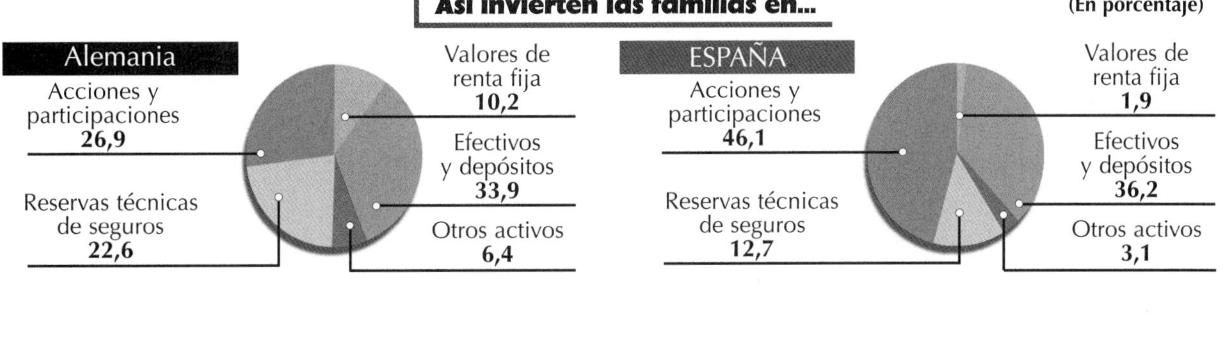

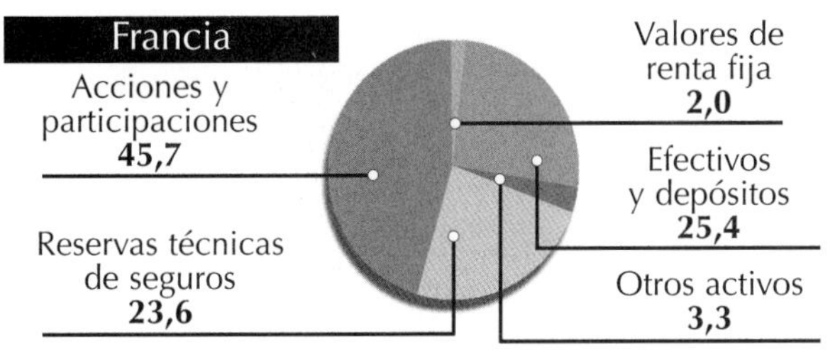

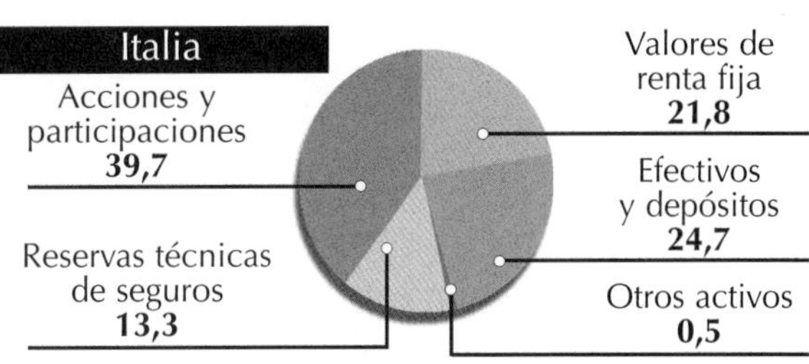

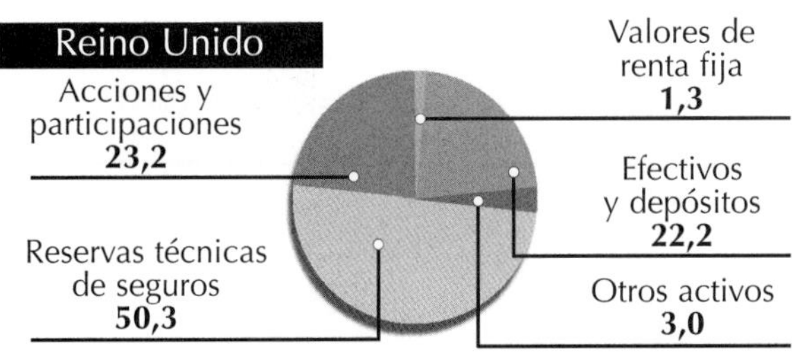

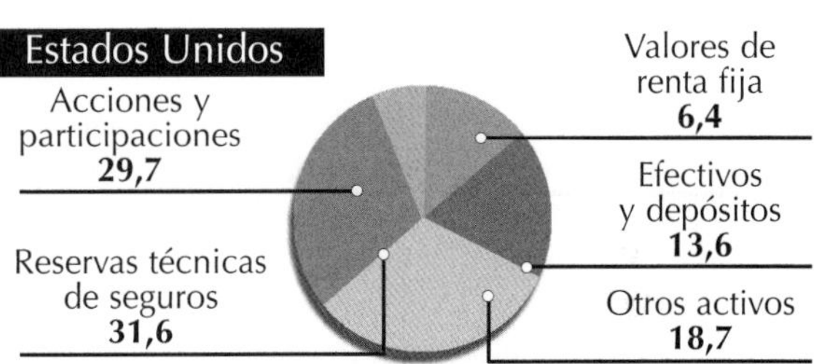

Fuente: *Tiempo Especial Economía.*

3. **El argot financiero. Estos son algunos términos que forman parte de la jerga utilizada por los asesores bursátiles.**

Bandera	Es una de las figuras típicas del análisis de gráficos bursátiles. Está formada por una rápida subida de precios que da lugar al mástil de la bandera y un triángulo posterior formado por oscilaciones en las cotizaciones arriba y abajo.
Barrer el mercado	Forma de operar en Bolsa que suelen utilizar los grandes inversores para comprar importantes paquetes de acciones de una determinada sociedad, sin que suba su precio.
Bonos basura	Bonos que ofrecen muy alta rentabilidad por el también elevado riesgo que presentan.

Caballero blanco	Persona que acude en ayuda de una empresa que es objeto de una OPA hostil, lanzando una contra OPA a un precio superior para neutralizarla.
Caballero negro	Persona que lleva a cabo una OPA hostil.
Calentar valores	Subir el precio de un valor (se propagan rumores, se compra un número importante de estos títulos...) para, posteriormente, una vez que este es lo suficientemente alto, vender rápidamente.
Cantar las posiciones	Dar información sobre la oferta y la demanda que hay sobre un determinado valor.
Chicharro	Es un valor que se negocia poco en Bolsa y que suele registrar fuertes subidas y también fuertes bajadas.
Chiringuito financiero	Seudoentidad financiera cuyo funcionamiento es irregular y, la mayor parte de las veces, ilegal.
Crack	Desastre financiero, caída vertiginosa de las cotizaciones de la mayoría de los valores de un mercado de valores.
Cuentas maquilladas	Aumento o disminución de los datos financieros de una compañía para lograr transmitir una determinada imagen (en general, mejor que la real).
El mercado está "matao"	Se dice cuando no hay ni oferta ni demanda, cuando no se cruzan operaciones sobre una acción concreta.
Hora bruja	Momento que suele producirse determinados viernes de cada mes durante el cual suceden hechos, de incomprensible rareza, que se traducen en alzas o bajas injustificadas en los principales valores.
Inversor colgado	Alguien que ha comprado valores a los precios máximos y lo único que puede recoger son pérdidas.
Pipo	Punto básico, o, lo que es lo mismo, una centésima de punto.

Adaptado de un artículo de Piedad Oregui publicado en *El País Negocios.*

a) **Tú y tu compañero sois asesores bursátiles. Estáis desayunando mientras leéis la prensa económica del día. Escribid un diálogo usando ocho expresiones del cuadro anterior.**

LA ACTIVIDAD COMERCIAL DE LA EMPRESA: PRODUCTO Y PRECIO

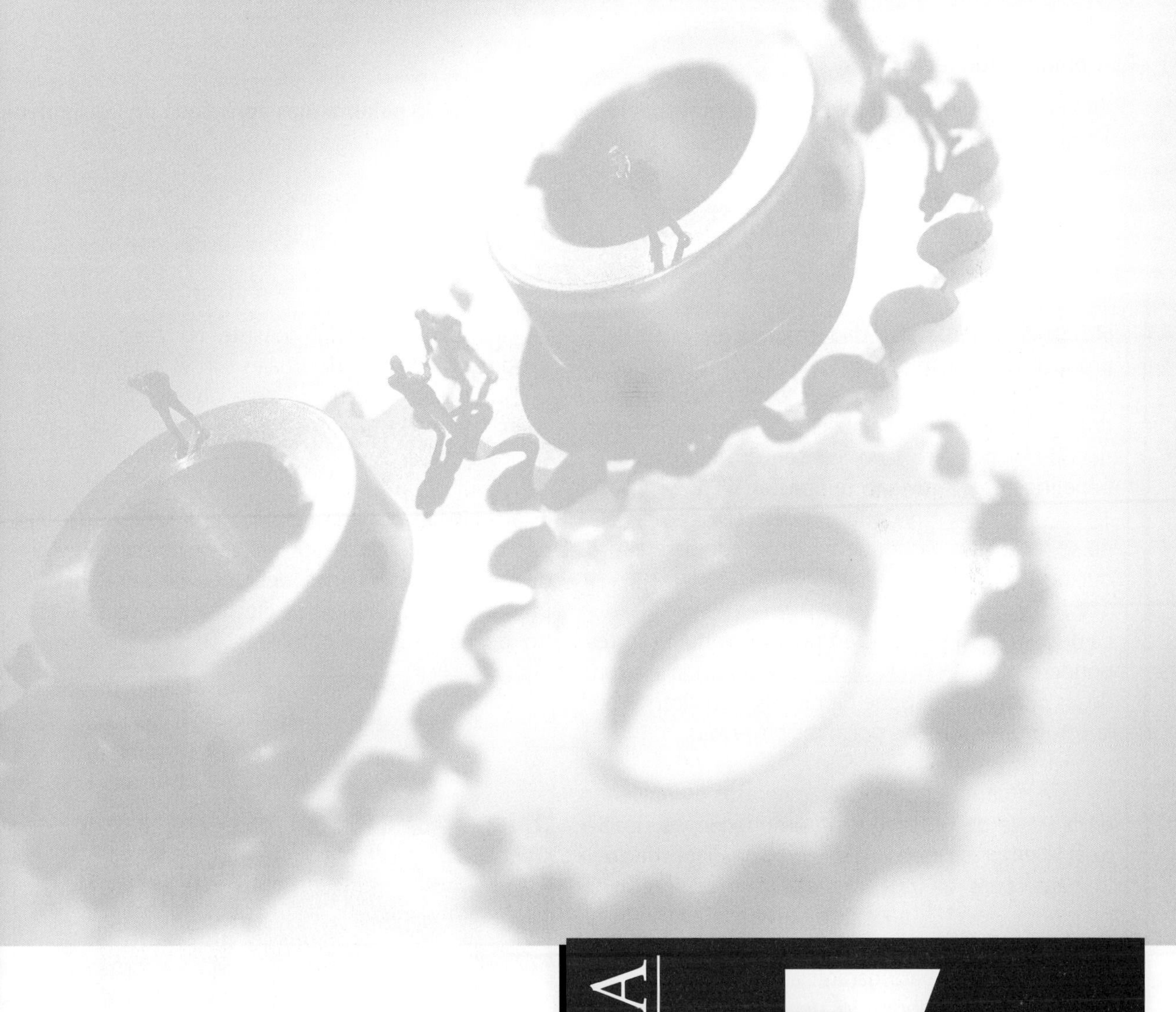

TEMA 7

FICHA 7.1. LA ACTIVIDAD COMERCIAL

1. Pre-lectura.

a) **¿Piensas que la actividad comercial de las empresas es importante? ¿Por qué?**

b) **¿Se te ocurre algún tipo de empresa o de producto que no necesite de la actividad comercial?**

2. Comprensión lectora.

a) **Lee el siguiente texto y completa los espacios en blanco con la palabra más apropiada de las siguientes opciones.**

1) riesgo/beneficio/resultado.
2) cliente/vendedor/empresario.
3) superiores/inferiores/iguales.
4) maximizar/minimizar/compartir.

El fin último de la actividad empresarial es situar el producto al alcance del comprador, de forma que se pueda, por un lado, recuperar los recursos empleados en la adquisición o alquiler de los factores de producción, y por otro lado, conseguir un margen de beneficios. La actividad empresarial presenta un 1.______________, ya que se tienen unos costes que no se recuperan hasta que el cliente adquiere el producto.

La decisión final sobre la compra del producto corresponde al 2. ______________. Este, en la mayoría de las ocasiones, dispone de ofertas a su alcance que le son proporcionadas por otras empresas.

En esta situación, de muchas empresas compitiendo en la venta de un producto homógeneo, es posible que la empresa no consiga vender su producto o lo haga, pero en una cantidad o a un precio 3. ______________ a los que preveía.

Debido a esto, y para garantizar la rentabilidad y la viabilidad de la empresa, el departamento comercial se encarga de 4. ______________ este riesgo lo máximo posible, estudia los factores que influyen en las ventas, diseña acciones que posibiliten la adquisición del producto y las lleva a cabo.

La actividad comercial consiste en definir qué se vende, a quién hacerlo, cuáles son el lugar, el precio y el momento adecuados para obtener beneficios y controlar la adecuación de los resultados a las previsiones efectuadas.

Esta actividad comercial implica una serie de labores que deben llevarse a cabo: estudios de mercado, planificación de actividades, definición de estrategias de promoción y distribución y efectuar las tareas de control de los resultados obtenidos.

Adaptado de J. Rey Oriol, op. cit.

b) **Relaciona cada una de estas tareas de la actividad comercial con su finalidad.**

- **Estudios de mercado.**
- **Planificación de actividades.**
- **Definición de estrategias de promoción y distribución.**
- **Control de los resultados obtenidos.**

1) Para elaborar nuevos productos, la empresa tiene en cuenta los recursos que necesitará y hará una previsión de las ventas.

2) Se establecen para que el producto llegue al cliente en el lugar y momento adecuado.

3) Se comparan los resultados alcanzados con los objetivos planificados para ver si hay desviaciones y es necesario introducir acciones correctivas.

4) Para mejorar los resultados, la empresa tiene que detectar las nuevas necesidades o los cambios que se producen en el mercado y conocer la competencia de otras empresas.

FICHA 7.2. EL MERCADO

Es el lugar donde se relacionan demandantes y oferentes de diferentes tipos de bienes y servicios. Hay distintas tipologías de mercados que condicionan la labor del departamento comercial y los aspectos sobre los que debe actuar.

1. Hay cuatro tipos de mercado: monopolio, oligopolio, competencia monopolística y competencia perfecta. Aquí tienes sus características. ¿Puedes relacionarlas con el tipo de mercado que definen?

TIPO DE MERCADO	OFERTA	DEMANDA
a) ______________	Muchos vendedores de un producto homogéneo.	Muchos compradores.
b) ______________	Un solo vendedor.	Muchos compradores.
c) ______________	Muchos vendedores de productos con diferencias.	Muchos compradores.
d) ______________	Pocos vendedores.	Muchos compradores.

2. Esta es la situación de varios mercados en España. Marca si se trata de un monopolio, competencia perfecta, competencia monopolística u oligopolio.

	Monopolio	C. perfecta	C. monopolística	Oligopolio
a) Telefonía móvil: Telefónica Móviles, Vodafone, Amena, Xfera.	☐	☐	☐	☐
b) Los bancos y las cajas de ahorro.	☐	☐	☐	☐
c) Zapatillas deportivas: Nike, Adidas, Reebok, etc.	☐	☐	☐	☐
d) Automóviles: SEAT; FIAT, Nissan, Toyota, Honda, Renault, Opel, Volvo, BMW, etc.	☐	☐	☐	☐
e) Las panaderías.	☐	☐	☐	☐
f) Los grandes almacenes: El Corte Inglés.	☐	☐	☐	☐
g) Hipermercados: Carrefour, Alcampo, Eroski, Hipercor.	☐	☐	☐	☐
h) Telefonía fija: Telefónica, Tele2, Auna, Uni2, Jazztel, etc.	☐	☐	☐	☐

3. **El caso de la telefonía fija. Recientemente, el Tribunal de Defensa de la Competencia ha impuesto a Telefónica una multa superior a los 50 millones de euros por abusar del mercado e impedir que las otras compañías le arrebaten a sus abonados. El siguiente artículo describe la situación de este mercado. Léelo y realiza las actividades a continuación.**

Clientes a cualquier precio

Las compañías telefónicas emplean agresivas prácticas comerciales para conseguir abonados.

Pese a que Telefónica sigue conservando el 65% de los clientes de telefonía fija del país, la competencia empieza a hacerle daño. El creciente uso del móvil y los operadores de cable dejan cada vez menos terreno a las compañías de telefonía fija (Auna, Uni2, Jazztel, Tele2, entre las principales) que recurren a prácticas comerciales agresivas para apoderarse de los clientes de Telefónica.

La forma más rápida para arrebatarle un cliente a Telefónica es la preselección, un mecanismo por el que el abonado encamina automáticamente todas las llamadas por el operador elegido, sin necesidad de cambiar de línea ni de marcar ningún prefijo. Según los últimos datos, ya hay más de 2,24 millones de abonados de Telefónica preseleccionados con otra compañía. Para ello, solo es necesario rellenar un formulario, que el operador remite a Telefónica para que este realice, en un plazo máximo de cinco días, los cambios informáticos oportunos, que permitan la preselección.

Métodos de captación

Los métodos de captación de clientes son muy variados: mediante una llamada telefónica, por visitas concertadas o sin previo aviso.

Es en este punto donde se concentran los principales problemas. Telefónica denuncia su indefensión ante el resto de las compañías porque el mecanismo establecido para la selección les prohíbe ponerse en contacto con el cliente que ha firmado una solicitud de preasignación para cerciorarse de si realmente sabe en qué consiste ese mecanismo y quiere cambiar de compañía.

La ley prohíbe también a Telefónica realizar cualquier tipo de práctica comercial para recuperar al cliente. "Esta prohibición no tiene ningún sentido ni favorece a la competencia. De hecho, somos el único país de Europa donde esto sucede", dice Roberto Rius, director de Procesos de Marketing de Telefónica.

Telefónica considera que el mecanismo favorece los casos de fraude, es decir, abonados que son preseleccionados sin su consentimiento, mediante la falsificación de firmas o el engaño de distribuidores que se hacen pasar por personal de Telefónica para introducirse en los domicilios de los abonados y hacerles firmar una solicitud de preselección. Por ello, Telefónica ha demandado a Uni2 y Auna.

Las operadoras demandadas se defienden señalando que son casos aislados, realizados por distribuidores sin conocimiento de la empresa y que, en su mayor parte, ya se han solucionado.

Pero también hay denuncias por parte de las otras operadoras. La Asociación de Empresas Operadoras y de Servicios de Telecomunicaciones (ASTEL) ha denunciado al ex-monopolio al que acusa de intentar impedir la preselección mediante prácticas prohibidas. En concreto, Telefónica daba a entender al cliente que, si contrataba con otro operador, la calidad o la seguridad de las comunicaciones sería peor, y que el tiempo para solucionar una avería podía alargarse.

Félix Álvarez-Miranda, director general de ASTEL, señala que no se trata de una práctica aislada, "sino de una estrategia deliberada de Telefónica como prueba la existencia de cartas-tipo para anular las preasignaciones".

Y es que la visión sobre el problema es muy diferente. Mientras que Telefónica dice que es la operadora que más preselecciones realiza en Europa, unas 2000 diarias, sus rivales creen que es necesario introducir un procedimiento administrativo más ágil.

Adaptado del artículo de Ramón Muñoz publicado en *El País Negocios.*

a) Resume los argumentos de Telefónica y de las operadoras de ASTEL en los siguientes cuadros.

Telefónica alega que...

Las operadoras de ASTEL alegan que...

b) ¿Por qué crees que finalmente el Tribunal de Defensa de la Competencia (TDC) ha dado la razón a ASTEL y ha impuesto la mayor multa de su historia a Telefónica?

c) A continuación tienes la carta y el formulario que la operadora TELE2 envía a sus clientes para que se abonen al Servicio Gratuito de Preselección Automática. Léelos y realiza las actividades a continuación.

Servicio de Atención al Cliente
901 1073 66 - 800 760 067
Internet: www.tele2.es

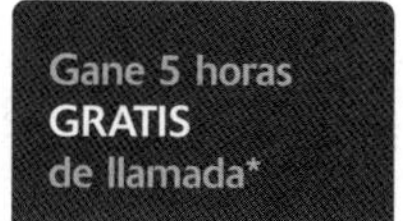

Nº de Cliente : 100630434

Sr. José Luis González Olmos
Avda. Virgen del Pilar 45, 5.ª A
52017 ZARAGOZA

Estimado Sr.:

A lo largo de estos años hemos dirigido nuestros esfuerzos a ofrecerle las tarifas más económicas y prueba de ello es que ¡hemos bajado nuestros precios en 6 ocasiones!

Un esfuerzo que ha sido reconocido por más de 22 millones de clientes, en 23 países europeos, de los que usted forma parte.

Por eso, y con motivo de nuestro 4.º aniversario, queremos agradecer su confianza con esta gran oferta.

Consiga 5 horas gratis de llamadas al contratar el Servicio Gratuito de Preselección Automática.

Como sabe, con el Servicio Gratuito de Preselección Automática ahorrará de la forma más cómoda ya que todas sus llamadas se realizan automáticamente a través de TELE2.

¡Olvídese de marcar el 1073 y ahorre más que nunca!

En el folleto adjunto encontrará una explicación detallada sobre este servicio y su contratación.

Para más información llame al 901 1073 24.

Atentamente,

Jorge Alvarez
Director de Marketing

TELE2.INTERNET

TELE2 Telecomunication Services, S.L. - Edificio Europa.
Avda. de los Reyes Leoneses, 14. Plante 2ª. 24008 León. España

Hoja de Solicitud Particulares

DATOS DEL CLIENTE

Sr. José Luis González Olmos
Avda. Virgen del Pilar, 45, 5.ª A
52017 ZARAGOZA

N.º de Referencia:

AUTORIZACIÓN DE DOMICILIACIÓN BANCARIA

NÚMERO DE CUENTA

Códigos		D.C.	Nº de Cuenta
Entidad	Sucursal		

Por favor, compruebe todos sus datos. En caso de observar algún error deberá comunicarlo a TELE2 llamando al 901 1073 66 / 800 760 067

☐ Marque con una X. Solo si los datos del abonado de la línea telefónica son distintos a los indicados a la izquierda

DATOS DEL TITULAR DE LA LÍNEA TELEFÓNICA. RELLENAR OBLIGATORIAMENTE SOLO SI LOS DATOS DEL TITULAR SON DISTINTOS A LOS DEL CUADRO DE LA IZQUIERDA

Nombre:
Apellidos:
N.I.F.-Tarjeta de Residencia:
Dirección:
Población:
Provincia: **C.P.:**

NOTA: los datos del titular de la línea telefónica coinciden con los datos que figuran en la factura de Telefónica.

Solicitud del Servicio de Preasignación Automática de TELE2 Devolver llamada en el sobre adjunto

☑ **Sí, deseo la activación del Servicio de Preasignación Automática Global de TELE2 Y 5 horas gratis de llamada*.**

En__________, a____de__________de200____

Firma del Cliente de TELE2 (Obligatoria)

Firma del Titular de la línea telefónica (firmar obligatoriamente solo si el titular de la línea telefónica es distinto del Cliente de TELE2)

Líneas que ha dado de alta con TELE2:

1 ▶
2 ▶
3 ▶
4 ▶

1) **¿Te parecen fraudulentos el formulario y la carta de Tele2? Justifica tu respuesta.**

2) **Eres el director de marketing de otra operadora, y vas a enviar una carta al Sr. González Olmos para que escoja el Servicio Gratuito de Preselección Automática de tu empresa. ¡Tienes que mejorar la oferta de Tele2!**

FICHA 7.3. LOS CONSUMIDORES

Para que un producto tenga éxito en el mercado es necesario que satisfaga las necesidades y deseos de los consumidores, de forma que cuando el consumidor distribuye su presupuesto limitado entre los numerosos productos en que puede gastar su dinero, encuentre atractivo adquirir el producto en cuestión.

Se ha discutido mucho respecto a si el mercado puede crear necesidades en los consumidores a través de la publicidad. Por ejemplo, cuando un adolescente tiene necesidad de que sus zapatillas de deporte sean de una marca determinada, se dice que es una necesidad creada por el marketing. En realidad no es así; el chico experimenta una necesidad de calzado para sus pies y, por otra parte, el grupo de amigos con los que se relaciona establece que esa marca concreta es la que le identifica como miembro del grupo y que cualquier otra marca le daría menos prestigio. Se trata de satisfacer al menos dos necesidades con un mismo producto: cubrir sus pies para caminar y pertenecer a un grupo determinado.

1. Tema para debate. ¿Cuál es tu opinión: la publicidad crea necesidades en los consumidores o no las crea? Justifica tu respuesta y coméntala con tus compañeros.

2. A la hora de comprar, ¿te dejas llevar por tus impulsos y eres un consumidor impulsivo o te sabes controlar?

a) **Completa este test para confirmar tu respuesta. Para poder conocer tu tendencia a la compra impulsiva y el grado de dependencia relacionado con la compra o adquisición de cosas nuevas, debes responder "sí" o "no" de la forma más espontánea posible y, sobre todo, sincera.**

	SÍ	NO
1) A menudo me disgusto por haber gastado el dinero tontamente.		
2) Cuando me siento triste o deprimido, suelo comprar para animarme.		
3) Las personas que me conocen creen que gasto demasiado.		
4) Muchas veces hago compras por impulso.		
5) Cuando veo en una tienda algo que me gusta, no me lo quito de la cabeza hasta que lo compro.		
6) Bastantes veces tengo discusiones con otras personas por el dinero que gasto.		
7) Compro cosas inútiles que después me arrepiento de haber comprado.		
8) Se me va el dinero sin darme cuenta de cómo lo he gastado.		
9) Me gusta pasar el tiempo en grandes centros comerciales.		
10) Tengo dificultades para controlar el dinero que gasto.		
11) A menudo, cuando recibo el extracto de las tarjetas, me sorprende ver las compras que había olvidado.		
12) A menudo me precipito comprando cosas sin haberlo pensado bien.		
13) Compro ropa y otras cosas que después no uso.		
14) Tiendo a gastar más cuando cobro, a principios de mes.		
15) Me gusta entrar en los grandes almacenes o hipermercados, aun cuando no tengo nada que comprar.		

3. Normalmente las empresas segmentan a los consumidores de sus productos según una serie de variables. ¿Recuerdas la empresa que creaste en la Tarea 1? ¿Quiénes serían los consumidores potenciales de tus productos? Las siguientes variables te pueden ayudar a definirlos.

Edad	
Sexo	
Actividad	
Zona de residencia	
Tipos de familia	
Nivel de ingresos	
Nivel cultural	

FICHA 7.4. EL MARKETING

La Asociación de Marketing Americana formuló en el año 1985 la siguiente definición de marketing:

> Marketing es el proceso de planificación y ejecución de la concepción, fijación de precios, comunicación y distribución de ideas, bienes y servicios para crear intercambios que satisfagan a los individuos y a los objetivos de la organización.

Dentro de esta definición se pueden destacar los siguientes elementos:

1) Los intercambios son el objeto fundamental del estudio del marketing.

2) Estos intercambios deben satisfacer las necesidades y deseos de los individuos y los objetivos de la organizacion.

3) El marketing es un componente de la dirección de la empresa.

4) Los intercambios creados por el marketing pueden ser de bienes, servicios o ideas.

5) Los intercambios se crean mediante la concepción de productos, fijación de precios, comunicación y distribución. Estas constituyen las cuatro variables clásicas del marketing-mix: producto, precio, comunicación y distribución.

Adaptado de Vicente T. González Catalá et al., op. cit.

1. Explica con tus propias palabras:

• Producto **• Precio** **• Comunicación** **• Distribución**

FICHA 7.5.1. EL PRODUCTO: TIPOS

Un producto es cualquier bien o servicio, o la combinación de ambos, que permite satisfacer las necesidades y los deseos del consumidor, y que está definido por unas propiedades determinadas.

1. Este cuadro te presenta las definiciones de los productos según la finalidad.

a) **Complétalo con estas palabras:**

industriales **duraderos** **equipo de producción**
de consumo **no duraderos** **materias primas** **componentes**

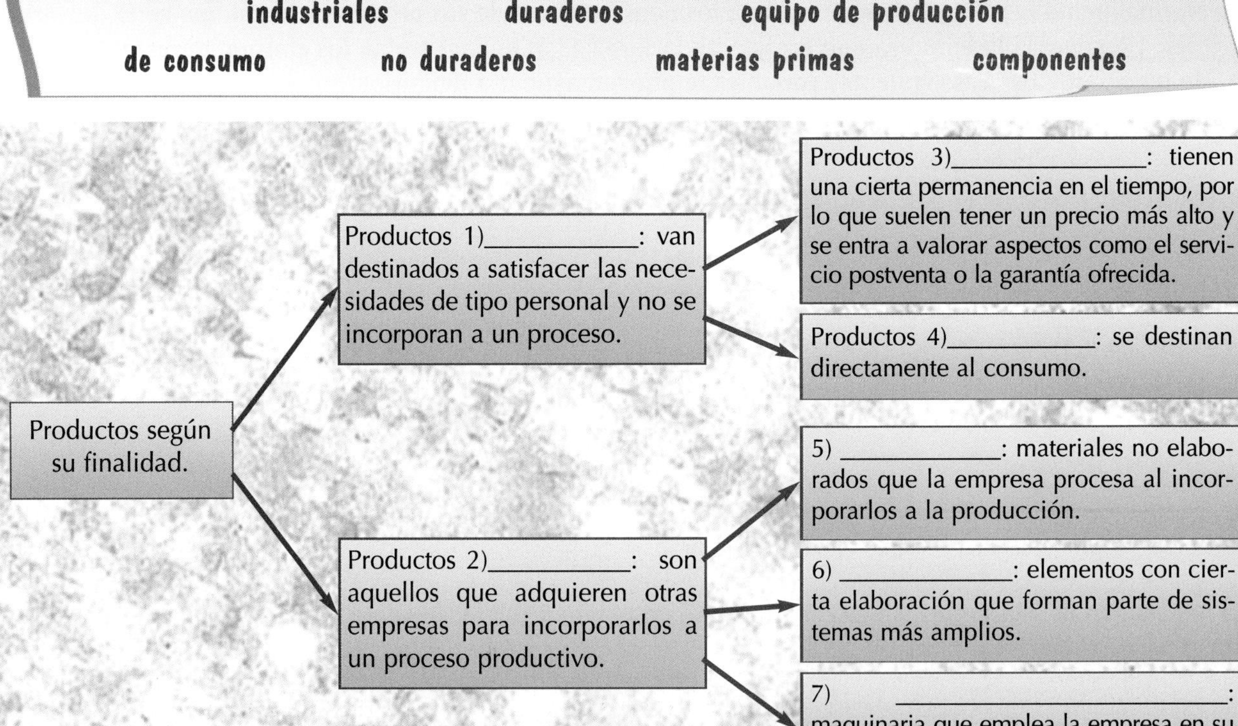

Productos según su finalidad.
Productos 1)___________: van destinados a satisfacer las necesidades de tipo personal y no se incorporan a un proceso.
Productos 3)_____________: tienen una cierta permanencia en el tiempo, por lo que suelen tener un precio más alto y se entra a valorar aspectos como el servicio postventa o la garantía ofrecida.
Productos 4)___________: se destinan directamente al consumo.
Productos 2)__________: son aquellos que adquieren otras empresas para incorporarlos a un proceso productivo.
5) ___________: materiales no elaborados que la empresa procesa al incorporarlos a la producción.
6) ___________: elementos con cierta elaboración que forman parte de sistemas más amplios.
7) ____________________: maquinaria que emplea la empresa en su proceso de producción.

b) **¿Puedes dar ejemplos para cada tipo de productos?**

Adaptado de J. Rey Oriol op. cit.

2. **Los bienes son unidades tangibles susceptibles de almacenaje, como un vehículo o una pieza de ropa. La denominación de servicios abarca todo un conjunto de trabajos y operaciones que sirven para un uso determinado. Entre los bienes y los servicios existen diferencias. Lee estas diferencias y determina si estamos hablando de un bien o de un servicio.**

	Bien	Servicio
a) Se consumen al ser producidos.		
b) La empresa acostumbra a tener una relación más directa con el consumidor final.		
c) Es más sencillo medir la cantidad y la calidad.		
d) La cadena de distribución suele ser más corta, ya que en muchos de ellos no existen intermediarios.		

3. **Seguramente conoces los grandes almacenes españoles El Corte Inglés. ¿Qué bienes y servicios crees que ofrecen estos grandes almacenes? Haz una lista de 10 bienes y 5 servicios.**

4. **Y para la empresa que creaste en la Tarea 1, ¿qué bienes y/o servicios vas a ofrecer a tus clientes?**

FICHA 7.5.2. EL PRODUCTO: LA MARCA

1. **Completa este texto con una de estas palabras:**

protegida **productor** **empleada** **superioridad**
consumidor **emocionales** **competidoras** **reconocida**

Una marca es un nombre, signo o diseño que distingue o sirve para distinguir en el mercado productos y servicios de los fabricados por las empresas 1)_____________. La marca es útil para el consumidor y para el productor:

- Aporta información al 2)_____________ sobre el producto en lo referente a aspectos relevantes de calidad, garantía... y simplifica su decisión de compra.
- Para el 3)___________ constituye una herramienta que contribuye a que su clientela sea fiel y a captar nuevos consumidores, convirtiéndose en una ventaja competitiva a largo plazo.

El papel de la marca en la sociedad actual es muy importante, ya que muchas personas están dispuestas a pagar precios más altos por el hecho de que un producto disponga de una marca 4) ___________. Esta decisión se debe principalmente a factores 5)_____________.

Para la empresa es importante que los consumidores recuerden la marca y que le atribuyan una imagen de 6) _____________. Además, tiene que estar 7)___________ por la ley, para que no sea 8)___________ por otra empresa.

En general, es aconsejable que una marca reúna diferentes características: breve, de fácil lectura, agradable al oído, memorizable, adaptable al envase, fácil de asociar al producto y reproducible por cualquier idioma.

Adaptado de J. Rey Oriol op. cit.

2. Estas son las marcas más valoradas por los jóvenes, los hombres y las mujeres en España, así como las marcas españolas más valoradas en el exterior. ¿Puedes identificar cuáles son las más valoradas por cada categoría respectivamente y de qué país es cada una de ellas?

a)	b)	c)	d)
1. El Corte Inglés	1. Zara	1. Nike	1. BMW
2. Zara	2. Telefónica	2. Coca-Cola	2. Audi
3. Danone	3. Chupa Chups	3. PlayStation	3. Sony
4. Coca-Cola	4. Repsol YPF	4. Nokia	4. Real Madrid
5. L'Oreal	5. Camper	5. MTV	5. Marlboro
6. Loewe	6. Mango	6. McDonalds	6. Ralph Lauren
7. Mango	7. Iberia	7. Volkswagen	7. Porsche
8. Nestlé	8. Seat	8. Levi's	8. Levi's
9. Ikea	9. Real Madrid	9. Zara	9. Hugo Boss
10. Chanel	10. Loewe	10. Camper	10. Rolex

Fuente: Revista *Capital*.

a) ¿Qué conclusiones puedes sacar con respecto a las preferencias de los españoles?

3. Estas son las marcas más valoradas a nivel mundial. ¿De qué país son?

POSICIÓN	MARCA	PAÍS DE ORIGEN
1.	Coca-Cola	
2.	Microsoft	
3.	IBM	
4.	NOKIA	
5.	intel inside	
6.	Disney	
7.	Ford	
8.	McDonald's	
9.	AT&T The world's networking company℠	
10.	Marlboro	

Fuente: *ABC Economía*.

a) ¿Coinciden las preferencias de los españoles con las preferencias a nivel mundial?

b) En cuanto al origen de las marcas mejor valoradas a nivel mundial, ¿qué conclusiones sacas? ¿A qué crees que se debe esta preferencia?

FICHA 7.6. EL PRECIO

Los expertos dicen que, de todos los componentes del marketing mix, el precio es probablemente aquel que tiene más influencia sobre las ventas, el más sencillo de modificar y, en todo caso, el que produce efectos más inmediatos. Generalmente, una rebaja de precios tiende a estimular las ventas, y una subida, a reducirlas.

Aumentar las ventas redefiniendo el producto, o mediante una campaña de publicidad, es un proceso que implica mucho tiempo y recursos, obteniéndose resultados al cabo de bastante tiempo.

1. Estas son las estrategias de precios que puede seguir una empresa a la hora de fijar los precios. Léelas y clasifica los precios que aparecen a continuación según su estrategia.

ESTRATEGIA	DESCRIPCIÓN	EJEMPLO
Precios promocionales	Son precios que pretenden facilitar la venta del producto en un momento determinado, para captar nuevos consumidores.	
Precios de penetración	Son precios bajos que se adoptan para favorecer la introducción de un nuevo producto en el mercado, sobre todo en el caso de que la empresa tenga que enfrentarse a una competencia que ya existía.	
Precios de descremación	Son precios altos que se fijan, normalmente al introducir un producto, para obtener unos beneficios rápidos, a costa de atraer a la competencia y comprometer beneficios futuros.	
Precios psicológicos	A veces, el consumidor es sensible a factores como el número de cifras del precio.	
Descuentos	Los descuentos son rebajas de los precios que pueden ofrecerse de una manera temporal o fija.	
Discriminación de precios	Se fijan precios diferentes según el consumidor. La discriminación puede ser geográfica, por el tipo de consumidor, etc.	

Adaptado de J. Rey Oriol op. cit.

a) Un televisor a 199,95 €.
b) Renfe ofrece un precio para jóvenes, otro para adultos y otro para la tercera edad.
c) Las rebajas de El Corte Inglés.
d) Del 13 al 18 de enero, leche Pascual a 0,75 €.
e) Los precios de los ordenadores o los teléfonos móviles hace años, cuando salieron al mercado por primera vez.
f) Un nuevo refresco, Euro-Cola, 0,10 € menos que Coca-Cola.

2. ¿Qué estrategia de precios prefieres para la empresa y el producto que has creado en la Tarea 1?

ACTIVIDADES RECOPILATORIAS

1. Debate. ¿"No logo" o "Pro logo"? Hace unos años Naomi Klein, activista y periodista canadiense, publicó "No logo. El poder de las marcas", libro en el que denunció a las multinacionales y a las marcas. Más recientemente, los profesores Michel Chevalier y Gerald Mazzalovo, de la ESSEC francesa, han publicado "Pro logo. Por qué las marcas son buenas para Ud.", donde las defienden.

a) **Vas a trabajar con un compañero. Uno de vosotros tendrá que defender las ideas de "No logo" y el otro las de "Pro logo".**

ESTUDIANTE A
"No logo"

- Las marcas encarnan un intento de colonización mental y demuestran un enorme poder.

- Antes las multinacionales vendían productos, ahora venden fantasías, ideas y estilos de vida asociados a marcas cuyos productos fabrican las empresas subcontratadas en el Tercer Mundo.

- Las marcas están omnipresentes: para vender estas fantasías, ideas y estilos de vida, se necesita un gran marketing y un bombardeo masivo en forma de publicidad.

- La abolición de todo tipo de trabas a la especulación financiera y al comercio, con el consenso de Washington, ha perjudicado especialmente a los trabajadores, tanto a los de países desarrollados, enfrentados a las deslocalizaciones, como a los de subdesarrollados que elaboran los productos de las grandes marcas en condiciones de explotación laboral a cambio de salarios escasos.

- La preferencia por los productos de marca ha llevado a falsificaciones masivas de estos productos. Se fabrican en países tercermundistas, se introducen clandestinamente en los países desarrollados y se venden ilegalmente en la calle. Los consumidores, llevados por su afán de aparentar, los compran mientras las empresas y los estados se perjudican y los falsificadores se benefician.

Adaptado de un artículo de Justo Barranco, publicado en *La Vanguardia Dinero.*

ESTUDIANTE B
"Pro logo"

- Desde 1990, la tendencia es a la concentración y a la reducción de la cartera de marcas de las grandes empresas. Esta reducción ha ido paralela a los presupuestos publicitarios y comerciales necesarios para mantener una marca en el patio de las grandes. (Por ejemplo, la multinacional Unilever ha pasado de 1600 marcas a 400).

- Las marcas no promueven un solo modo de vida, sino que abren posibilidades de pasearnos por un hipermercado de estilos de vida, cuestionando los esquemas tradicionales.

- Una marca de productos de gran consumo que no pueda movilizar 150 millones de dólares en publicidad mediática no puede mantener su *ranking* mundial.

- A pesar de su hegemonía, las marcas dependen del consumidor, y no al revés. Cuanto más visible se hace la marca, más se expone a sanciones violentas por parte de los clientes.

- Los ejemplos de explotación laboral de grandes marcas en el Tercer Mundo de "No logo" son ciertos, pero también es cierto que en la mayoría de los casos los salarios pagados por las grandes marcas son superiores al salario medio de los países considerados.

- Solo las marcas, deseosas de mantener su imagen pública y responder a unos valores asociados, corregirán las prácticas que se denuncien. Un producto sin marca, poca imagen tiene que perder.

LA ACTIVIDAD COMERCIAL DE LA EMPRESA: COMUNICACIÓN Y DISTRIBUCIÓN

TEMA 8

FICHA 8.1. LA COMUNICACIÓN COMERCIAL

Cuando un consumidor va de compras, tiene una idea más o menos precisa de lo que quiere comprar. La empresa, ante esto, debe elaborar estrategias para que adquiera sus productos.

Las estrategias que adoptan las empresas pueden ser de dos tipos, según el grado de conocimiento del consumidor de sus productos:

1) Para aquellos que ya los habían consumido anteriormente, habrá que diseñar mecanismos de fidelización que favorezcan la repetición del mismo comportamiento.

2) Pero si se pretende aumentar el número de consumidores, hay que llevar a cabo una estrategia de promoción, a través de la publicidad, la promoción de ventas, el equipo de ventas, y las relaciones públicas, la imagen corporativa y el patrocinio.

Adaptado de J. Rey Oriol, op. cit.

1. ¿Crees que una empresa tiene que dar más importancia a las estrategias para fidelizar clientes que a las estrategias para aumentar el número de consumidores? ¿O a ambas por igual? Justifica tu respuesta.

2. Define estos conceptos con tus propias palabras:

Publicidad:
Promoción de ventas:
Equipo de ventas:
Relaciones públicas:
Imagen corporativa:
Patrocinio:

FICHA 8.1.1. LA FIDELIZACIÓN

1. Actividades de pre-lectura. Si tienes alguna tarjeta de fidelización, muéstrasela a tu compañero y explícale cómo funciona.

2. Comprensión lectora. Lee el siguiente artículo sobre las tarjetas de fidelización en España y realiza las actividades a continuación.

Menú de tarjetas para premiar más y mejor al cliente

Bancarias, de compras, de viajes, de combustible, de ocio, de suministros, de salud y solidaridad, de telefonía móvil, y así un largo etcétera de diferentes tipos de tarjetas con un objetivo, que aunque no es único, sí es primordial: la captación de los clientes para rentabilizar cualquier negocio.

Y es que en España existen ya 25 millones de titulares de tarjetas de pago, 24 millones de titulares de tarjetas de telefonía móvil, 400 programas de fidelización, 30 millones de tarjetas de telefonía móvil y 500 millones de tarjetas de pago, según datos de la web "mistarjetas.com".

Entre las tarjetas de crédito que han experimentado un mayor aumento cabe destacar las de afinidad y marca compartida, en paralelo al mayor dinamismo de las entidades en la firma de acuerdos con organismos, colectivos y empresas diversas", indica un estudio sobre la demanda de tarjetas de pago realizado por la consultora DBK.

De hecho, las tarjetas que cada vez captan a más consumidores son las llamadas "tarjetas de marca compartida" como, por ejemplo, Visa Repsol, Visa Iberia, MasterCard Air Europa, y las de fidelización, que empezaron con la Tarjeta de El Corte Inglés, y luego pasaron a otros grandes grupos distribuidores como Carrefour y Alcampo, así como a otros sectores —Iberia Plus, Fidelitas de Air Europa o Tarjeta Vips–. Algunas fuentes cifran el número de este tipo de tarjetas en alrededor de 4,5 millones de unidades. Incluso se atreven a asegurar que la pertenencia a un programa de fidelización crea una ventaja competitiva que se traduce en un aumento del volumen de ventas de cualquier tipo de negocio en torno al 40%.

Adaptado de María Jesús Pérez, "Menú de tarjetas para premiar más y mejor al cliente", *ABC Economía*.

a) **Contesta:**

1. **¿Qué tipos de tarjetas para el cliente hay en España?**
2. **¿Cuál es su objetivo principal?**
3. **¿Cuáles son las tarjetas que más abundan en España?**
4. **¿Cuáles son las tarjetas que captan más consumidores?**
5. **¿Cuál fue la primera tarjeta de fidelización en España?**
6. **¿Qué ventaja le aporta a un negocio el tener un programa de fidelización?**

b) **Tu opinión.**

1. **¿Por qué crees que las tarjetas de marca compartida tienen cada vez más consumidores?**
2. **A la hora de seleccionar dónde comprar, ¿te influye el hecho de tener una tarjeta de un establecimiento específico?**

3. Vodafone ha enviado la siguiente circular a los miembros de su Club Vodafone, diseñado para fidelizar clientes. Léela y contesta las siguientes preguntas.

Don Alfred Capistrano Plá
Avda. De la Zarzuela, 87
28045 Madrid

Octubre de 2005

Estimado Cliente:

Quiero darte mi más cordial bienvenida a Club de Vodafone y agradecer sinceramente la confianza que has depositado en nosotros al elegirnos como tu operador de telecomunicaciones.

Desde este momento vas a poder disfrutar de importantes ventajas exclusivas, sin ningún coste adicional:

- **PUNTOS Vodafone**: por cada euro de consumo recibirás un Punto Vodafone que podrás acumular y canjear por teléfonos móviles y fantásticos regalos.
- Servicio de **Contestador Gratuito**.
- **Gratis**, todos los meses, los **5 primeros mensajes cortos escritos** que envíes desde tu móvil a otro móvil Vodafone español.
- **Premiamos tu fidelidad regalándote 100 PUNTOS Vodafone** por cada año que cumplas con nosotros.
- **Cambio gratuito de Contrato** en el momento que quieras.
- Todas las **ventajas económicas de la Cuenta Familiar**, al contratar líneas adicionales:
  - Alta gratis para las nuevas líneas.
  - Llamadas a 6 cent./min. entre los números de la cuenta y cada línea podrá elegir gratis 4 Números Habituales en los que tendrás un descuento del 20% en las llamadas que realices a esos números.
- Atención telefónica gratuita en el idioma que prefieras —castellano, catalán, euskera o gallego—, 24 horas al día, 365 días al año.

Pero esto no es todo. **Solo por cumplimentar el cuestionario** que encontrarás junto a esta carta y enviarlo dentro de los próximos 15 días, **te regalamos 6€ en consumo** (impuestos indirectos incluidos).

Solo me queda volver a mostrarte mi gratitud por tenerte como Cliente. Espero que disfrutes de todo lo que podemos ofrecerte.

Recibe un cordial saludo,

Marta Valladares
Directora de Marketing Particulares

vodafone

a) ¿Cuál es el objetivo de esta carta?
1) dar la bienvenida a un nuevo miembro, 2) comunicar cambios en el programa, 3) dar de baja a un miembro.

b) Al destinatario se le regalarán 6€ en consumo si:
1) utiliza el servicio *roaming*, 2) completa el cuestionario adjunto, 3) convence a un amigo para que se inscriba en el plan.

c) Por cada año que el miembro continúe en el programa, Vodafone:
1) le rebajará las tarifas, 2) le regalará 100 puntos, c) le regalará un móvil.

d) El cliente puede seleccionar atención telefónica gratuita:
1) en cualquiera de los 4 idiomas oficiales de España, 2) en español y cualquiera de los dialectos que se hablan en España, 3) en español solamente.

e) Para disfrutar de las ventajas que se ofrecen en la carta:
1) el cliente tiene que darse de alta, 2) el cliente tiene que pagar un coste adicional, 3) el cliente ni tiene que darse de alta ni tiene que pagar un coste adicional.

4. La cadena de supermercados Caprabo también tiene un Club para fidelizar clientes, y envía el siguiente correo electrónico de bienvenida:

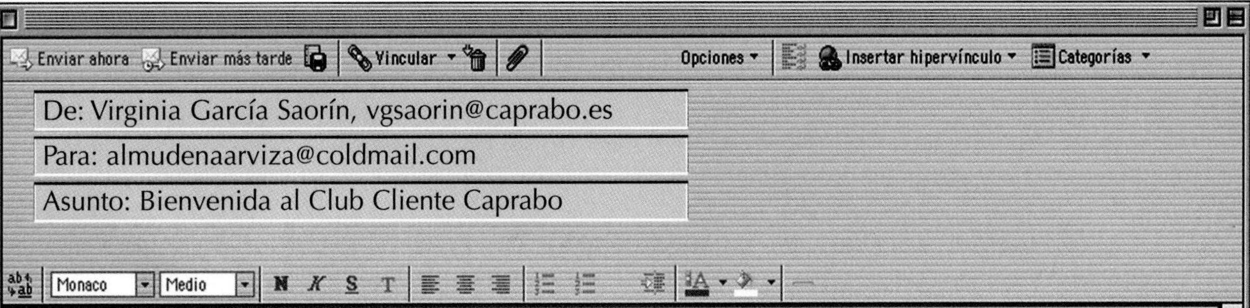

Sra. Doña Almudena Arviza:

Bienvenida. Ahora Ud. ya ha entrado a formar parte de un Club que ha sido creado para premiar su confianza en Caprabo y en el que podrá seguir disfrutando de ventajas únicas para Ud. y para los suyos.

Unos días después de finalizar cada trimestre, recibirá su Cheque Cliente con el equivalente en euros del total de descuentos y puntos extra obtenidos durante este periodo a través de:

- 1% de descuento todos los días: todas las compras realizadas con su Tarjeta Cliente en nuestros centros tendrán un 1% de descuento.
- 5% de descuento en la compra mayor que Ud. realice entre todos los miércoles del mes.
- 4 céntimos de euro/litro de descuento en las gasolineras Caprabo.
- Puntos extra: en nuestras tiendas dispone de artículos con Puntos Extra que le permiten aumentar el valor de su Cheque Cliente.

Pronto recibirá por correo su Tarjeta Cliente, que le permitirá seguir disfrutando de ventajas exclusivas y conseguir más descuentos.

Esta es nuestra manera especial de agradecerle su confianza. Con promociones exclusivas, con descuentos, con regalos... y con solo utilizar su Tarjeta Cliente en cada una de sus compras. Todo por formar parte del Club Cliente Caprabo. Una vez más, bienvenida.

Un cordial saludo,

Virginia García Saorín
Departamento de marketing
www.caprabo.es
vgsaorin@caprabo.es

a) Observa detenidamente el lenguaje y la forma en que está escrito el correo electrónico. ¿Ves diferencias o semejanzas con el lenguaje y la forma de la correspondencia comercial convencional?

b) Si recibieras este correo electrónico, ¿te animarías a comprar solo en Caprabo? Justifica tu respuesta.

5. **Desarrolla un club para el programa de fidelización de la empresa que has creado en la Tarea 1 y envía un correo electrónico de bienvenida a un cliente.**

FICHA 8.1.2. LA PUBLICIDAD

La publicidad es una forma de comunicación masiva pagada por una empresa que pretende informar al consumidor y motivarlo, de forma que resulte más beneficiosa para el anunciante.

1. **Principios de la publicidad. Para que el mensaje publicitario sea efectivo ha de ser: *creíble, claro, reiterativo, oportuno* y *atractivo*. Relaciona cada uno de estos principios con su descripción.**

___________: depende del segmento al que va dirigido. Así, un producto de gran consumo requerirá una estructura y un vocabulario que faciliten la comprensión a la mayoría de la población.

___________: la publicidad debe ofrecer información veraz para motivar la adquisición del producto. De lo contrario, puede causar frustración.

___________: la publicidad ha de captar la atención del consumidor y persuadirlo de la compra del producto.

___________: la repetición del mensaje publicitario favorece su efectividad, ya que aumenta su poder de convicción y su memorización por parte del consumidor.

___________: para que sea efectiva, la publicidad debe concentrarse en el segmento del mercado al que se dirige, condicionando aspectos como el soporte publicitario y la dimensión temporal en que se efectúa.

2. **Medios de publicidad en España. El siguiente gráfico representa, en porcentajes, la inversión en los diferentes medios de publicidad. Coméntalo.**

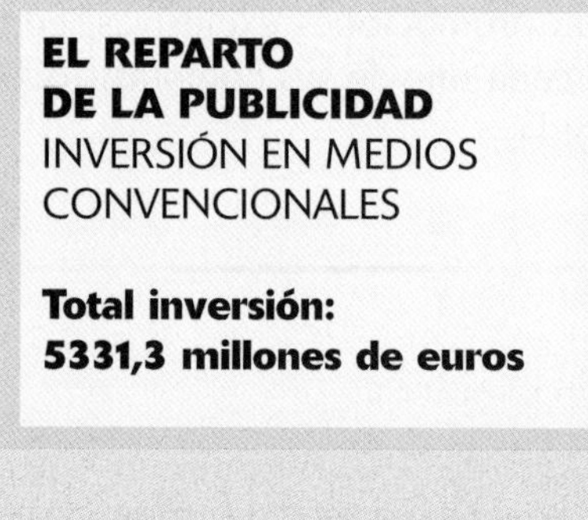

EL REPARTO DE LA PUBLICIDAD
INVERSIÓN EN MEDIOS CONVENCIONALES
Total inversión:
5331,3 millones de euros

Fuente: *Actualidad Económica.*

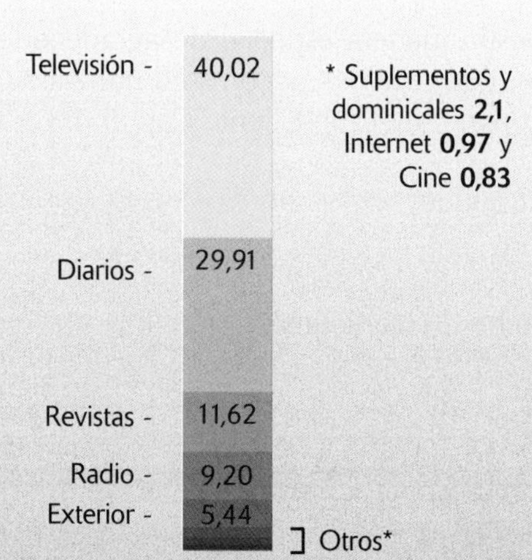

3. **Selecciona un anuncio de una revista o periódico en español. Para analizar su mensaje, completa la siguiente ficha y preséntala al resto de la clase.**

Producto:	**Marca:**

ASPECTOS RACIONALES DEL MENSAJE

Contenido del anuncio:

Eslógan:

Uso del color:

Recursos lingüísticos:

- Ausencia de verbo en la frase.
- Empleo de palabras expresivas y sonoras, rimas, textos pegadizos, juegos de palabras.
- Utilización del imperativo.
- Afirmaciones contundentes.
- Gran cantidad de adjetivos.
- Abundancia de superlativos.

Técnicas publicitarias:

- El humor, que multiplica el recuerdo de la marca.
- Asociación de la marca con un estilo de vida: el anuncio no explica cómo funciona el producto sino que crea un vínculo emocional con el consumidor.
- Héroes cotidianos, que despierten simpatía o provoquen identificación.
- Un nuevo rol masculino, preocupado por el hogar y convertido en nuevo objeto de deseo.
- Autenticidad: el anuncio comunica de una forma más transparente y más respetuosa con los consumidores.
- Respeto al medio ambiente: tirón de la ecología, el campo y los productos naturales.
- Eterna juventud: la obsesión por mantenerse joven se asocia con nuevos hábitos de consumo.
- Efectos especiales: personajes digitales y famosos que se integran, para atraer a los más jóvenes.

ASPECTOS EMOCIONALES:

Emociones que te provocan los conceptos e imágenes del anuncio.

Según el anuncio, ¿quién crees que es el consumidor de esta marca?

¿El anuncio te va a influir para que consumas esta marca?

Fuentes diversas.

4. **¿Puedes desarrollar un anuncio de tu empresa para publicar en una revista? Recuerda tener en cuenta los aspectos racionales y emocionales que has visto en la actividad anterior.**

5. **Límites de la publicidad. La legislación sobre publicidad recoge las prácticas publicitarias que son consideradas ilícitas al atentar contra la dignidad de la persona y vulnerar los valores y los derechos reconocidos en las leyes. Se distinguen cuatro tipos:**

- **la publicidad engañosa:** no considera todos los elementos e indicadores del producto (fabricación, utilidad, peligrosidad...).
- **la publicidad desleal:** crea descrédito, confusión y compara con elementos de la competencia.
- **la publicidad subliminal:** actúa sobre el público sin que sea percibida conscientemente, a través de medios técnicos sofisticados.
- **la publicidad que infringe la normativa:** se refiere a determinados productos, bienes, actividades y servicios, como en el caso de productos farmacéuticos, alcohólicos, etc.

Adaptado de J. Rey Oriol, op. cit.

a) **¿Puedes pensar en ejemplos de publicidad engañosa?**

b) **¿Y desleal?**

c) **¿Alguna vez has sido víctima de la publicidad subliminal?**

d) **Publicidad que infringe la norma. El gobierno español ha decidido eliminar completamente cualquier publicidad relacionada con el tabaco durante los próximos años. El siguiente cuadro describe la publicidad del tabaco en Europa actualmente. Coméntalo:**

La publicidad del tabaco en Europa

Prohibida | Restringida | Libre | Acuerdo voluntario

	TV en abierto	TV por cable	Radio nacional	Prensa nacional	Prensa internac.	Externa	Tiendas y kioscos	Cine
Alemania	Prohibida	Prohibida	Prohibida	Libre	Libre	Acuerdo voluntario	Libre	Libre
Austria	Prohibida	Prohibida	Prohibida	Libre	Sin datos	Libre	Restringida	Prohibida
Bélgica	Prohibida	Prohibida	Prohibida	Prohibida	Restringida	Prohibida	Restringida	Prohibida
Dinamarca	Prohibida	Prohibida	Prohibida	Prohibida	Libre	Prohibida	Prohibida	Prohibida
España	Prohibida	Prohibida	Restringida	Libre	Libre	Libre	Libre	Libre
Finlandia	Prohibida	Prohibida	Prohibida	Prohibida	Libre	Prohibida	Prohibida	Prohibida
Francia	Prohibida	Prohibida	Prohibida	Prohibida	Prohibida	Prohibida	Restringida	Prohibida
Grecia	Prohibida	Prohibida	Prohibida	Libre	Libre	Libre	Libre	Libre
Holanda	Prohibida	Prohibida	Prohibida	Prohibida	Libre	Prohibida	Restringida	Prohibida
Irlanda	Prohibida	Prohibida	Prohibida	Prohibida	Restringida	Prohibida	Restringida	Prohibida
Italia	Prohibida	Prohibida	Prohibida	Prohibida	Libre	Prohibida	Prohibida	Prohibida
Luxemburgo	Prohibida	Sin datos	Prohibida	Prohibida	Restringida	Prohibida	Prohibida	Prohibida
Portugal	Prohibida	Prohibida	Prohibida	Prohibida	Libre	Prohibida	Restringida	Prohibida
Reino Unido	Prohibida	Prohibida	Restringida	Acuerdo voluntario	Libre	Acuerdo voluntario	Acuerdo voluntario	Acuerdo voluntario
Suecia	Prohibida	Prohibida	Prohibida	Prohibida	Libre	Prohibida	Restringida	Prohibida

Fuente: *El País.*

FICHA 8.1.3. PROMOCIÓN DE VENTAS

1. Completa este texto con una de estas palabras:

prescriptores **ofrecimiento** **distribuidores** **promociones**
cupones **incremento** **marcas** **muestras**

La promoción de ventas es el 1)____________ de incentivos a corto plazo, al consumidor o al distribuidor, con objeto de obtener un 2)____________ rápido y temporal de las ventas. La promoción se realiza durante un periodo de tiempo breve (de dos semanas a dos meses), y posteriormente el producto vuelve a sus condiciones previas.

La promoción de ventas tiene la ventaja de que permite diferenciar la situación de los productos en mercados donde todas las 3)__________ ofrecen similares características, como por ejemplo, en el mercado de los detergentes.

Las 4)___________ se pueden dirigir a los consumidores, como es el caso de distribución de 5)__________ gratuitas de un producto, degustaciones, 6)___________ y puntos para obtener regalos, reducciones de precios, regalos en otros artículos, incrementos en la cantidad de producto entregado (50% más gratis), "3 x 2", venta conjunta de productos de la misma gama, entre otros.

También se pueden dirigir hacia los 7)________________, que aconsejan la compra de un producto concreto, como son los médicos o las agencias de viajes, y hacia los distribuidores. Respecto a los prescriptores, se utilizan instrumentos como la entrega de muestras gratuitas, de literatura científica, apoyo a la asistencia de congresos y a la investigación y, en los mercados en que ello es posible, la concesión de primas y premios por alcanzar una determinada cifra de venta. Respecto a los 8)___________, se establecen planes de incentivos negociados por los fabricantes por los que ofrecen determinadas cantidades o rebajas en precios si se alcanza una cierta cantidad de ventas.

Adaptado de Vicente T. González Catalá, op. cit.

2. ¿Qué técnicas de promoción de ventas vas a usar para tu empresa?

3. La promoción en el lugar de venta, PLV o *merchandising*, es el conjunto de técnicas que pretenden destacar el artículo en el punto de venta, de forma que se diferencie de los de la competencia, esté al alcance del consumidor y favorezca su compra.

a) **A continuación tienes las técnicas de *merchandising* más populares. Léelas y realiza las actividades a continuación.**

Diferente iluminación (1): la luz tiene distintos matices, según la zona. Para los productos perecederos se usa el fluorescente, que ofrece sensación de frescura. En las carnes se prefiere una luz más tenue, que da un aspecto más natural.

Productos sin lugar fijo (2): cada cierto tiempo se cambian los productos de estantería para que el cliente no vaya directamente a donde sabe que están colocados. Así tendrá que buscarlos y se paseará por el supermercado.

Precios psicológicos (3): las cifras redondas tienen también su efecto. Si un producto vale 10€ y otro 9,95€, este último será elegido por más compradores.

En las baldas más bajas (4): en la estantería también hay un lugar para cada cosa. Los artículos que el empresario tiene más interés en vender, se colocan al nivel de los ojos y al alcance de la mano. Los más consumidos, en las baldas bajas porque no necesitan de ayuda, son compras obligadas.

Indicaciones en los pasillos (5): carteles, flechas, banderolas, adhesivos... no solo guían al comprador, también le hacen descubrir productos.

Los productos más necesarios al final: la parte derecha de un híper es la zona donde más se compra; en la izquierda, junto a la salida, están las compras de primera necesidad.

Las marcas blancas, en el centro (6): los establecimientos que cuentan con los llamados "productos blancos", o sea, con la marca de su establecimiento, suelen poner estos rodeados de dos artículos de marcas conocidas, uno de precio superior y otro de precio inferior para que el consumidor se lleve el de precio medio, es decir el "blanco".

Un pavimento para cada zona (7): se cambia el material del pavimento para que acelere o ralentice el desplazamiento del carro y, consecuentemente, se detenga o incremente la compra. Además, el carro suele tener una inclinación hacia la izquierda para que utilicemos esa misma mano y dejemos libre la derecha para coger los productos.

- **Otros trucos para no salir sin compra**
  - Adjuntar regalos, muestras gratuitas, degustaciones o promociones en colaboración con el fabricante, proveedor o distribuidor.
  - Las ofertas especiales con una cantidad extra de producto dan buenos resultados.
  - Cuando en el etiquetado aparecen expresiones como sin colorantes, rico en vitaminas, bajo en grasas... aumentan sus ventas.

- Los cuellos de botella en los pasillos, que difícilmente permiten cruzarse a dos carritos, tienen la función de detenernos para que nos fijemos en los productos.
- La distribución de las mercancías está muy bien pensada: productos complementarios para su uso, como el palo de una fregona y el recambio, se sitúan alejados para que el comprador recorra varios pasillos.
- El olor a pan o dulces recién hechos incita a su compra.
- Cerca de las cajas se colocan expositores con chicles, caramelos, maquinillas y pilas. El consumidor (y, sobre todo, su hijo) los ven mientras hacen cola y los compran.

Adaptado de Virginia Lombraña, "Claves para comprar sin perder la cabeza", *Mujer de Hoy/ABC.*

b)

1. Comenta las técnicas con toda la clase.

2. Con un compañero, ve a un supermercado y toma nota de qué técnicas se usan en dicho establecimiento. Luego, presentad los resultados y vuestras conclusiones en clase.

3. Con tu compañero, desarrollad un test psicológico titulado "¿Eres víctima del supermercado?" y luego aplicadlo a dos de vuestros compañeros para ver si son víctimas del *merchandising*. El test debe constar de 10 preguntas, que pueden ser de SÍ/NO o de opción múltiple, e incluir las instrucciones para interpretar las respuestas y sacar resultados.

FICHA 8.1.4. LA FUERZA DE VENTAS

El equipo de vendedores o fuerza de ventas constituye un instrumento de comunicación comercial, en la medida en que realizan una labor de comunicación personal con los distribuidores, prescriptores o consumidores, a la vez que también son un instrumento de distribución con una participación activa en el canal de distribución.

1. Comprensión lectora. "La competencia, ¿vuelve a la calle?".

a) Actividades de pre-lectura:

1. ¿Qué te parece la idea de salir a la calle y dedicarte a la venta? ¿Crees que es una salida para las personas que no pueden encontrar una salida profesional mejor?

2. ¿Qué porcentaje de anuncios de ofertas de empleo crees que están destinados a comerciales?

3. En tu opinión, una empresa que tenga una buena campaña publicitaria, ¿necesita tener comerciales o es suficiente con la publicidad?

b) Lee el siguiente artículo y verifica tus respuestas.

Hace algunos años abundaba la idea de que dedicarse a la venta era una salida apta para todos aquellos que no encontraban otro destino –que se suponía de mayor estatus– en la empresa. Ciertamente, eran tiempos en los que al comercial se le consideraba poco más que un "despachador" de productos o servicios y al que no se le exigía una adecuada capacitación, sino que se le valoraba –casi exclusivamente– en función de su disponibilidad para hacer cuantas más visitas mejor. Hoy, los tiempos han cambiado. La empresa es consciente de que la diferenciación de sus productos es cada vez menor y que quien mejor conoce el mercado es la persona que pisa la calle cada día. De forma paralela, se ha dignificado y profesionalizado la figura del vendedor, se le reconoce un papel crucial en el negocio y pasa a adoptar un doble papel: asesor del cliente, por un lado, y representante de los valores de la empresa, por otro.

Ricardo Garrastazu es director general de Sales-Hunter, primera empresa especializada en la selección de comerciales, y explica el cambio que se está produciendo con una simple cifra. Señala que, en promedio, el 40% de las ofertas de trabajo que aparecen en los medios de difusión son para comerciales. El año pasado fueron bastante menos. ¿Qué esta ocurriendo? "Fundamentalmente, que la empresa se ha dado cuenta de que la eficacia de la publicidad ha descendido, como consecuencia de la masificación y dispersión existentes en los medios. Por ello, ha decidido trasladar parte de los costes de la publicidad a potenciar la red de ventas. Es un fenómeno reciente, pero que arranca con mucha fuerza".

En el fondo, en el mundo de los comerciales hay una serie de corrientes de cambio –de tendencias–que se van consolidando. Lluis Renart, profesor de Dirección Comercial del IESE, apunta algunas líneas de cambio en el mercado actual del rol de las ventas. "Hace 20 años la empresa tenía un solo equipo de ventas que se situaba sobre el terreno en base geográfica. Los jefes de zona mandaban en su parcela y tenían sus vendedores. Hoy no es así. Los equipos de ventas están especializados por gama de productos, o por clientes, o incluso por actividades", comenta.

Un segundo aspecto del cambio aparece en la externalización de los equipos de ventas. Hoy es posible subcontratar todo un equipo de ventas para todo el mercado español. Cita que unas 15 ó 20 empresas ofrecen este servicio ya en nuestro país.

La tercera tendencia es una mejora clara de la profesionalización de los equipos. Y ello se nota en "el nivel de educación, ya que cada vez hay más gente con diplomaturas universitarias y, consecuentemente, en el nivel de retribución", admite, al tiempo que recuerda que "hoy hay menos clientes, pero de mayor importancia y se precisa un vendedor de más nivel".

El siguiente aspecto que analiza es la creciente internacionalización de las empresas, por lo que ya no se puede pensar en términos de vendedores solo para España. Por último, plantea la importancia progresiva del camino desde el marketing hasta el papel del vendedor. "Aquí el objetivo no es el acto de venta en sí, sino consolidar una relación con el cliente, que quede satisfecho. La venta viene luego", comenta.

Adaptado del artículo publicado por Jordi Goula en *La Vanguardia Dine*

1. **Describe cómo ha evolucionado el papel del vendedor en los últimos años.**
2. **¿Cuáles son las cinco tendencias que han influido en esta evolución?**

2. El comercial que prefiere la empresa.

a) **Este es el perfil medio del comercial que prefieren las empresas:**

1. Edad: 25-35 años.
2. Sexo: Indiferente.
3. Estudios: Medios, aunque cada vez más se piden estudios superiores.
4. Experiencia: 1-3 años.
5. Aptitudes: Alto nivel de inteligencia natural, buenos recursos verbales, capacidad numérica.
6. Actitudes: Gran capacidad de trabajo, tolerancia a la frustración, capacidad de trabajo sin excesiva dependencia de normas y supervisión, orientación hacia resultados, gran facilidad para el trato interpersonal.

b) **Diseña un anuncio de una oferta de empleo para un comercial para tu empresa.**

3. **Correspondencia comercial. Observa la siguiente carta y realiza las actividades a continuación.**

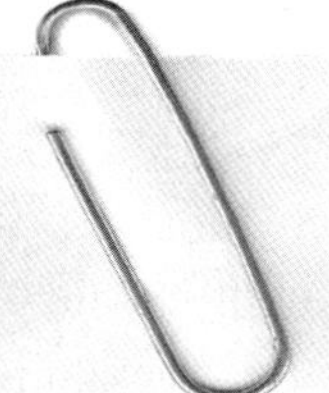

Enrique Gil de la Parra y Asociados, S.L.
Pº de la Castellana, 177, ático 1.ª
28046 Madrid

12 de noviembre de 2005

Muy Sres. nuestros:

Nos ponemos en contacto con Uds. para presentarles a nuestra empresa VINCIPARK ESPAÑA, S.A., dedicada a la explotación de aparcamientos para automóviles.

Actualmente venimos haciendo un estudio de las necesidades de aparcamiento en la zona de Pza. de Castilla y sus inmediaciones, que nos permita conocer las carencias en materia de aparcamiento para los trabajadores y las empresas ubicadas en esta zona.

Nuestra empresa dispone de un estacionamiento ubicado en su zona de influencia en el cual estamos en condiciones de poder ofrecerles plazas de aparcamiento en régimen de bonos mensuales donde podrán beneficiarse de las siguientes condiciones:

- **Plazas reservadas y personalizadas para cada usuario**
- **Ubicación en planta 4.ª dedicada totalmente a tal fin**
- **Precio 80€ por plaza y mes (IVA no incluido)**

Para cualquier aclaración, o si su situación personal no se acogiese a las condiciones propuestas, pueden ponerse en contacto con nosotros en el teléfono: 911234567.

Esperando poder brindarles nuestros servicios, les agradecemos de antemano su colaboración.

Reciban un cordial saludo,

M.ª Reina González de Álvarez
Dpto. de Gestión Comercial

Vincipark España, S.A.
C/ Orense, 68
28020 Madrid
Telf. 914257700
Fax: 914257701
E-mail: info@vinciparkespaña.es

a) **Indica si las siguientes afirmaciones son verdaderas o falsas.**

	V	F
1. La empresa destinataria de la carta es cliente habitual de Vincipark.		
2. Vincipark ha realizado un estudio de mercado de los aparcamientos en la zona de Plaza Castilla.		
3. Vincipark ofrece abonos anuales para su aparcamiento.		
4. La oferta ofrece flexibilidad en caso de que el Sr. Gil de la Parra prefiera otras opciones para el aparcamiento.		

b) **Redacta una carta similar dando a conocer los bienes y/o servicios de tu empresa y toda la información que puedas ofrecer al respecto para convencer a tus clientes potenciales.**

FICHA 8.1.5. LAS RELACIONES PÚBLICAS, IMAGEN CORPORATIVA Y PATROCINIO

Las relaciones públicas se definen como el conjunto de acciones, difundidas sin contrapartida económica por los medios de comunicación, que permiten acercar las actividades y opiniones de las organizaciones sociales y del público en general, a los objetivos de la empresa.

La imagen de empresa o imagen corporativa es un conjunto de acciones de comunicación dedicadas a proyectar una serie de atributos que se consideran representativos de la empresa. Las acciones que emprende comprenden publicidad (de la empresa y no de marca), relaciones públicas, patrocinio de determinados acontecimientos, modificación de los logotipos y a veces incluso de las marcas, adaptación de todo el material de comunicación (impresos, documentación, incluso envases del producto) a la nueva imagen buscada.

Por último, las actividades de patrocinio, tanto de actividades culturales como deportivas, son un instrumento de comunicación de la imagen de la empresa. En algunos casos, sin embargo, las actividades de patrocinio encubren un mecanismo para evitar las limitaciones que tiene la publicidad de determinados productos, como el tabaco y las bebidas alcohólicas.

1. Desde julio de 2005, ninguna marca de tabaco puede patrocinar ningún evento deportivo. ¿Cuál es tu opinión al respecto? Discútela con tus compañeros.

2. Debate. Aquí tienes las razones que dan algunos expertos para prohibir la publicidad de tabaco en las competiciones automovilísticas, así como para permitirla. Asume una de las dos posiciones y defiéndela frente a tu compañero, que defenderá la posición contraria.

- Un estudio del Toxic Substances Board de Nueva Zelanda, realizado en 33 países, confirma que a mayor grado de control estatal sobre la promoción del tabaco corresponde un mayor descenso del promedio anual del consumo de cigarrillos.
- Cada día, unos 90 000 jóvenes de todo el mundo empiezan a fumar. La publicidad está orientada a crear nuevos adictos al tabaco, que sustituyan a los que lo dejan o a los que fallecen prematuramente.
- Debido a que los fumadores suelen ser muy fieles a las mismas marcas de cigarrillos, la publicidad no redistribuye el mercado entre las distintas compañías, sino que fomenta su consumo.

ESTUDIANTE B

ZONA FUMADORES

- La publicidad de tabaco no pretende aumentar el consumo de cigarrillos, tan solo sugiere a los fumadores que cambien de marca.
- La publicidad es un derecho a la información al que no se debe renunciar.
- En Noruega, a pesar de que la publicidad del tabaco está prohibida desde 1975, el consumo de cigarrillos ha aumentado considerablemente durante los últimos 25 años.
- En Europa se recaudan anualmente 70 000 millones de euros en impuestos derivados del tabaco. La industria tabaquera sostiene 1,5 millones de empleos. Limitar su publicidad perjudicaría a muchos trabajadores.

Adaptado de Ignasi Gaya, Revista *Escape*.

3. En caso de que tu empresa quisiera patrocinar eventos, ¿qué tipo de eventos escogerías y por qué?

FICHA 8.2. LA DISTRIBUCIÓN

La distribución hace posible acercar el producto a los consumidores. Para que un producto se venda no solo es necesario tener un buen producto, a un precio conveniente y que sea dado a conocer mediante la publicidad, sino que también es indispensable que el producto se encuentre en los puntos de venta a los que se dirigen los consumidores.

En el proceso de distribución de los productos desde el fabricante hasta el consumidor intervienen un conjunto de empresas intermediarias, necesarias porque la mayoría de los fabricantes no podrían por sí mismos garantizar el suministro de productos a todos los consumidores y a estos tampoco les resultaría posible llegar a todos los fabricantes de productos que necesitan. Los intermediarios pueden ser ***mayoristas*** o ***minoristas***. Los mayoristas son intermediarios que venden a otras empresas (venta al por mayor), mientras que los minoristas son aquellos que venden al consumidor final (venta al por menor o detalle).

Un ***canal de distribución*** es un conjunto de organizaciones interdependientes que intervienen en el proceso de distribución de los productos desde el fabricante o productor hasta el consumidor. Cada uno de los miembros del canal es un intermediario en el proceso de producción-consumo.

1. Estudio de un caso. Probablemente la venta directa, sin intermediarios, ofrezca varias ventajas, como la reducción de costes y la mejora de los márgenes. Internet y la televisión permiten llegar directamente al cliente. Sin embargo, no todo son ventajas para esta forma de distribución. El siguiente caso te ayudará a ver algunos de sus inconvenientes. Léelo y realiza las actividades a continuación.

El canal de ventas está fuera de control

Somos una empresa del sector informático que se implantó en España hace relativamente poco. Primero solo contábamos con vendedores propios pero enseguida llegamos a acuerdos con tiendas especializadas para distribuir productos menos sofisticados y de precio más asequible, siempre destinados a empresas. Cuando la compañía ya tuvo una base de clientes y un nombre, empezamos a sacar productos para profesionales. Para eso nos apoyamos en campañas publicitarias en todos los medios y firmamos acuerdos con algunos grandes almacenes. La estrategia tuvo éxito, en parte por el *boom* que ha experimentado la informática en este país en los últimos años.

Al cabo de un tiempo, para evitar que los clientes que requiriesen soluciones complejas tuviesen varios interlocutores, decidimos reenfocar el negocio: nosotros nos centraríamos en los grandes clientes, las tiendas en las pymes y el gran almacén en los profesionales. Esto exigía una buena coordinación y cierta flexibilidad. Nosotros asumimos la asistencia técnica de los grandes compradores.

Además, instalamos un servicio de atención al cliente –basado en el teléfono– que ha funcionado razonablemente bien.

El siguiente paso fue comenzar a vender directamente por teléfono algunos productos. Nuestra idea era llegar a empresas muy pequeñas y conseguir más clientes haciendo una venta más activa. El atractivo era un menor precio: podíamos hacerlo porque nos ahorrábamos el margen del distribuidor. El razonamiento era elemental: cuantos más canales de distribución, mayores ventas. Lógicamente, a continuación llegó la venta por Internet: ¿cómo iba a despreciar este sistema una empresa de informática? Además, nuestra matriz ya estaba haciéndolo en su país de origen y en otros. ***Pero aquí la maquinaria empezó a chirriar***. O, lo que puede ser peor, al menos en este punto fue cuando advertimos las dimensiones del problema.

Primero, se multiplicaron las peleas entre los diferentes canales. Las tiendas especializadas se quejan no solo de que potenciamos a los almacenes, que venden más barato porque su margen es menor –incluso algunos sospechan que les vendemos a un precio inferior, lo que es falso– sino de que nosotros mismos les hacemos la competencia por teléfono e Internet, lo que en determinados productos es cierto. Además, hay tiendas que consiguen pedidos de grandes clientes, que según el esquema nos corresponden a nosotros, y no están dispuestos a pasárnoslos: como hasta ahora hemos actuado con flexibilidad –dando una comisión por cada cliente que conseguían–, ***a ver quién es el guapo que da marcha atrás***.

Segundo, el cliente está desconcertado. En la tienda le dicen un precio, en la gran superficie ve otro y si entra en nuestra web obtiene otro. Esto es lo que acabo de leer en un e-mail que nos ha enviado el jefe de compras de una empresa mediana. La gente no se fija en los suplementos por entrega rápida. En todo caso, tengo un problema que no sé cómo afrontar.

Adaptado de "¿Usted que haría?", *Actualidad Económica.*

a) **Vocabulario coloquial. Explica estas expresiones con tus propias palabras.**

1. "Pero aquí la maquinaria empezó a chirriar".
2. "A ver quién es el guapo que da marcha atrás".

b) **Vocabulario específico.**

1. Explica estas frases:

a) "La estrategia tuvo éxito, en parte por el boom que ha experimentado la informática en este país en los últimos años".

b) "El atractivo (de las ventas por teléfono) era un menor precio: podíamos hacerlo porque nos ahorrábamos el margen del distribuidor".

c) "La gente no se fija en los suplementos por entrega rápida".

2. Poco a poco, la empresa ha ido introduciendo nuevos canales de distribución. ¿Puedes enumerarlos todos según el orden en que los va introduciendo?

3. Representa gráficamente todos los canales de distribución que tiene esta empresa.

c) **Resolución individual del caso.**

1. **¿Cuál crees que ha sido el principal error de esta empresa?**
   a) Los productos informáticos no son aptos para vender sin intermediarios.
   b) La venta directa no es compatible con otros canales.
   c) La empresa no ha establecido relación directa con sus clientes.
   d) Ha fallado la logística.
2. **¿Cómo se han visto afectados los diferentes canales de distribución?**
3. **¿Y los clientes?**
4. **¿Qué puede hacer esta empresa para solucionar este problema?**

d) **Presenta tu solución a tus compañeros y escucha las de ellos. Entre todos, tendréis que escoger la mejor opción.**

2. **Después de haber visto las consecuencias de escoger mal los canales de distribución en el caso, ¿qué canal de distribución piensas que es el más adecuado para tu empresa? ¿Vas a usar intermediarios? Justifica tu respuesta.**

3. **La franquicia, nueva forma de distribución.**

a) **¿Sabes qué es una franquicia y cómo funciona?**

b) **Lee esta historia de una franquicia.**

Decidí transformar lo que antes era una sucursal bancaria en un establecimiento de comida rápida de Subway, una cadena especializada en bocadillos muy conocida en Estados Unidos.

La primera decisión importante fue el local. Tardé más de un año y medio en encontrarlo, pero creo que acerté, y Subway me dio el visto bueno.

Pago 3000 euros al mes de alquiler, pero porque está en una entrada perpendicular a la calle Goya. Si la entrada estuviera en la calle Goya, posiblemente el alquiler no bajaría de los 20000.

Trabajo a tiempo completo y tengo tres empleados. La nómina es de 1810 euros incluida la seguridad social. También tengo que pagar las facturas de los proveedores y los *royalties* de la franquicia: 10,5% de las ventas. Subway destina el 2,5% de esa cantidad a promocionar la marca a través de campañas de publicidad y otro tipo de promociones.

Antes de abrir el local, tuve que pagar 10000 euros a Subway en concepto de canon de adhesión y seguir un curso de formación. El 80% de la materia prima para hacer los bocadillos lo tengo que adquirir a través de la franquicia, si bien el restante 20% puede venir de proveedores de mi elección.

Tengo que facturar algo más de 580 euros diarios para poder cubrir los gastos.

c) **Haz una lista de todos los gastos que ha tenido este empresario. ¿Podría haberse librado de algunos de ellos si, en lugar de decidirse por una franquicia, hubiera abierto un establecimiento de bocadillos por su cuenta?**

d) **Estas son las características de las franquicias. Clasifícalas en ventajas o desventajas para los franquiciados.**

	Ventaja	Desventaja
1. Es una fórmula comercial consolidada, con muchos años de experiencia en el mercado.		
2. El nuevo negocio estará respaldado por la notoriedad y prestigio de una marca.		
3. Pueden existir limitaciones para vender o traspasar el negocio.		
4. Campañas de marketing y publicidad planificadas y lanzadas a gran escala, anuncios en prensa y televisión, etc.		
5. El bajo rendimiento y capacidad de otros puntos de venta de la red pueden afectar negativamente a la imagen y reputación del negocio.		
6. Adquisición del "know-how" o de la clave del éxito, es decir, de las técnicas de funcionamiento del negocio.		
7. Hay acuerdos preestablecidos con las entidades financieras para facilitar la extensión de una cadena de establecimientos.		
8. Hay un margen reducido de creatividad.		
9. La integración en una red de franquicias supone unos costes adicionales que no existirían en caso de que se abriese un comercio independiente: canon de entrada (pago inicial a cambio de los derechos de utilización de la imagen de marca y del "know-how"); *royalties* (pagos periódicos), otros cánones (por ejemplo el de la publicidad).		
10. El franquiciado recibe formación inicial y asistencia técnica por parte del franquiciador.		

e) **Imagina que tú y tu compañero sois socios y queréis invertir en una franquicia. Tu socio te ha pasado 4 opciones para que las estudies y le escribas un memorándum recoméndandole cuál es la que te parece más interesante y rentable y por qué.**

	DONER KEBAP ISTANBUL	HOME PERSONAL SERVICES	MONDARIZ SPA	LA TIENDA DEL ABUELO
Franquiciadora	Doner Kebap Istanbul, S.L.U.	Home Personal Services, S.L.	Mondariz SPA, S.L.	Seniors Franquicias, S.L.
Actividad	Restauración de comida rápida turca	Selección, formación y tramitación de personal doméstico	SPA vacacionales y urbanos	Venta de artículos y servicios para las personas mayores
País de origen	España	España	España	España
Año de constitución	1999	1991	2001	2001

Año de creación de la cadena	2003	2002	2001	2002
Países en los que está presente	España	España	España	España
Establecimientos propios	22	1	2	3
Establecimientos franquiciados	4	1	5	22
Inversión total	30 000-100 000 euros	120 000 euros	360 000 euros	75 000 euros
Canon de entrada	6000 euros	36 000 euros	16 000 euros	18 000 euros
***Royalty* mensual**	3%	Del 6 al 10% de la facturación	Fijo + 3% sobre ventas	5%
Canon de publicidad	No hay un fijo	Del 3 al 5% de la faturación	2% sobre ventas	1%
Duración del contrato	Indefinido, finalización con un aviso de 3 meses	10 años renovable	Variable	10 años
Superficie mínima del local	50 m^2	80 m^2	250 m^2	75 m^2
Localizaciones preferentes	Primera línea comercial y en centros comerciales, preferiblemente cerca de zonas de ocio como cines	No se requiere	Hoteles urbanos, hoteles vacacionales, pie de calle y zonas urbanas	Calles céntricas de una zona de renta media y media-alta
Zonas de expansión prioritaria	Toda España	Cataluña, Levante y Centro	Costa mediterránea y capitales de provincia	Capitales de provincia
Población mínima	No se requiere	No se requiere	No especificada	50 000 habitantes

ACTIVIDADES RECOPILATORIAS

1. A través de los temas 7 y 8, has realizado varias actividades que te han permitido esbozar la campaña de marketing que has creado en la Tarea 1. Recopílalas y prepara una presentación para el resto de la clase.

a) Consumidores potenciales, ficha 7.3., actividad 3.
b) Bienes y servicios que vas a ofrecer, ficha 7.5.1., actividad 4.
c) Estrategia de precios, ficha 7.6., actividad 2.

d) Campaña de fidelización, ficha 8.1.1., actividad 5.
e) Anuncio para prensa, ficha 8.1.2., actividad 4.
f) Promoción, ficha 8.1.3., actividad 2.
g) Fuerza de ventas, ficha 8.1.4., actividad 2 b).
h) Carta, ficha 8.1.4., actividad 3 b).
i) Patrocinio de eventos, ficha 8.1.5., actividad 3.
j) Distribución, ficha 8.2., actividad 2.

2. A continuación tienes las estrategias comerciales de cinco empresas que son superventas en España. Clasifícalas en estrategias de producto(A), de precio(B), de comunicación(C) o de distribución(D).

Estrategia	A	B	C	D
ZARA a) Cada año lanza al mercado 20 000 nuevos productos y de ellos el 50% son de Zara. b) Su clave es vender ropa de diseño a precios populares. c) Casi abre una tienda nueva cada día.				
nH HOTELES a) Su crecimiento se basa en "exportar el concepto y producto nH a todas partes". b) Han sido los primeros en lanzar un programa de fidelización integral en toda la cadena: clientes y proveedores. c) Han empleado 16 millones de euros en unificar bajo la marca nH sus adquisiciones en Alemania, Holanda, Austria y México.				
BIMBO® a) De cada 100 productos de pan y bollería salada, 57 son de Bimbo. b) Su potente red comercial, de 1277 rutas propias, es una de sus claves estratégicas para ofrecer producto fresco cada día. c) Han creado un *Open Ideas* para incorporar la iniciativa de sus trabajadores en el lanzamiento de nuevos productos.				
movistar a) Solo en inversión publicitaria destinó el año pasado 52,7 millones de euros. b) Fueron los primeros en lanzar un programa de puntos para renovar terminales. c) El uso de mensajes por parte de los clientes superó sus previsiones y hoy representan el 18% de sus ingresos.				
IKEA® a) Cada año rebaja los precios de los artículos de su catálogo un 20% y algunos casos hasta un 30%. b) Su objetivo es contar con 21 tiendas en España. c) Manejan un presupuesto de 12 millones de euros en publicidad. El "Redecora tu vida" ha sido uno de los mensajes más recordados.				

Adaptado de "Diez estrategias superventas" de Concha Rubio, publicado en *Actualidad Económica*.

3. **El líder de la distribución en España: El Corte Inglés. Las siguientes actividades te ayudarán a saber más sobre esta empresa.**

EL CORTE INGLÉS:
Fecha de creación: 1935.
Cifra de negocios mundial: 11 888 millones de euros.
Propietario: Fundación Ramón Areces.
Dos millones de clientes diarios.
Más de 70 millones de euros gastados en publicidad al año.

A menos que viva en una cueva retirada del mundanal ruido, seguro que le suenan los siguientes eslóganes: "Si no queda satisfecho le devolvemos su dinero", "Especialistas en ti", "Ya es primavera en El Corte Inglés"...La compañía fundada por Ramón Areces en 1935 se ha convertido en el símbolo del comercio en España. ¿Cómo? Destinando más de 70 millones de euros en publicidad al año para contratar a estrellas del caché de Sharon Stone, Gwyneth Paltrow, Nicole Kidman, Meg Ryan, Giselle Bunchen, Sylvester Stallone, Andy García o George Clooney y aparecer en todos los medios de comunicación. Para su temporada de rebajas, sin embargo, prefiere figuras locales como "Los Serrano". Pero para ganarse al público, la publicidad no basta. La compañía imparte 6000 cursos al año a sus empleados a fin de mejorar el trato diario con los clientes. "Así vuelven siempre", comenta un trabajador. Además, han sabido adaptarse a los cambios del sector. Si en sus orígenes introdujeron el precio fijo en los productos y creó los probadores, en los últimos años ha diversificado su oferta. Además de la matriz, controlan Hipercor, Opencor y Supercor. Todas ellas son tiendas complementarias que han sabido unir a la imagen de El Corte Inglés. ¿Su gran éxito? Absorber rivales, como Galerías Preciados o Marks & Spencer.

Adaptado de *Capital.*

a) **La historia de El Corte Inglés.**

ESTUDIANTE A: Aquí tienes la historia de El Corte Inglés pero está incompleta. Tienes que hacer preguntas a tu compañero, que tiene más información.

¿En qué año nació Ramón Areces?
¿Qué pasó en 1935?

____	Nace Ramón Areces en La Mata (Asturias).
1919	Ramón Areces emigra a Cuba y empieza a trabajar como aprendiz en los almacenes El Encanto.
1935	______________________________.
1940	El Corte Inglés abre en la calle Preciados de Madrid.
1945	Se empieza la ampliación del edificio de Preciados mediante la compra de locales colindantes.
____	Se constituye Industrias y Confecciones (Induyco), una filial industrial para suministrar genéro.

1952	El Corte Inglés se convierte en S.A.
1953	Isidoro Álvarez, hijo de un sobrino de César Rodríguez, se incorpora como vendedor.
1962	______________________________.
1966	Muere César Rodríguez y Ramón Areces le sustituye al frente del grupo.
	Se abre el segundo centro en Madrid en la calle Goya.
1969	Creación de la filial Viajes El Corte Inglés.
	Se inaugura el tercer edificio en la Castellana de Madrid y el primero en Bilbao.
____	Se abren centros en Valencia, Murcia, Madrid y Vigo.
1976	Creación de la Fundación Ramón Areces.
1979	Se constituye la filial de hipermercados Hipercor, el primero en Sevilla.
1980	Creación de Investrónica para fabricar equipos informáticos.
1981	______________________________
1982	Adquisición de la sociedad Correduría de Seguros.
	El diseñador italiano Emidio Tucci, que trabajaba en Induyco, crea la primera marca de ropa para el grupo.
____	ETA pone una bomba en el Hipercor de Barcelona: fallecen 21 personas.
1988	Muere Ramón Areces. Sus acciones pasan a la fundación que lleva su nombre. Isidoro Álvarez se convierte en presidente.
1995	El Corte Inglés gana la puja por la compra de Galerías Preciados. La oferta incluye recolocar al 71% de su plantilla.
____	Venta de Almacenes Harris.
1998	Sociedad al 50% con Repsol para explotar Supercor, tiendas anexas a sus gasolineras.
1999	______________________________ ______________________________.
2000	Empieza la explotación de tiendas de conveniencia Opencor, abiertas todos los días hasta la 1 de la madrugada.
2001	Comienza la venta de pisos y automóviles.
	Se crea Inversis, un broker *on-line*, junto a Terra-Lycos, Caja Madrid, Indra y Banco Zaragozano.
	Apertura del centro en Lisboa, el primero en el extranjero.
	Apertura de Sfera, tiendas a pie de calle para competir con Zara.
2002	______________________________.
2005	El Corte Inglés del Paseo Castellana de Madrid, el más grande de España, se ve obligado a cerrar durante una semana (algunos departamentos durante más tiempo) al incendiarse el vecino edificio Windsor.

ESTUDIANTE B: Aquí tienes la historia de El Corte Inglés pero está incompleta. Tienes que hacer preguntas a tu compañero, que tiene más información.

¿Cuándo emigró Ramón Areces a Cuba?
¿Qué pasó en 1940?

1904 Nace Ramón Areces en La Mata (Asturias).

____ Ramón Areces emigra a Cuba y empieza a trabajar como aprendiz en los almacenes El Encanto.

1935 Con ayuda de su tío, César Rodríguez, Ramón Areces compra la sastrería de ropa de niños El Corte Inglés en Madrid.

1940 ____.

1945 Se empieza la ampliación del edificio de Preciados mediante la compra de locales colindantes.

1949 Se constituye Industrias y Confecciones (Induyco), una filial industrial para suministrar genéro.

1952 ____.

1953 Isidoro Álvarez, hijo de un sobrino de César Rodríguez, se incorpora como vendedor.

1962 Comienza la expansión fuera de Madrid con un edificio en Barcelona.

1966 Muere César Rodríguez y Ramón Areces le sustituye al frente del grupo.

Se abre el segundo centro en Madrid en la calle Goya.

____ Creación de la filial Viajes El Corte Inglés.

Se inaugura el tercer edificio en la Castellana de Madrid y el primero en Bilbao.

1971-75 Se abren centros en Valencia, Murcia, Madrid y Vigo.

1976 Creación de la Fundación Ramón Areces.

1979 ____.

1980 Creación de Investrónica para fabricar equipos informáticos.

1981 Adquisición de Almacenes Harris en California.

1982 Adquisición de la sociedad Correduría de Seguros.

El diseñador italiano Emidio Tucci, que trabajaba en Induyco, crea la primera marca de ropa para el grupo.

1987 ETA pone una bomba en el Hipercor de Barcelona: fallecen 21 personas.

____ Muere Ramón Areces. Sus acciones pasan a la fundación que lleva su nombre. Isidoro Álvarez se convierte en presidente.

1995 El Corte Inglés gana la puja por la compra de Galerías Preciados. La oferta incluye recolocar al 71% de su plantilla.

1996 Venta de Almacenes Harris.

1998 Sociedad al 50% con Repsol para explotar Supercor, tiendas anexas a sus gasolineras.

1999 Creación del portal de venta electrónica.

Expansión de Viajes El Corte Inglés.

2000 Empieza la explotación de tiendas de conveniencia Opencor, abiertas todos los días hasta la 1 de la madrugada.

2001 ____

____

____

____.

2002 Compra los locales de Marks & Spencer en España y se queda con su plantilla.

2005 El Corte Inglés del Paseo Castellana de Madrid, el más grande de España, se ve obligado a cerrar durante una semana (algunos departamentos durante más tiempo) al incendiarse el vecino edificio Windsor.

c) **Detrás de la rentabilidad de El Corte Inglés, hay una estrategia silenciosa de diversificación emprendida en los últimos 5 años, con puntos fuertes y débiles. Lee las siguientes características de su estrategia y clasifícalas en ventajas o desventajas.**

	Ventaja	Desventaja
1. **La marca:** Debajo de la marca, se percibe una actitud más que un producto: seriedad, servicio y fiabilidad. Cualquier producto que comercialice –pisos, coches, fondos de inversión, planes de pensiones, etc.– se contagia de esta actitud.		
2. **Conocimiento del cliente:** Su eslogan "Especialistas en ti" y su estrategia reflejan que saben lo que el consumidor desea y cómo complacerlo. La materia prima de su negocio son los clientes y no los productos. Tiene más de 1,2 millones de clientes que tienen la tarjeta de fidelización.		
3. **Concentración en España:** No tiene ninguna tienda en el exterior, excepto la de Portugal, y no aparece entre las 50 primeras empresas de distribución del mundo. Tendría problemas si hubiera recesión económica en España, o si entrara algún gigante internacional como Wal-Mart, líder mundial de la distribución que ya ha desembarcado en Alemania.		
4. **Innovación:** Empezaron a vender pisos en cuanto se liberalizó la venta, y usan los nuevos canales de distribución, como Internet, su página web es la más visitada y la que más ventas realiza de productos de gran consumo.		
5. **Empresa familiar:** Su carácter familiar le impide una fusión y no entra en sus planes obtener dinero del mercado bursátil para una expansión internacional (como han hecho Cortefiel, Inditex o Adolfo Domínguez). Tampoco puede hacer grandes adquisiciones pues, debido a su autofinanciación, carece de capital para hacerlo.		
6. **Cercanía al acto de compra:** Lo fundamental es captar clientes, a los que se les ofrece todo cuando cruzan la puerta. Y tiene una ventaja añadida: al estar abierto al mediodía o a última hora de la tarde, atrae compradores que no tienen otro sitio donde ir a esas horas. A cambio de un precio más elevado, ofrece facilidad, comodidad y ahorro de tiempo.		
7. **Opera como líder:** Busca nuevas políticas y nuevas ideas: franquicias de moda de prestigiosas marcas, informática, supermercados, restauración, seguros e inversión, parafarmacia, venta de pisos, venta de coches, tiendas para jovenes (Sfera) y para mujeres (Year). Para enfrentarse a la competencia en el sector de la distribución –Eroski, Carrefour– busca nuevos nichos de mercado.		
8. **Canales de distribución:** Tiene cubiertas casi todas las fórmulas de distribución: híper, súper, tiendas de conveniencia, supermercados de barrio, solo les faltan las tiendas de descuento.		
9. **Cultura laboral:** Su selección de personal y formación son muy estrictas. Tiene un sistema de castigos y recompensas. Las nóminas de sus 63 000 empleados no se ingresan en bancos sino que permanecen en el grupo en forma de depósitos con intereses más altos que cualquier banco. No hay movimiento sindical fuerte entre sus empleados.		
10. **Seguridad y confianza:** "Si no queda satisfecho, le devolvemos su dinero", incluso con los nuevos servicios de venta de coches y pisos.		
11. **Riesgo de la diversificación:** Esta política también tiene sus riesgos y podría fracasar.		

Fuentes diversas.

LA INTERNACIONALIZACIÓN DE LA EMPRESA

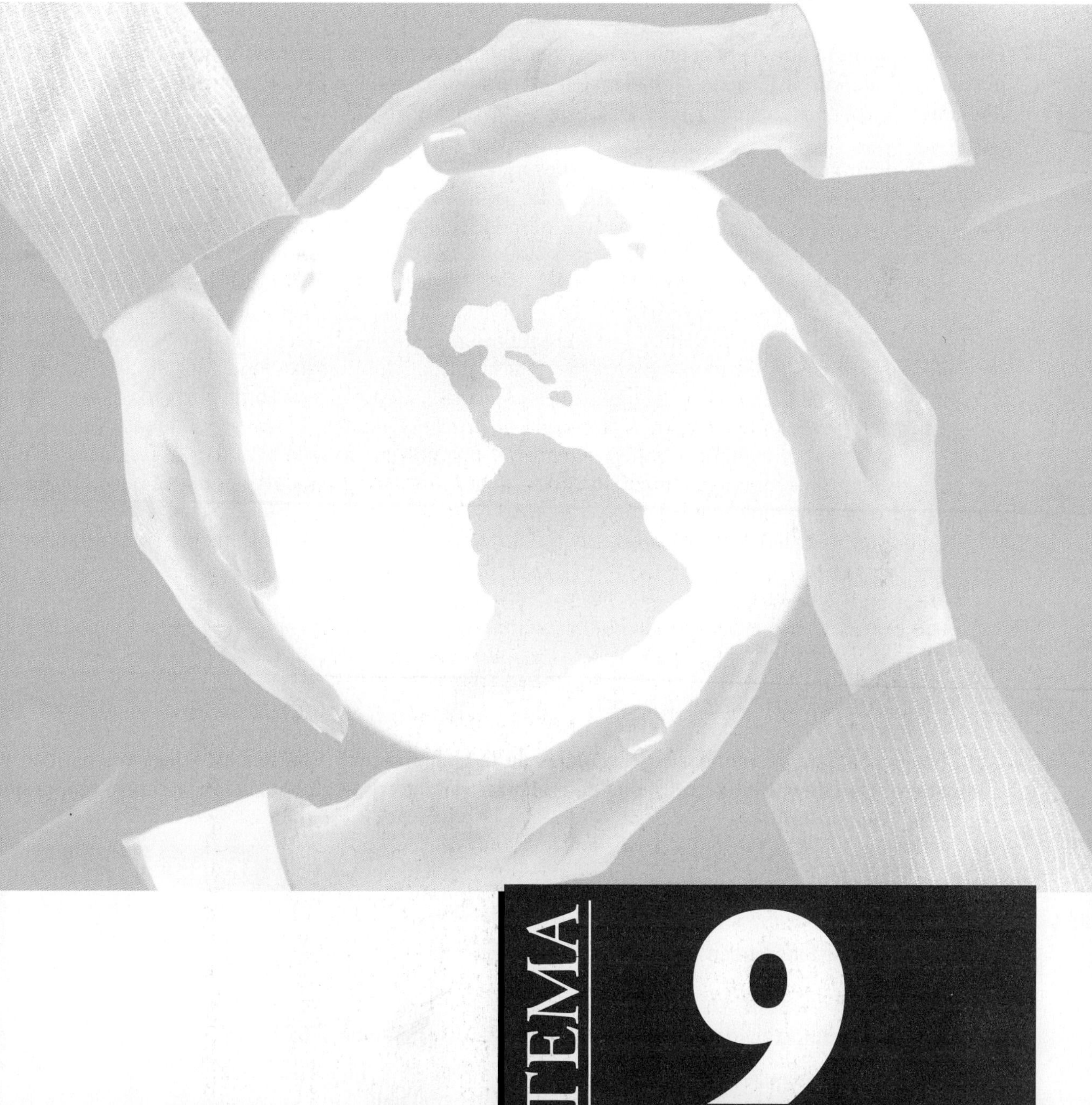

TEMA 9

FICHA 9.1. LA GLOBALIZACIÓN

1. Imagina que dentro de unos años los historiadores tuvieran que decidir cuál fue el producto más emblemático de finales del siglo XX y principios del XXI. ¿Cuál crees que escogerían? ¿Por qué?

2. Esta es la respuesta que da el economista Xavier Sala i Martí a esta pregunta y que, al mismo tiempo, le sirve para definir el término globalización en su libro *Economía liberal para no economistas y no liberales*.

Cuando dentro de unos años los historiadores miren hacia atrás y se pregunten cuál fue el producto más emblemático del año 2000, seguro que llegarán a la conclusión de que fue el teléfono móvil. Millones de personas del mundo entero han pasado a depender de un aparato que hace poco ni siquiera existía. El teléfono móvil simboliza aquello que muchos denominan la *globalización*. Representa unas nuevas tecnologías que incluyen el ordenador, la red de Internet y la ingeniería genética. El teléfono móvil representa la comunicación constante, prácticamente instantánea y muy barata entre cualquier punto del planeta y permite saber lo que sucede en cualquier parte del globo casi de manera inmediata. El teléfono móvil representa la producción transnacional: la empresa que los produce puede tener capital finlandés, utilizar tecnología norteamericana, producir cada una de las partes que constituyen el aparato en una docena de ciudades donde se contrata a trabajadores que hablan una docena de idiomas distintos, montar los aparatos en Helsinki y vender el producto final por todas las partes del mundo. La mundialización de los procesos productivos conlleva que el planeta entero se esté convirtiendo en un único mercado global donde los capitales, las tecnologías, la información, los trabajadores y los productos saltan de un país a otro aparentemente sin posibilidad de ser detenidos.

Y todo esto es lo que representa la globalización, que podría definirse como la situación en que existe el libre movimiento internacional de cinco factores: el capital, el trabajo, las tecnologías, el comercio y la información.

3. Aquí tienes una lista de ventajas y desventajas de la globalización. Clasifícalas. Luego trabaja con tu compañero. Uno de vosotros tendrá que defender las ventajas de la globalización, y el otro tendrá que criticar sus desventajas.

	Ventaja	Desventaja
1. El empleo crece gracias a las nuevas tecnologías.		
2. Las grandes fusiones crean un alto número de desempleados.		
3. Colonización cultural.		
4. Aumenta la competitividad y, como consecuencia de esta, la eficacia.		
5. Aumentan las desigualdades, tanto en el Tercer Mundo como en el primero.		

	Ventaja	Desventaja
6. Se expanden las democracias.		
7. Aumenta el bienestar de muchos países y personas.		
8. La expansión del mercado crea riqueza y aumenta la productividad.		
9. Las crisis financieras son cada vez más frecuentes y con mayor capacidad de contagio.		
10. Creación de un capital financiero descomunal que nadie controla y que debilita el poder de los gobiernos frente a las grandes corporaciones.		

Adaptado de Belén Sánchez, "Globalización: El gran debate", *Tiempo*.

FICHA 9.2. RADIOGRAFÍA DEL COMERCIO EXTERIOR ESPAÑOL

1. España no es ajena a la globalización. Estas son las tendencias clave en su comercio internacional. Léelas y marca el vocabulario que no conozcas, para que luego lo busques en el diccionario.

1. La balanza comercial, que mide el intercambio de bienes con el exterior, registró un importante deterioro el pasado ejercicio. Las ventas españolas a otros países crecieron un 5,4%, hasta alcanzar los 137 815,3 millones de euros. Las compras, por su parte, se aceleraron un 6,5%, con lo que el total de importaciones alcanzó los 184 094,5 millones de euros. La combinación de ambas cifras da como resultado un déficit comercial en 46 279,2 millones, lo que supone un incremento de más del 10% respecto al año anterior.

2. La fuerte apreciación del euro que se ha producido a lo largo del ejercicio no ha supuesto un problema importante para la competitividad de los productos españoles, en la medida en que las exportaciones de nuestro país tienen como principal mercado la zona euro. El conjunto de la UE fue el año pasado el destino del 71,8% de las ventas de productos españoles al exterior, lo que supuso un incremento del 6,2%. Por países, Francia, Alemania, Italia, Portugal y el Reino Unido son nuestros principales clientes. Sin embargo, los mayores crecimientos en las exportaciones a países de la UE se produjeron en Bélgica, con un aumento del 18,7%, y los Países Bajos e Italia, con aumentos superiores al 9%.

3. En el extremo opuesto, y como consecuencia de la apreciación de la divisa que hace menos competitivos los productos europeos y, por tanto, los españoles, en países del área dólar, cayeron las ventas a Iberoamérica más de un 9%, a EE.UU., un 1,4% y a Asia, un 0,7%.

4. Sin embargo, y pese a la caída en este último continente, las exportaciones a China crecieron un 39%, lo que situó dicho destino como el primer mercado asiático.

5. Los PECOS, países de Europa Central y Oriental, siguen siendo una asignatura pendiente para las empresas exportadoras españolas. En los países de la ampliación vendemos poco más del 3% del total. Destaca, sin embargo, el dinamismo de los tres principales mercados de la zona: Hungría, la República Checa y Polonia.

6. Las compras procedentes de la UE crecieron el pasado año un 6,6%, suponiendo el 64% del total de las importaciones españolas. Por países, Alemania, Francia, Italia y Reino Unido son nuestros principales proveedores.

7. Destaca el dinamismo de las compras a los países de la ampliación, un 23,2%, y a los países candidatos, un 17,4%, así como a Asia y África. Por el contrario, se redujeron el año pasado tanto las importaciones procedentes de Iberoamérica, con una caída del 2,8%, como las de América del Norte, un 5,5%.

Adaptado del artículo de Yolanda Gómez publicado en *ABC Economía*.

2. **Selecciona la frase que mejor resume la información de cada uno de los siete puntos de la actividad 1.**

a) Nuestros principales proveedores: la zona euro.
b) Exportaciones a los países de la ampliación de la UE.
c) Efectos negativos de la apreciación del euro.
d) Aumento del déficil comercial.
e) Importaciones de otras zonas.
f) Competitividad de los productos españoles en la zona euro.
g) El principal mercado asiático.

3. **Comenta las siguientes gráficas:**

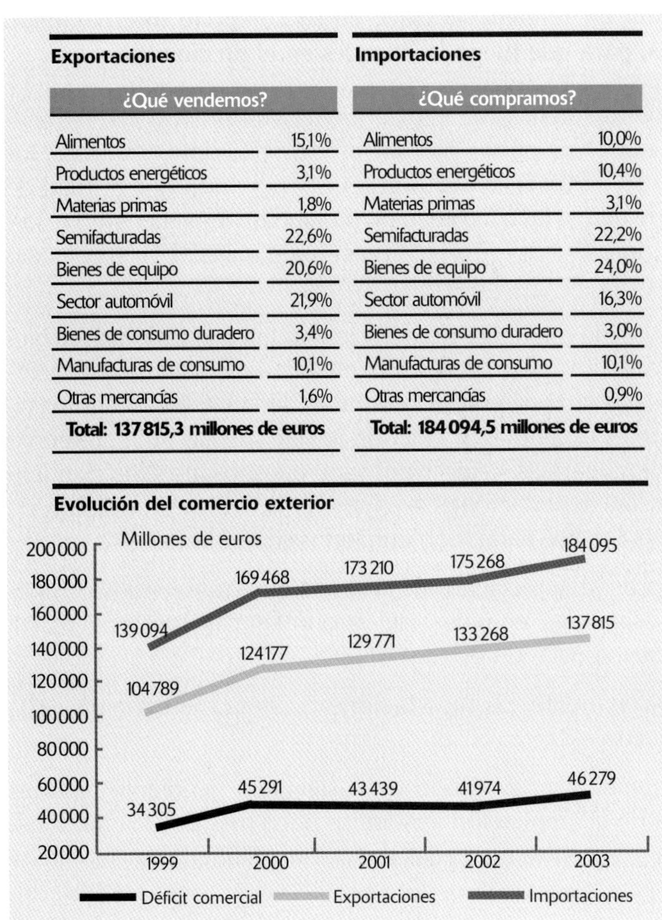

Exportaciones

¿Qué vendemos?	
Alimentos	15,1%
Productos energéticos	3,1%
Materias primas	1,8%
Semifacturadas	22,6%
Bienes de equipo	20,6%
Sector automóvil	21,9%
Bienes de consumo duradero	3,4%
Manufacturas de consumo	10,1%
Otras mercancías	1,6%
Total: 137 815,3 millones de euros	

Importaciones

¿Qué compramos?	
Alimentos	10,0%
Productos energéticos	10,4%
Materias primas	3,1%
Semifacturadas	22,2%
Bienes de equipo	24,0%
Sector automóvil	16,3%
Bienes de consumo duradero	3,0%
Manufacturas de consumo	10,1%
Otras mercancías	0,9%
Total: 184 094,5 millones de euros	

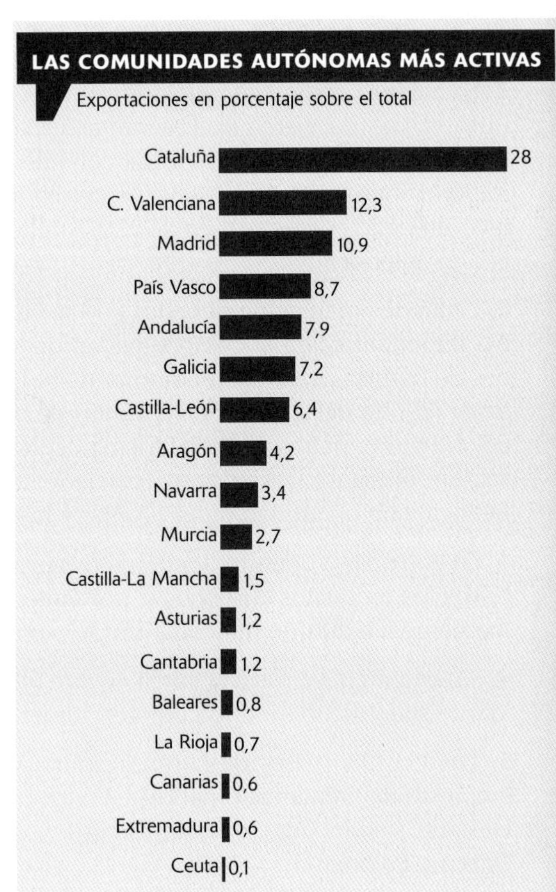

Fuente: *ABC Economía.*

Fuente: *Actualidad Económica.*

4. **Como habrás notado, los principales socios comerciales de España son países que pertenecen a la UE. Esto demuestra la importancia de crear bloques económicos entre los países para poder negociar entre ellos o incluso con otros bloques económicos. El siguiente artículo describe cómo funcionan estos bloques. Léelo y realiza las actividades a continuación.**

Bruselas ultima un acuerdo de libre comercio con el bloque económico Mercosur

El tratado, previsto para mayo, abrirá la puerta a un mercado de 220 millones de habitantes

El camino para un acuerdo entre la Unión Europea y Mercosur, integrado por Brasil, Argentina, Paraguay y Uruguay, y que posee un PIB de 890 000 millones de dólares, fue despejado esta semana de un plumazo. La firma entre Mercosur y los países del otro bloque económico suramericano, la Comunidad Andina (Colombia, Ecuador, Venezuela, Perú y Bolivia), que se cerró el martes, era una de las piezas que faltaban para componer el rompecabezas que supone un tratado con la Unión Europea.

La UE, que había demandado un mayor nivel de integración regional antes de cerrar cualquier acuerdo, ha recibido la noticia como una nueva señal de que Mercosur está cumpliendo su objetivo de unificación comercial en la zona. La Comunidad Andina (CAN), por su parte, ya ha empezado a preparar el terreno para sentarse a la mesa de negociación con la UE y poder sellar un tratado de libre comercio.

Bruselas se coloca así delante de Washington en la carrera por firmar pactos comerciales con Latinoamérica. El tratado entre Mercosur y la CAN le da un portazo a la pretensión estadounidense de adelantar las conversaciones sobre el Acuerdo de Libre Comercio de las Américas (ALCA), que avanza a cuentagotas, ya que la unificación de los mercados suramericanos complica la estrategia de Washington de negociar país por país.

Como clave para que se firme el acuerdo, Bruselas ha asegurado estar dispuesta a dar un tratamiento preferente y privilegiado en el apartado agrícola de Mercosur, uno de los temas más problemáticos a la hora de negociar. Del otro lado del Atlántico, Brasil tiene una de las principales llaves para lograr que se abran las puertas a los flujos comerciales entre los dos continentes. El país suramericano se ha mostrado reacio en el tema de las concesiones de compras públicas, y tendrá que encontrar un equilibrio entre su objetivo de mantener una política industrial propia con dejar un espacio para las empresas de la UE. Pese a estos baches, el ministro de Exteriores brasileño, Celso Amorim, declaró el martes pasado que "el acuerdo con la UE estára listo para anunciarse en Guadalajara y para ser sellado en octubre".

La CAN, aunque todavía no se encuentra tan cerca de un acuerdo con la UE como Mercosur, ha servido para impulsar las conversaciones entre ambos bandos y ahora espera sentarse a negociar con Bruselas. La Comunidad Andina, con un PIB de 300 000 millones de dólares y 120 millones de habitantes, también supone un mercado apetecible para la UE.

Adaptado del artículo de F. Gualdoni y D.A. Crowe publicado en *El País*.

a) **En el artículo se mencionan varios bloques comerciales. Indica qué significan estas siglas y qué países los componen.**

Mercosur:

CAN:

UE:

ALCA:

b) **La manera en que Estados Unidos intenta negociar con Latinoamérica es muy diferente a la de la UE. ¿En qué se diferencian?**

c) ¿Por qué crees que el mercado latinoamericano resulta tan atractivo tanto para los estadounidenses como para los europeos?

FICHA 9.3. INTERNACIONALIZACIÓN DE LAS EMPRESAS ESPAÑOLAS

1. Observa los siguientes titulares y subtitulares de prensa. ¿Qué puedes deducir respecto a la presencia de las empresas españolas en otros países?

Portátiles españoles para el mercado asiático

Infinity comienza a vender su marca Airis en Asia.

Los sueños de grandeza de Tous

La firma de joyería tiene sesenta tiendas en el territorio nacional y presencia en cerca de una decena de países repartidos entre Europa, Asia y América.

Mango reenfoca su inversión

La cadena de moda se tecnifica y se expande a los cinco continentes.

"Nuestro objetivo es empezar a vender atún a los norteamericanos"

Los máximos representantes del grupo Calvo aseguran que el principal objetivo de la empresa en estos momentos es desembarcar en Estados Unidos, para lo que acaban de abrir una fábrica en El Salvador, que tiene la ventaja del arancel cero para introducir productos en ese país.

"Freixenet tutea al champagne y podemos superar sus ventas en Francia"

Freixenet es la novena empresa vitivinícola más poderosa del mundo, vende en más de 140 países y es el cava líder en los tres mercados principales: Estados Unidos, Alemania y Gran Bretaña.

2. Busca en el Internet información sobre una de las empresas anteriores y prepara una presentación para la clase. También tendrás que tomar notas de las presentaciones de tus compañeros.

3. Después de ver cómo exportan varias empresas españolas, ¿qué crees que puede hacer tu empresa para internacionalizarse?

FICHA 9.4. INVERSIONES ESPAÑOLAS EN EL EXTERIOR: AMÉRICA LATINA

1. Lee las siguientes frases y marca si crees que son verdaderas o falsas.

	Antes de leer	Después de leer
· España es el segundo país que más invierte en América Latina, solo por detrás de Estados Unidos.		
· Las empresas de telecomunicaciones y la banca fueron las pioneras a la hora de tomar posiciones en Latinoamérica.		
· Las inversiones más espectaculares han sido protagonizadas por las grandes empresas.		

	Antes de leer	Después de leer
· La mayor dificultad para invertir en la zona es la falta de conexión cultural.		
· Las empresas se han instalado en Latinoamérica debido a la mayor posibilidad de obtener una cuota de mercado más alta que en el Viejo Continente.		
· Las empresas eléctricas, petroleras y gasistas de Latinoamérica son públicas y no hay perspectivas de privatización y liberalización.		
· Las empresas españolas invierten en América Latina con una visión a corto plazo.		

2. Ahora lee este texto, y compara tus respuestas.

La vuelta a América

Telefónica, Repsol, Endesa, SCH y BBVA son líderes en varios mercados latinoamericanos, donde un millar de empresas españolas operan con filiales o a través de terceras compañías, y donde España se ha convertido en el segundo inversor mundial, tras EE.UU. Casi el 25% de los resultados consolidados de las empresas del Ibex 35 provienen de América Latina.

Una situación inimaginable hace algunos años. En 1985 estábamos fuera de la Comunidad Europea, no teníamos una sola multinacional y pocas empresas se habían aventurado a hacer inversiones, siempre modestas y esporádicas, en el exterior. España era un importante receptor de inversión directa internacional y nuestros principales sectores económicos y empresas de servicios se movían con comodidad en el mercado doméstico. Monopolios, oligopolios y mercados regulados y superprotegidos frente a la competencia foránea, fruto y secuela de una economía cerrada y autárquica hasta la década de los setenta, explican el escaso interés en invertir fuera.

La adhesión a la UE, en 1986, supuso un cambio radical. "Las empresas y los bancos, libres de las restricciones para invertir fuera, comenzaron a compensar la creciente competencia en sus mercados, relativamente maduros, con inversiones selectivas en el exterior", dice Willem Chislett en su libro *La inversión española directa en América Latina: retos y oportunidades*.

En tal sentido las cifras cantan: entre 1986 y 1993, la inversión española en la región se situó en una media anual de 310 millones de dólares. Las primeras inversiones sustanciosas y con voluntad de permanencia las hizo en 1991 Telefónica, todavía solo en parte privatizada, en Chile y Argentina, y la banca en varios países. Pero fue en la década de los noventa cuando se produce una auténtica avalancha de inversiones. Una media anual de 9700 millones de dólares entre 1994 y 1999, y un total de 80000 millones de euros entre 1992 y 2001.

Varios factores, más allá del argumento del idioma y la afinidad cultural, explican el papel que ha jugado América Latina en la rápida y exitosa internacionalización de la economía española:

- Mercados emergentes: Como tales, los países latinoamericanos registran fuertes crecimientos de población, necesidad de reformas estructurales y un alto potencial de crecimiento y de rentabilidad.

- Privatizaciones: Los amplios procesos de privatización y desregulación de empresas y servicios públicos puestos en marcha, en los años noventa, tanto en España como en los países latinoamericanos, han propiciado nuevas necesidades y oportunidades. Telefónica, Repsol, las eléctricas, Gas Natural, SCH y BBVA se han hecho a buen precio con muchas de estas empresas latinoamericanas y con jugosas cuotas en unos mercados poco desarrollados, en expansión, y aún con un elevado grado de proteccionismo.

- Tamaño y diversificación: De este lado del Atlántico, el alto grado de maduración de algunos sectores, como telecomunicación y banca, y la necesidad de ganar tamaño y diversificación para competir en

mercados globalizados han favorecido también el desembarco en Latinoamérica. Los bancos, por ejemplo, han logrado ganar cuota de mercado con un coste notablemente inferior al que hubieran tenido que pagar en los mercados maduros europeos.

- Ciclos desacompasados: Desde mediados de los ochenta los ciclos económicos de España y Latinoamérica han estado negativamente correlacionados, lo que facilita el flujo de capitales españoles hacia esos países.

Las inversiones españolas en esta área, por otra parte, tienen unas características propias que las diferencian, por ejemplo, de las que allí realiza EE.UU. La más importante es su vocación de largo plazo, de permanencia, y la consideración de los nuevos mercados como una extensión del doméstico. Rasgos que ayudan a entender la magnitud de los quebrantos producidos por las crisis económicas en los países latinoamericanos.

Adaptado de un artículo de Carlos Gómez publicado en *El País Negocios.*

3. Tal como menciona el artículo, las crisis en América Latina afectan a las empresas españolas. Vamos a estudiar tres casos específicos: Cuba, República Dominicana y México.

a) **Vas a trabajar con dos compañeros. Sois consultores en una empresa internacional y estáis organizando un viaje por estos tres países latinoamericanos. Vuestro objetivo es reuniros con las autoridades y presentarles un plan para atraer inversiones españolas. Esta es la información que habéis recopilado sobre estos países.**

MÉXICO

- Volatilidad del peso.
- La ley prohíbe el ingreso de capitales privados en las empresas públicas.
- México quiere diversificarse y atraer inversión europea y asiática.
- El 90% de su comercio exterior depende de EE.UU. y el 75% de la inversión extranjera proviene de ese país.
- La mitad de sus 100 millones de habitantes sobrevive en la pobreza, pendiente de una economía atada a la salud de EE.UU.

REPÚBLICA DOMINICANA

- El clima de inseguridad jurídica es negativo para las inversiones: hay problemas para cobrar las deudas.
- El Gobierno ha establecido un nuevo impuesto del 5% para los beneficios de las empresas instaladas en ese país.
- Fuerte depreciación del peso dominicano, en más del 100%.
- La inflación se ha situado en tasas muy elevadas.
- Ha habido una crisis financiera: quiebra del segundo mayor banco de la isla.
- Peligro de que solo permanezca la inversión hotelera mientras que el país necesita todo tipo de infraestructuras de desarrollo, tanto de transportes como de comunicaciones.

CUBA

- Las inversiones directas en Cuba (no la venta de productos sino la presencia física de sus productos y servicios) debe hacerse en fórmulas de empresas mixtas en las que, en el mejor de los casos, la empresa española controla el 50% del capital (a veces el 49%), y el resto el Estado cubano.
- La Ley Helms-Burton, que impone el embargo económico a Cuba por parte de EE.UU. amplía las represalias a cualquier país con presencia en la isla.
- Las empresas españolas están presentes en sectores vitales para la economía, por ejemplo, los repuestos.
- Son muchas las ventajas de estar en Cuba cuando el mercado turístico cubano se abra a EE.UU.
- Hay competencia de los puros de otros países caribeños.
- Hay petróleo en las aguas territoriales cubanas.
- Presencia de entidades financieras españolas como consecuencia de la presencia de empresas españolas.

Adaptado de un artículo publicado en *ABC NT.*

b) Y si en vez de asesorar a los gobiernos, tuvierais que asesorar empresas españolas interesadas en invertir en América Latina, ¿cuál sería vuestra recomendación? Justificad vuestra respuesta.

FICHA 9.5. INVERSIONES EXTRANJERAS EN ESPAÑA

1. España es un país atractivo para las inversiones extranjeras. ¿Cuáles crees que son los factores por los que España atrae capital extranjero?

2. Comenta las siguientes gráficas:

Inversión bruta extranjera en España por países de procedencia

Unión Europea

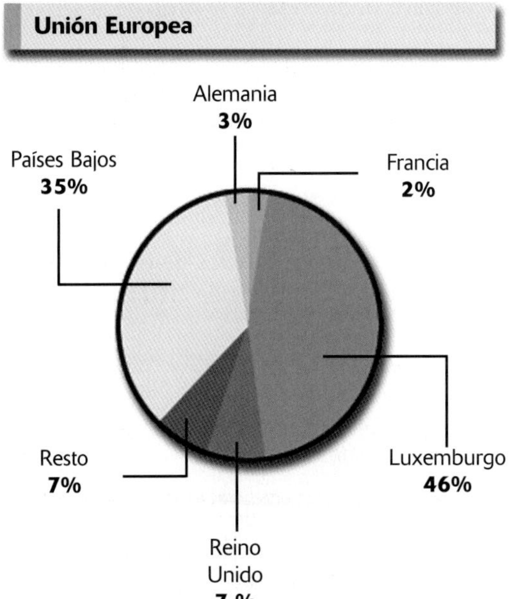

Resto O.C.D.E.

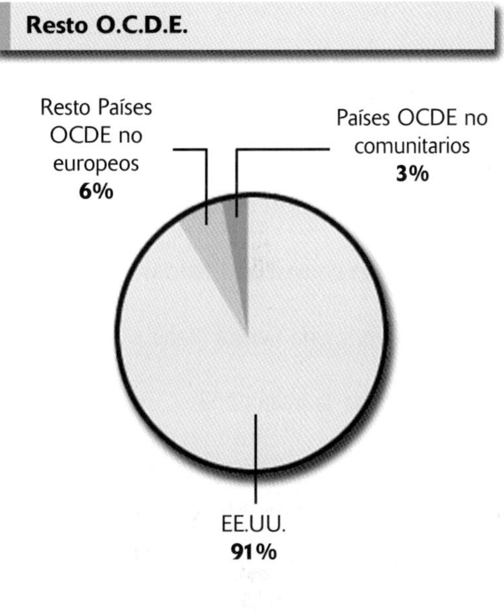

Inversión bruta extranjera en España por Comunidades autónomas

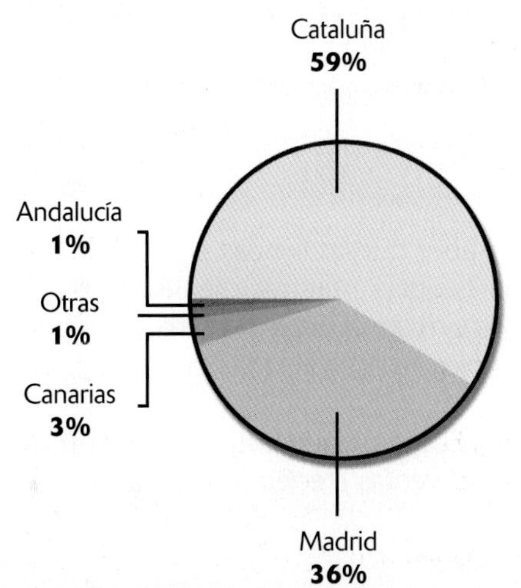

Inversión bruta extranjera en España por sectores de actividad económica

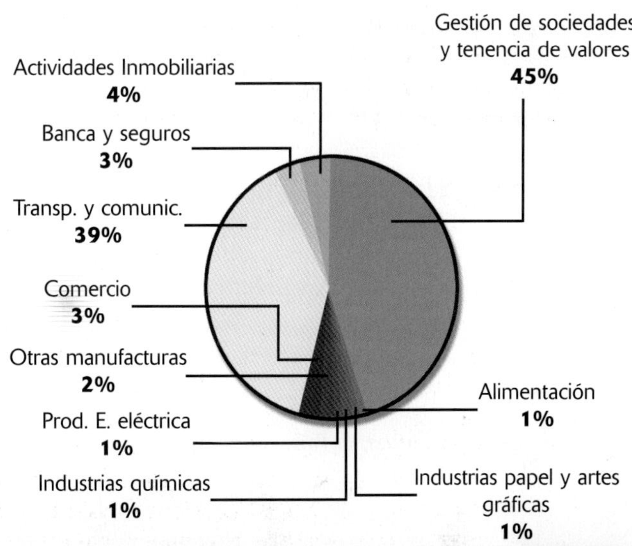

Fuente: *ABC Economía.*

3. Un ejemplo de inversión extranjera en España son las tiendas Ikea. ¿Las conoces? ¿Sabes de dónde son? A continuación tienes una entrevista con André de Wit, su nuevo director general, donde explica los planes de inversión que esta empresa tiene en España. Relaciona las preguntas con las respuestas.

Más de 8 millones de españoles pasaron el año pasado por alguna de las tiendas que Ikea tiene en la Península. El grupo de muebles pretende duplicar su tamaño este año y mantener ese ritmo hasta 2010. La inversión total: 1000 millones de euros.

1. ¿En qué consiste el plan de expansión?
2. ¿Ha sido complicado obtener las licencias?
3. ¿Cuánto cuesta abrir una tienda Ikea?
4. ¿De dónde proviene la inversión?
5. Ud. ha trabajado en las filiales holandesa, alemana y de Reino Unido. ¿Qué diferencias detecta entre esos mercados y el español?
6. ¿Pueden crecer sin abrir más tiendas?
7. ¿Cuál es su cuota de mercado?
8. ¿La crisis ha afectado a las ventas?
9. Ikea tiene una imagen joven, ¿es así su clientela?
10. La empresa descarta salir a Bolsa, ¿por qué?

A. Claro. En España se están produciendo dos procesos: cómo podemos servir mejor a nuestros clientes y cómo podemos manejar una clientela más numerosa cada día. Al final ese es el límite. Otra cosa de la que debemos estar pendientes es que los españoles vienen a Ikea sobre todo los sábados. Tenemos que hacer más atractivo que vengan a lo largo de la semana.

B. Tenemos que aceptar que hay un proceso, pero no hemos tenido grandes problemas.

C. Cada vez menos. La media está entre 30 y 45 años. Nos hacemos mayores con nuestros clientes.

D. Parte es de los propios beneficios que generamos en España y otra parte de créditos.

E. Es una fundación y pensamos que es un riesgo pensar siempre en el corto plazo. Podemos concentrarnos más en el negocio y abrir en países poco atractivos como Rusia.

F. Unos 50 millones de euros de media. Hemos invertido 50 millones más en un centro de distribución en Valls (Tarragona) para suministrar productos a las tiendas del suroeste de Europa.

G. En Madrid, alrededor del 15% y en Cataluña, el 7,5%.

H. Hay grandes diferencias. En Alemania llevamos más de 25 años; en Inglaterra, 15. Son mercados más acostumbrados a Ikea, lo que implica una forma distinta de dirigirte al mercado. En España estamos al principio. Es un mercado nuevo, con muchas posibilidades.

I. Es importante abrir nuevas tiendas, sobre todo para dar un servicio mejor a nuestros clientes. Pretendemos que en los próximos años Ikea sea accesible a todos los españoles en aproximadamente una hora.

J. En España, no. El año pasado facturamos 337 millones de euros y las ventas crecieron un 15%.

Adaptado de Amaya Iríbar, *El País*.

FICHA 9.6. CONSIDERACIONES INTERCULTURALES

1. Lee los siguientes dos ejemplos que muestran el éxito y el fracaso intercultural de dos empresas españolas.

Durante años, Freixenet organizó visitas a sus cavas de grupos de clientes alemanes a quienes se les ofrecía una deliciosa comida mediterránea, pero en el departamento de relaciones públicas empezaron a notar que los alemanes se dejaban el pescado en el plato. Al preguntarles, decían tener alergia a este alimento. Pero, cuando al cabo de varios grupos, la alergia de pescado y marisco parecía una epidemia incontrolada, se decidió preguntarles directamente qué pasaba. La verdad es que para ellos las gambas tienen ojos y parece que viven, el rape tiene la carne muy dura, la langosta no se puede comer por su duro caparazón y las ostras les parecían esputo.

Adaptado de la revista *Emprendedores*.

Las tiendas de Zara tienen la misma decoración y el mismo género en todo el mundo. Y, sin embargo, la idiosincracia de cada país termina filtrándose por los poros de tanta homogeneidad.

La espectacular tienda de la cadena en Riad, la capital de Arabia Saudí, carece de probadores de señoras. No es un error de diseño ni un caso único. Ninguna boutique de ropa de mujer del reino puede tenerlos. Y sin embargo, solo hay hombres dependientes, incluso en las secciones de ropa interior.

En Kuwait, donde la marca gallega dispone de una de sus mayores tiendas en una sola planta, hay peculiaridades. Llama la atención el amplio espacio dedicado a la sección de niños (en ese país, a diferencia de España, la natalidad es muy elevada). En contraste, la sección de caballeros es muy pequeña. Zara no vende trajes en Kuwait porque allí no tienen salida, cuando los hombres no visten de sport, utilizan la túnica tradicional.

Adaptado de *El País Semanal*.

Freixenet

ZARA

2. Estos ejemplos muestran la importancia que tiene conocer las costumbres de quienes son o pueden ser tus clientes en el extranjero. ¿Sabes en qué país siguen las siguientes costumbres? Relaciona la costumbre con el nombre del país.

China **Rusia** **Países escandinavos** **Países árabes**
India/Pakistán **Alemania/Francia/Portugal** **Países budistas**
Antiguas colonias inglesas o francesas en África **Japón**

a) Beber alcohol como muestra de compañerismo es casi norma. Decir no a un vodka (o a 23) puede interpretarse como desprecio.

b) Nunca cruces las piernas con la punta del zapato señalando a una persona.

c) Nunca le toques la cabeza a los niños.

d) Cuando las personas suspiran, están manifestando su interés.

e) Se debe hablar de usted a los interlocutores, aunque sean muy jóvenes.

f) Se dan regalos tras la conclusión del negocio.

g) Se dan regalos en la presentación, nunca se debe tocar al interlocutor, y mucho menos darle un manotazo "a la española", y cuando se recibe una tarjeta de visita, se debe examinar durante 10 segundos antes de guardarla.

h) No huyas de los besos que quiera darte una persona.

i) Creen que todos los blancos beben whisky o coñac a cualquier hora; acéptalo.

Adaptado de Guía del Exportador, *Emprendedores.*

3. Expresión escrita.

a) **Has recibido el siguiente email de un amigo español:**

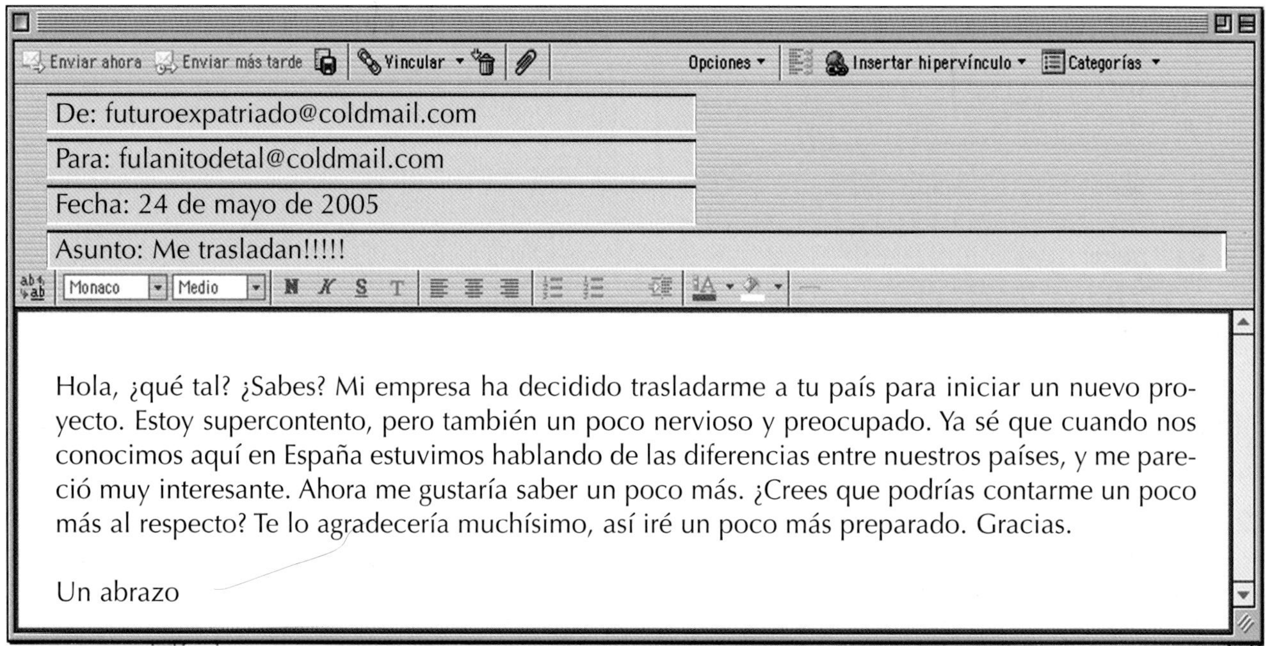

b) **Contesta el email de este amigo. Para ello, puedes buscar información en Internet sobre cosas que se deben y que no se deben hacer en tu país o en un país que conozcas bien. También puedes añadir cualquier otro comentario o sugerencia que consideres necesario.**

c) **Lee tu email de respuesta al resto de la clase y escucha los de tus compañeros. Ve tomando notas para luego diseñar, en grupo, una lista de las diferencias y semejanzas entre el país del que has hablado y el de tus compañeros.**

ACTIVIDADES RECOPILATORIAS

1. **"Se buscan directores de exportación".**

a) **¿Cuáles crees que son los requisitos que debe tener el director del departamento internacional de una empresa?**

b) **¿Cuáles crees que son sus principales responsabilidades?**

c) **Lee el siguiente texto y realiza las actividades a continuación.**

Entrar en nuevos mercados es, en la mayoría de los casos, una aventura para las empresas, principalmente para las pequeñas y medianas pese a que, previamente, se suelen realizar análisis, estudios y se toman multitud de medidas para asegurar que el negocio que se va a realizar en el exterior llegue a buen puerto.

Ahora bien, una estrategia de crecimiento más allá de las fronteras nacionales basada en la continuidad del negocio en otros países necesita, sin excepciones, expertos en la materia que se dediquen en exclusiva a explorar nuevos horizontes.

Una figura que, en Estados Unidos, está muy desarrollada, pero en España, según afirman los expertos, las pequeñas y medianas empresas no la tienen en sus planes de expansión son los directores de exportación, un instrumento que cada vez es más necesario para que las pymes se afiancen en el exterior.

A las pymes se les plantean muchas preguntas: ¿a quién acudo para contratar a alguien que dirija la estrategia internacional de mi empresa? ¿Qué perfil debe tener el contratado? ¿Cuál es su remuneración?

Para Julián Rebollo y Susana Sánchez, *consultor branch manager* de España y consultora, respectivamente, de Mercuri Urval, multinacional sueca especializada en consultoría de dirección, un experto en comercio exterior debe contar con formación universitaria, "algún post-grado en comercio exterior, manejo de idiomas con fluidez, acostumbrado a trabajar con herramientas informáticas y con experiencia en mercados internacionales".

Juan José Martínez, de Marcfi, cree, además, que el encargado de dirigir la política internacional de una pyme debe ser un "técnico comercial", es decir, que además de ser un experto en comercio, tenga los suficientes conocimientos técnicos e industriales del producto que se va a vender en el exterior para poder tomar decisiones al momento sobre cualquier cuestión técnica que pueda surgir durante la operación comercial.

No obstante, un director de exportación o *export manager* tiene que cumplir, asimismo, una serie de características personales que aseguren el éxito de su trabajo: capacidad de análisis, conocimiento sobre asuntos de distribución y tener absoluta libertad y dominio de su situación familiar, ya que su puesto implica, por sí solo, pasar gran parte del año viajando.

En cuanto a su remuneración, según los expertos de Mercuri Urval, "puede oscilar entre 43 000 y 72 000 euros anuales", si bien, depende mucho "del tamaño de la compañía, sector, si tiene o no gente a su cargo", entre otras cuestiones.

En cuanto a su posición dentro del organigrama interno, las fuentes consultadas apuntan a que suelen constituir un departamento directamente dependiente de la dirección general, o bien, de una dirección de ventas que asuma responsabilidades tanto de venta como de marketing en el mercado nacional e internacional.

Adaptado de Francisco Retamosa, *ABC Economía.*

1. ¿Por qué es importante que las empresas exportadoras cuenten con expertos en el área?
2. ¿Qué formación y características profesionales deben tener estos expertos?
3. ¿Qué características personales necesitan?
4. ¿De qué factores depende su remuneración?
5. ¿Dónde se suele ubicar el departamento de exportación dentro del organigrama de las empresas?

2. Estudio de un caso. "He decidido no expatriarme. ¿Qué hago?"

La expatriación de los trabajadores se está consolidando como una nueva forma de exportación. Los consultores de recursos humanos afirman que el 46% de las empresas españolas tiene planes para enviar a nuevos empleados al extranjero. El 15% de las empresas tiene previsto reducir su cifra de repatriados, y el 29% la mantendrá.

A un ejecutivo español, de 48 años, casado y con tres hijos, su empresa le ofrece la posibilidad de trasladarse a Estados Unidos. Inicialmente, decide no ir, pero está lleno de dudas y no sabe qué hacer.

a) ¿Qué crees que haría un ejecutivo de otro país, por ejemplo el tuyo?

b) ¿Qué harías tú si estuvieras en su situación?

c) Lee el caso y realiza las actividades a continuación.

¿Por qué siempre te ofrecen un trabajo cuando más a gusto estás en tu empresa? En cambio, cuando decides cambiar, no hay modo de encontrar un puesto adecuado.

Siempre llueve cuando no hay escuela, se decía antes. He desarrollado casi toda mi vida profesional en una empresa estadounidense. Empecé hace 15 años prácticamente desde la base y fui subiendo escalón tras escalón. Pasé tres años en Holanda, dos en Pennsylvania y en estos momentos soy presidente para la Península Ibérica y vicepresidente para Europa. Pero aquí he tocado techo.

Ya hace un año y pico me dijeron que mi futuro estaba en Estados Unidos. Hasta ahora he conseguido posponer el traslado, pero mis días están contados. Se han acabado las excusas: mi sustituto está ya superpreparado y en este tiempo hemos digerido de sobra la última empresa adquirida.

Lo que pasa es que no quiero irme. Mejor dicho: si fuera únicamente por el trabajo, me gustaría irme. Pero tengo tres hijos de entre diez y quince años y una esposa extraordinaria a la que no le hace ninguna gracia cambiar de continente. Y yo no quiero ser un expatriado a costa de ellos. Ya he visto demasiadas familias rotas por culpa de los traslados. Además, tengo 48 años y la mili ya la hice en su día: cuando eres joven, vivir en otro país es incluso divertido y si los niños son pequeños ni se enteran de dónde están. Pero a estas alturas...

En tercer lugar –aunque es lo que menos me preocupa–, en Pennsylvania, la lucha por el poder en el seno de la empresa es tremenda: si me quedo en el camino, estaré a miles de kilómetros de España y desconectado de la realidad empresarial de aquí.

Voy a decirles que no voy. Sé que es muy fuerte, y desde luego mis jefes americanos no lo van a entender en absoluto: allí la movilidad geográfica se da por supuesta; y lo de la familia... ¿para qué le voy a contar?

Una vez decidido que no me expatrío, y que eso supondrá dejar la compañía, ¿qué hago? En este momento, con tanta ebullición de fusiones, si algo sobra son directores generales y en las multinacionales hay mucha gente joven empujando desde abajo para ascender. Para colmo, mi propio cargo y mi retribución son factores en contra. Gano 200000 euros fijos anuales –sin contar la parte variable por consecución de objetivos– y tengo coche con chófer.

¿Quién va a venir a ofrecerme algo en el poco tiempo que me queda antes de descolgarme de mi empresa? Incluso si empezase a hablar con alguna compañía de menor dimensión, les extrañaría un montón que yo aceptara negociar un puesto por el que me pagarían menos que ahora. Un amigo me ha dicho que me establezca como consultor y que me ofrezca como profesor en una escuela de negocios. Francamente, a los 48 años yo no me veo de consultor. Además, con lo que disfruto de verdad es enfrentándome a problemas de producción, logística o marketing y tratando a colaboradores de carne y hueso. Estoy hecho un lío.

Adaptado de Carles M. Canals, "¿Usted que haría?", *Actualidad Económica.*

1. Preparación individual del caso.

a) Vocabulario coloquial. Explica estas expresiones con tus propias palabras:

1) *Empecé hace 15 años prácticamente desde la base y fui subiendo escalón tras escalón.*
2) *Pero aquí he tocado techo.*
3) *Mis días están contados.*
4) *Tengo una esposa extraordinaria a la que no le hace ninguna gracia cambiar de continente.*
5) *Consultores de carne y hueso.*
6) ¿Qué significa el refrán *Siempre llueve cuando no hay escuela?* ¿Hay algún refrán similar en tu idioma?

b) Vocabulario específico: Contesta a las siguientes preguntas:

1) ¿Cuál es la diferencia entre una fusión y una empresa adquirida?
2) ¿Este directivo disfruta de una retribución fija, variable o mixta?
3) ¿Qué significa negociar un puesto?

c) Resolución individual del caso.

1) ¿Cuáles son los tres factores que han llevado a este directivo a la decisión de no irse a los Estados Unidos?
2) ¿Qué posibilidades de trabajo tiene si abandona su empresa?
3) ¿Qué harías si estuvieras en esta situación?

2. Discusión en clase. Presenta tu decisión al resto de la clase. Escucha las decisiones y los argumentos de tus compañeros. Luego votaremos por la mejor opción.

3. **Actividad en parejas.**

a) **Vamos a tener una reunión entre el directivo y su jefe para que el primero le comunique su decisión. Estos son algunos de los puntos que se podrían tratar en la reunión como motivos para no aceptar el traslado o como puntos a negociar en caso de que se acepte el traslado. Relacionad cada motivo o punto a negociar por parte del directivo, con la respuesta de su jefe.**

MOTIVOS/PUNTOS A NEGOCIAR:

- La comodidad que supone trabajar cerca del lugar de origen.
- Arraigo a un tipo de cultura, clima y modo de vida: relaciones sociales, familia...
- La barrera idiomática y costumbrista entre países y regiones.
- El miedo a enfrentarse a una nueva situación socio-laboral y escasa decisión ante lo desconocido.
- La diferencia en el coste de vida, precio de la vivienda y servicios en general.

RESPUESTAS:

- Incentivar la salida y plantearla, en principio, temporalmente.
- Subvención económica por parte de la empresa que compense el nuevo coste de vida.
- Formación anticipada –en idiomas y cultura–, y subvención de viajes previos al futuro lugar de traslado.
- Premiar la salida con, por ejemplo, una promoción profesional.
- Selección de los candidatos oportunos: con mente abierta, afán de enfrentar nuevos retos...

b) **Con tu compañero, ¿puedes pensar en otro posible motivo o punto a negociar y su posible solución o respuesta?**

c) **Juego de roles.**

ESTUDIANTE A:

OPCIÓN A

Eres el directivo estudiado en el caso. Vas a comunicarle a tu jefe que has decidido no aceptar la oferta de traslado a Estados Unidos.

OPCIÓN B

Eres el directivo estudiado en el caso. Vas a comunicarle a tu jefe que has decidido aceptar la oferta de traslado a Estados Unidos y vas a negociar las mejores condiciones para dicho traslado.

ESTUDIANTE B:

OPCIÓN A

Eres el jefe del directivo visto en el caso, y este te comunica que no va a trasladarse a Estados Unidos. Intenta convencerle para que cambie de idea.

OPCIÓN B

Eres el jefe del directivo visto en el caso, y este te comunica que va a trasladarse a Estados Unidos. Negocia las condiciones.

LA CONTABILIDAD

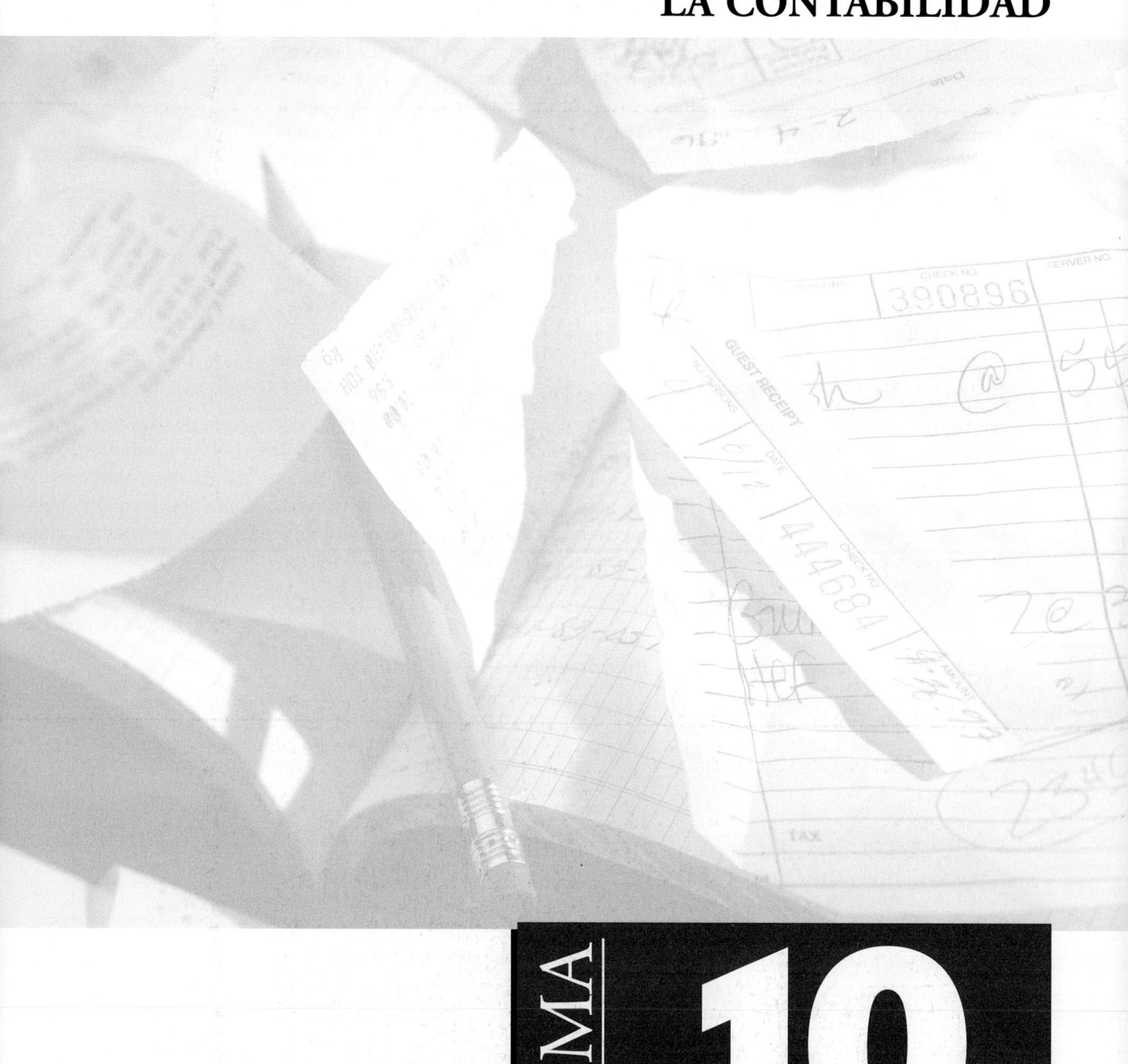

TEMA 10

FICHA 10.1. LA DOCUMENTACIÓN CONTABLE

1. **¿Qué es la contabilidad?**

2. **¿Qué documentos necesita una empresa para poder llevar su contabilidad?**

3. **¿Para qué sirve la contabilidad de una empresa? ¿Quién la utiliza?**

4. **Lee el siguiente texto y realiza las actividades a continuación.**

La documentación contable es el conjunto de datos registrados siguiendo una técnica contable, cuyo objetivo principal es brindar información sobre el patrimonio de una entidad. Esta información comprende datos relacionados con derechos sobre bienes o servicios que tienen valor económico (activos) y obligaciones de entregar bienes o servicios que también mantienen en sí mismos valor económico (pasivos), así como los resultados de los consumos y la generación de dichos activos y pasivos como consecuencia de las operaciones de la entidad durante un periodo de tiempo.

Dependiendo del grado de detalle y de los criterios establecidos en las normas contables utilizadas, esta información puede tener múltiples usos. Los directivos de una empresa la pueden utilizar para determinar la mejor gestión de la misma. Los clientes la pueden usar para verificar las ventajas y desventajas de operar económicamente con una entidad: por ejemplo, un proveedor cuyas cuentas mantienen una excelente trayectoria económica ofrece más fiabilidad a la hora de servir un pedido que otro con constantes problemas de liquidez. Por su parte, los bancos pueden hacer uso de esta información para estimar la conveniencia de ofrecer créditos a las empresas.

Cada país desarrolla y adopta su propio sistema de normativa contable que regula la manera de expresar y cuantificar los datos económicos de las empresas. Las principales diferencias afectan a la forma de presentación y el contenido de los estados contables, así como la determinación del valor de las distintas partidas del patrimonio de una entidad. Por tanto, cada país define qué cuentas se incluyen en estos documentos contables, en qué formato se presentan y cómo se cuantifican. Otro aspecto importante es la vigilancia sobre la calidad de las cuentas: auditorías, medidas punitivas establecidas, etc. En general, se confiará más en la documentación originada en países con una normativa estricta que en otros sin rigor en los contratos.

Adaptado de Eva Porras y Diego Marchese, *ABC Nuevo Trabajo*.

a) **Completa el siguiente cuadro con información del texto anterior:**

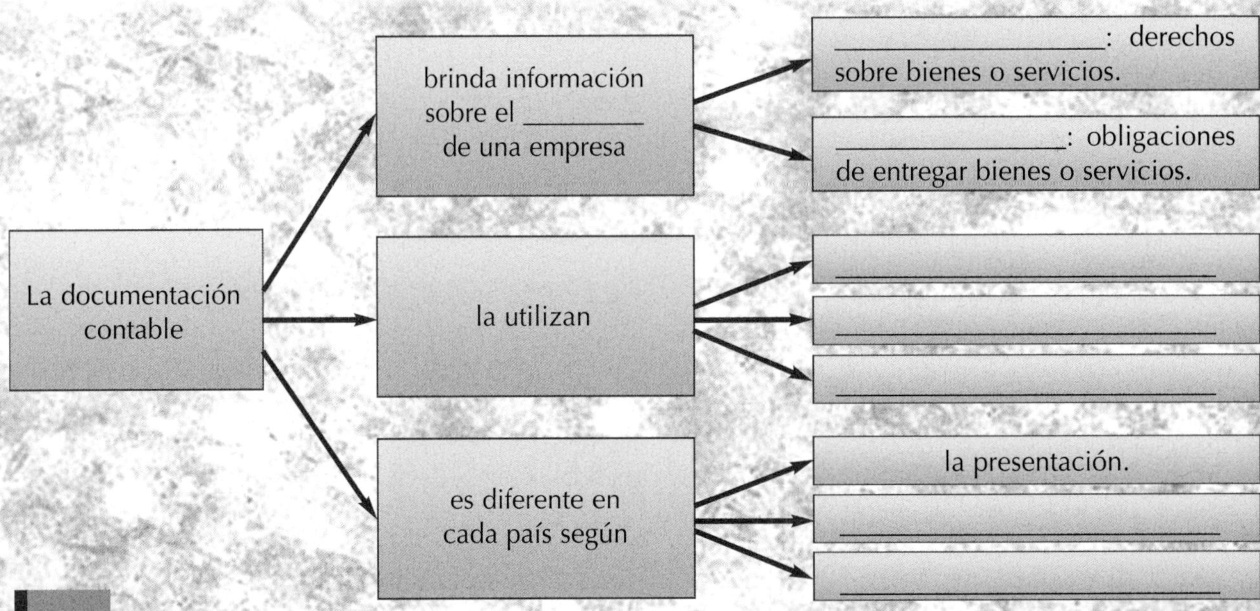

FICHA 10.2. DOCUMENTOS CONTABLES

1. Lee el siguiente texto y realiza las actividades a medida que vayan apareciendo.

Todas las empresas, tras el cierre del ejercicio económico, están obligadas a proveer tres tipos de documentos: la Cuenta de Pérdidas y Ganancias, el Balance de Situación y la Memoria.

A) El Balance de Situación: Es un documento financiero que refleja el detalle del valor contable de los activos y pasivos de una entidad a una fecha determinada. El Activo agrupa los recursos que la entidad utiliza para producir ingresos. Estas partidas reflejan, entre otras cosas, la línea de actividad comercial, decisiones respecto al volumen de efectivo y existencias, la política crediticia y adquisición de activo fijo. Las cuentas del activo se presentan en dos bloques según el grado de liquidez de estas partidas.

a) El activo fijo o inmovilizado lo componen elementos acíclicos destinados a servir de forma duradera en la actividad empresarial. Relaciona:

1. Inmovilizado inmaterial.	a) Maquinaria, ordenadores, mobiliario, vehículos, edificios.
2. Inmovilizado material.	b) Patentes, aplicaciones informáticas, etc.
3. Inmovilizado financiero.	c) Acciones de otras empresas, créditos concedidos a largo plazo, depósitos a largo plazo.

b) El activo circulante lo componen los elementos cíclicos para la explotación de la empresa y que se pueden transformar en liquidez en un plazo inferior a un año. Relaciona:

1. Existencias.	a) Clientes, deudores.
2. Cuentas a cobrar.	b) Dinero en efectivo en caja, cuentas corrientes en entidades financieras, cuentas de ahorro a la vista.
3. Inversiones financieras temporales.	c) Mercaderías, materias primas, productos terminados.
4. Tesorería.	d) Acciones de otras empresas, créditos concedidos a corto plazo, depósitos a corto plazo.

- El pasivo fijo está formado por acreedores o deudas a largo plazo.
- El pasivo circulante está formado por acreedores o deudas a corto plazo.
- El neto lo constituyen el conjunto de recursos propios de la empresa, aportaciones de socios o accionistas y autofinanciación.

c) Una empresa industrial dedicada a la fabricación y distribución de muebles de cocina presenta la siguiente información de su patrimonio a 31 de diciembre.

Elemento patrimonial	Importe (euros)
Terrenos	200000
Construcciones	150000
Maquinaria	180000
Mobiliario	65000
Elementos de transporte	35000
Materias primas	90000
Productos terminados	170000
Deudas con bancos a largo plazo	200000

Elemento patrimonial	Importe (euros)
Bancos c/c	35000
Caja	5000
Capital	450000
Reservas	150000
Resultado (beneficios)	55000
Proveedores	180000
Clientes	125000
Hacienda Pública acreedora	20000

Ordena en esta tabla los distintos elementos:

ACTIVO FIJO	1. ... 2. ... 3. ... 4. ... 5. ...
NETO	1. ... 2. ... 3. ...

ACTIVO CIRCULANTE	1. ... 2. ... 3. ... 4. ... 5. ...
PASIVO FIJO	1. ...
PASIVO CIRCULANTE	1. ... 2. ...

d) **Con las siguientes cuentas y elementos patrimoniales, elabora el balance de la empresa Alumansasa:**

Bancos	3000
Clientes	20000
Capital	50000
Préstamos a largo plazo	100000
Proveedores	15000
Edificios	40000
Instalaciones	20000
Caja	1000
Existencias	10000
Reservas	20000
Créditos a corto plazo	9000
Maquinaria	90000
Terrenos	10000

B) La Cuenta de Pérdidas y Ganancias: Refleja la actividad económica de una entidad a lo largo de un periodo de tiempo determinado. A efectos internos, este documento se prepara generalmente con una periodicidad mensual o trimestral. Sin embargo, a efectos de cumplir con la obligatoriedad legal, solo se incluyen los resultados que se revelan entre el cierre del ejercicio anterior y el actual. Algunos de los gastos habituales serán el coste de las mercancías vendidas (materias primas, salarios, costes de fabricación, etc.) gastos generales, amortización, intereses e impuestos. El Beneficio Neto es la diferencia entre los diferentes ingresos y gastos después del efecto impositivo.

e) **A partir de las siguientes cuentas obtenidas del libro mayor de una empresa, calcula su cuenta de pérdidas y ganancias.**

Sueldos y salarios	40350
Suministros y electricidad	9750
Materiales	50500
Componentes	30850
Intereses de préstamos pagados	6900
Ingresos financieros	5500
Ventas del producto A	95500
Ventas del producto B	78450
Ventas del producto C	40350
Gastos generales	20550
Ingresos extraordinarios por venta de terrenos	2500

C) La Memoria: Ofrece detalles de las cuentas que, por problemas de espacio, no se presentan en el Balance de Situación o en la Cuenta de Pérdidas y Ganancias. Esta información incluye los movimientos entre saldos iniciales y finales de las cuentas de activo y pasivo, así como anotaciones no cuantitativas que ayudan a la comprensión e interpretación de los datos contenidos en las cuentas anuales y los criterios que se han seguido en su elaboración.

En definitiva, la información sobre la situación de entidades presentada en los documentos contables es de suma importancia en un contexto amplio de situaciones. Por tanto, es de suma relevancia que esta refleje la realidad y sea expuesta con la mayor claridad y detalle posible.

Adaptado de Eva Porras y Diego Marchese, *ABC Nuevo Trabajo.*

FICHA 10.3. TENDENCIAS CONTABLES

La tendencia actual lleva a unificar criterios. Para conseguirlo, se están combinando las dos grandes líneas existentes en la actualidad: la línea americana (US GAAP) y la normativa internacional (IAS). En este contexto, las IAS comienzan a considerar aquellos aspectos no contemplados todavía, pero más significativos y específicos de la normativa americana. Una vez desarrollado este proceso, se espera la aceptación de la IAS como base de valoración y presentación de la información contable de las entidades para la mayoría de los países.

Este cuadro explica las principales diferencias contables entre la contabilidad española y la de los Estados Unidos.

CONTABILIDAD ESPAÑOLA	CONTABILIDAD DE EE.UU.
Las *stock options* que reparte entre los directivos son contabilizadas como gasto en la cuenta de ganancias y pérdidas.	La mayoría de las *stock options* que se pagan a los directivos no se contabilizan como gastos.
Las acciones propias se mantienen como activo.	Las acciones propias se reducen del patrimonio de la compañía.
Se permite pagar las prejubilaciones con cargo a reservas.	Estos pagos son gastos que deben restarse de los beneficios del ejercicio.
Se le da mucha más importancia al fondo de la ley que a la forma.	Se le da muchísima más importancia a la forma que al fondo.
Las auditoras pueden dar salvedades por incertidumbres en el informe de auditoría.	El informe no puede tener salvedades para poder cotizar en Bolsa.
No se exige que las empresas americanas que quieran cotizar en las Bolsas europeas adecúen su contabilidad a las normas europeas.	Las empresas europeas que quieran cotizar en Estados Unidos deben modificar sus cuentas para armonizar sus resultados con sus propias normas.
Principios contables concisos. Una norma puede estar desarrollada, por ejemplo, en cuatro páginas.	Principios contables muy detallados. Una norma puede estar desarrollada, por ejemplo, en 700 páginas.

Adaptado de Daniel Pascual, "La armonización contable, más que una necesidad", *ABC Economía.*

1. **Las empresas españolas que cotizan en España y también en Estados Unidos tienen que modificar sus cuentas para poder cotizar en Nueva York. Estos son algunos resultados, siguiendo las normas contables españolas y las estadounidenses. Compáralos.**

RESULTADOS DE LAS GRANDES EMPRESAS

Empresa	Según contabilidad española	Según contabilidad EE.UU.
Telefónica	2106,8	-7182,3
SCH	2486,3	2176,7
BBVA	2363,3	680,1
endesa	1479,0	1034,0
REPSOL	1251,0	980

Fuente: las compañías

Cifras en millones de euros

FICHA 10.4. ANÁLISIS DE COSTES

Las empresas necesitan analizar los costes que deben soportar en el desarrollo de su actividad. Dicho análisis ayuda a conocer el consumo de recursos que servirá para establecer los precios de venta.

Las empresas que llevan una contabilidad pueden enterarse de sus costes en los diferentes periodos según los conceptos que establece el plan general contable. Sin embargo se puede obtener una información más dirigida a las necesidades de la dirección utilizando otras clasificaciones. En este sentido, resulta especialmente útil la distinción entre costes directos e indirectos, y entre costes fijos y variables.

1. **Después de leer las definiciones, clasifica estos costes en directos o indirectos:**

a) Costes directos: Son aquellos que se derivan de la fabricación del producto.

b) Costes indirectos: No se pueden asociar directamente a un producto.

Las materias primas__________________

Los sueldos de los directivos__________________

El alquiler del local __________________

La mano de obra __________________

La luz __________________

Los materiales de oficina __________________

2. **Después de leer las definiciones, clasifica estos costes en fijos o variables.**

a) Costes fijos: Se soportan con independencia del volumen de producción, es decir, aquellos en los que incurriría la empresa aunque no fabricara nada.

b) Costes variables: Dependen directamente del nivel de producción.

Los seguros ______________________ **Las materias primas** ______________________

Los alquileres ______________________ **Los sueldos de los trabajadores** ______________

El umbral de rentabilidad, o punto muerto, es el nivel de producción en el que se igualan los ingresos a los costes totales. A partir del umbral de rentabilidad, la empresa comenzará a tener beneficios.

Adaptado de A. Aragón Sánchez, op. cit.

3. La multinacional sueca IKEA es un claro ejemplo de una empresa dedicada a reducir sus costes para obtener más beneficios.

a) **¿Alguna vez has comprado muebles IKEA? Si es así, ¿cuál dirías que es su característica principal?**

b) **Lee el siguiente artículo y realiza las actividades a continuación.**

La austera gestión de IKEA

Pocas compañías tienen en mente un control de los costes y gastos tan riguroso como Ikea. Diseñadores, proveedores y directivos aceptan complejas reglas de funcionamiento.

¿Se imagina una empresa concebida para poner en marcha una auténtica máquina de reducción de costes que afecte a todo el proceso productivo? ¿Una empresa capaz de rebajar cada año el precio de los productos un 2% de media –con descuentos de hasta el 30% en algunos casos–? ¿Una compañía que dijera a sus diseñadores que el producto que aún no han plasmado en papel se venderá a un determinado precio, el material con que se realizará y que no puede superar unas dimensiones determinadas para que se transporte como paquete plano y entre en un palet? Existe. Es una franquicia sueca que se llama Ikea y factura 9485 millones de euros en todo el mundo, de ellos el 2,6% en España.

Ikea funciona como una franquicia, pero con un sistema particular. La propietaria de las acciones es una fundación radicada en Holanda. Y la propietaria de la marca y de sus derechos de explotación es una empresa que se llama Inter Ikea, que es la responsable de la concesión de las franquicias y a la que todas ellas le pagan cada año un canon del 3% de sus ventas, además de estar obligada a comprar los productos base del catálogo.

Cuenta con su propio grupo industrial –Swedwood, que opera en diez países con 33 fábricas. Sus 160 franquicias se agrupan en dos subgrupos; al más numeroso, el del grupo Ikea, pertenecen 143 establecimientos y paralelamente hay franquicias independientes –veinte establecimientos en 11 países– que se solicitan directamente a Inter Ikea.

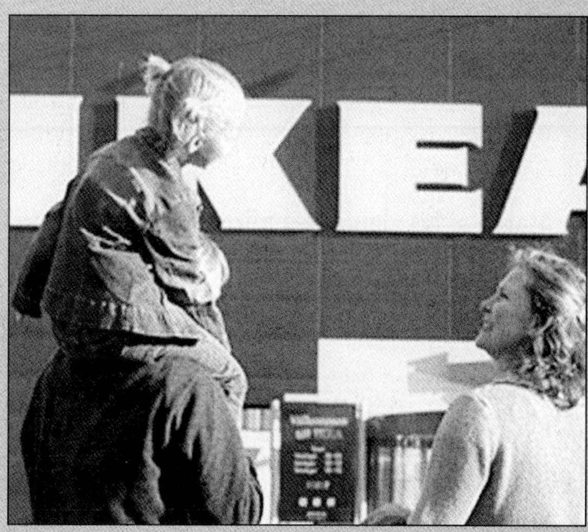

Pero, por dentro, un Ikea siempre es igual a otro y funcionan de la misma manera. Algunos le llaman el McDonald´s de los muebles. Pero, ¿qué tiene Ikea que puede convencer a grandes masas de gente para que realice un trayecto de hasta veinte kilómetros, recorra en la tienda decenas de cientos de metros, se lleve él mismo el artículo y lo monte en casa después de esperar unas largas colas para pagar, sobre todo en fin de semana? Precio, diseño y una compleja maquinaria de compras es la respuesta.

¿Cómo funciona? Sus 40 oficinas de compra internacionales, una de ellas en España, son independientes, autónomas y compiten entre ellas para conseguir aquel proveedor que más barato pueda fabricar el producto al que se ha dado el visto bueno de su fabricación. En teoría eso es lo que toda industria persigue. Pero Ikea lo que realmente intenta localizar son proveedores con excedentes de capacidad, con potencial para fabricar –con su maquinaria y la materia prima que utiliza–, uno de los productos que se van a vender en el nuevo catálogo. Una operación que le da una considerable ventaja a la hora de negociar el precio. Por ejemplo, las papeleras metálicas que Ikea vende las produce un industrial de latas de pinturas que tiene excedentes. O su mesa Moment, que produce un fabricante de carritos de hipermercados. Ikea opera con 2000 proveedores que fabrican para los 10 000 productos que vende en su catálogo. El 75% de sus proveedores están en Europa, el 22% en Asia y el 3% en Norteamérica.

Pero para ser el más barato hay otras variables que no puede olvidar, como es el transporte, el empaquetado, los materiales y el gasto interno de su personal. Todo es milimétricamente calculado.

En Ikea todo se reutiliza. Las cajas, cintas y partes metálicas de los embalajes se separan cuidadosamente y se usan hasta cinco veces más. Incluso en la propia oficina existe una auténtica planta individualizada de reciclaje, papel, plástico, cartón, metal, pilas, bombillas...

Pero a todos les toca reducir los costes. Hay unas normas estrictas en lo que a comportamiento interno se refiere y hasta en ocasiones se crean grupos de trabajo para reducir este capítulo en toda la organización mundial de Ikea. Se revisan los viajes y se reduce el número de personas que debe desplazarse para acudir a la reunión. A veces va un representante y este a su regreso transmite la información al resto. Todo su personal, incluida su cúpula directiva, viaja en turista, independientemente del destino que sea.

Existe incluso una relación de hoteles Ikea recomendados, tres estrellas. Pero hay otras normas que todos deben cumplir, como la de organizar cualquiera de los viajes con un mes de antelación, para lograr el mejor precio del vuelo. Y en muy raras ocasiones se realiza un puente aéreo Madrid-Barcelona, ya que el vuelo cerrado siempre es más económico.

Adaptado del artículo de Concha Rubio, publicado en *Actualidad Económica.*

c) **Marca si las siguientes afirmaciones son verdaderas o falsas. Si son falsas, corrígelas.**

	V	F
a) Ikea determina el precio, el material y el transporte de sus productos antes de diseñarlos.		
b) Ikea factura el 2,6% de sus ventas en España.		
c) Ikea no tiene tiendas propias, solamente franquicias independientes.		
d) Las oficinas de compra de Ikea compiten para conseguir el proveedor más barato.		
e) A Ikea no le interesa negociar con proveedores que tengan excedentes de capacidad.		
f) En Ikea no se recicla.		
g) Los costes de viajes de Ikea son muy elevados porque no tienen normas para reducirlos.		

4. Simulación. Una reunión. Tu empresa tiene una reunión para discutir cómo se pueden ahorrar gastos.

a) **Antes de la reunión, el director ha pasado el siguiente correo electrónico:**

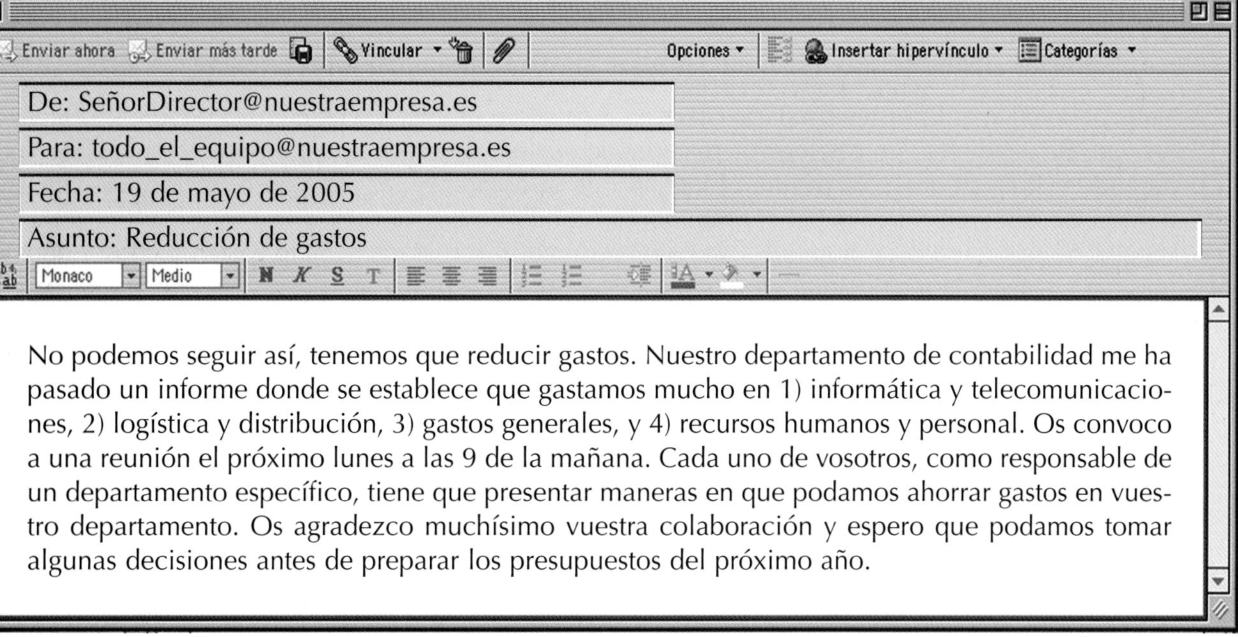

De: SeñorDirector@nuestraempresa.es

Para: todo_el_equipo@nuestraempresa.es

Fecha: 19 de mayo de 2005

Asunto: Reducción de gastos

No podemos seguir así, tenemos que reducir gastos. Nuestro departamento de contabilidad me ha pasado un informe donde se establece que gastamos mucho en 1) informática y telecomunicaciones, 2) logística y distribución, 3) gastos generales, y 4) recursos humanos y personal. Os convoco a una reunión el próximo lunes a las 9 de la mañana. Cada uno de vosotros, como responsable de un departamento específico, tiene que presentar maneras en que podamos ahorrar gastos en vuestro departamento. Os agradezco muchísimo vuestra colaboración y espero que podamos tomar algunas decisiones antes de preparar los presupuestos del próximo año.

b) **Vais a trabajar en grupos de cinco estudiantes. Uno de vosotros será el director general. Los otros cuatro os repartiréis las siguientes tarjetas e intentaréis representar vuestro papel lo mejor posible.**

ESTUDIANTE A

Eres el director de informática y telecomunicaciones. Estas son las ideas que vas a presentar en la reunión:

- Formar a los empleados en el uso óptimo de los equipos informáticos.
- Conseguir un mejor contrato de mantenimiento para las fotocopiadoras, ordenadores, fax...
- Adquirir software con el mayor número de aplicaciones.
- Buscar un proveedor más barato de telefonía fija y móvil.
- Comunicar a los empleados con teléfono móvil de la empresa que se ha instalado un analizador de consumo que determina las llamadas realizadas, el número marcado, la franja horaria y la identificación del usuario.
- Impedir las llamadas a móviles desde teléfonos fijos.

ESTUDIANTE B

Eres el director de logística y distribución. Estas son las ideas que vas a presentar en la reunión:

- Racionalizar el espacio de almacén y producir la cantidad exacta de mercancías para reducir el *stock* al mínimo.
- Reducir el tiempo de carga y descarga de la mercancía utilizando el equipo adecuado.
- Contar con el número exacto de conductores: prever sus vacaciones, fiestas laborales y el absentismo.
- Estudiar las rutas y aprovechar, cuando se pueda, que los vehículos no vuelvan vacíos.
- Hacer revisiones periódicas de los vehículos, ya que la mayoría de las averías se originan por falta de mantenimiento.

ESTUDIANTE C

Eres el director administrativo. Estas son las ideas que vas a presentar en la reunión:

- Material de oficina: Es necesario dar a conocer al personal un método de compra de folios, bolígrafos, etc. Hay que crear un catálogo de material de oficina. Para reducir el consumo de papel de fax hay que incluir en una sola página el logotipo de la empresa y el mensaje o, mejor aún, enviar e-mails. Se debe reciclar el papel consumido, utilizando las dos caras.
- Energía: Se pueden utilizar bombillas de bajo consumo, son más caras, pero gastan menos y duran más. En cuanto a la temperatura, la ideal es entre 20° y 22°. Cada grado más supone aumentar el gasto un 5%.
- Agua: No hay que reducir su consumo sino vigilar que los grifos no pierdan agua: diez gotas por minuto equivalen a perder 170 litros al mes.
- Mensajería: Hay que decidir lo que es urgente y lo que no. Hay que fijar horarios de recogida y de envío, para aglutinar los paquetes. Además, muchos documentos pueden enviarse por e-mail o fax. Hay que evitar las duplicaciones.

ESTUDIANTE D

Eres el director de Recursos Humanos. Estas son las ideas que vas a presentar en la reunión:

- Gastos de viaje: 1) Utilizar la contratación de los viajes en una sola agencia, con la que se establezcan condiciones de compra concreta y específicas. 2) Establecer pautas de actuación entre los empleados para que sean las mismas y no haya abusos, por ejemplo, comprobar que el kilometraje que se apunta en una nota de gastos sea exacto. 3) Exigir a los empleados que entreguen la factura de sus gastos, principalmente de restaurantes, hoteles y combustible. 4) Entregarles una tarjeta de empresa para cargar únicamente y exclusivamente todos los pagos de un viaje.
- Recursos humanos: No quieres reducir la plantilla, así que esto es lo que sugieres: 1) Proponer una reducción de jornada voluntaria a cambio de reducir proporcionalmente el sueldo. 2) Rebajar el salario fijo a cambio de incrementar el variable. 3) Aprovechar el teletrabajo.

Adaptado de Amparo Menchero y Vicki Vale, "Técnicas para cerrar el grifo", Revista *Emprendedores.*

ACTIVIDADES RECOPILATORIAS

1. La deslocalización. Hoy en día muchas empresas se ven obligadas a trasladar sus fábricas a otros países para reducir los costes.

a) **¿Conoces alguna empresa de tu país que haya hecho esto?**

b) **¿Qué consecuencias tiene esto para el país donde se instala la empresa? ¿Y para el país de donde se traslada?**

2. El siguiente artículo describe el fenómeno de la deslocalización en España. Léelo y realiza las actividades a continuación.

Una emigración rentable

Las empresas españolas aumentan el traslado de su producción para abaratar costes y elevar su competitividad.

La deslocalización industrial, un fenómeno característico de las economías industrializadas y con una fuerte implantación en el exterior, empieza a ser también una práctica común entre las empresas españolas que buscan, a través de operaciones de traslados parciales de la producción, abaratar costes y fortalecer su posición competitiva ante la creciente globalización de los mercados.

En un contexto de crisis económica internacional, agravado por la caída de la demanda en las principales economías europeas, la estrategia de la deslocalización se ha consolidado ya como práctica habitual entre las industrias intensivas en mano de obra y, dentro de ellas, en tres sectores esenciales: automóvil, calzado y confección textil que, en conjunto, aportan en torno al 8,5% del PIB, el 13% del empleo y el 30% del total de las exportaciones españolas.

El objetivo que se persigue es, fundamentalmente, rentabilizar las inversiones a través de costes más baratos en mano de obra, el suelo y los servicios, además de la obtención de atractivos beneficios fiscales, derivados de los incentivos que los países emergentes están introduciendo en sus legislaciones para atraer inversiones extranjeras.

En base a estas consideraciones, los destinos más interesantes para instalar los nuevos centros de producción son los países de Europa del Este candidatos a la ampliación de la Unión Europea y el norte de África y, más concretamente, Marruecos, país en el que están instaladas ya cerca de 900 empresas españolas. Unos destinos que a los atractivos mencionados añaden la ventaja de la proximidad geográfica que permite reducir el tiempo y los costes del transporte del producto elaborado.

Sectores pioneros

De los sectores mencionados, textil y confección han sido los pioneros en el proceso de deslocalización que afecta a unas 400 empresas, entre ellas a todas las más renombradas en esta actividad industrial, como Zara o Mango. Marruecos es el destino prioritario escogido por los empresarios del textil, y el trabajo que se ejecuta fuera de nuestras fronteras supone en la actualidad el 30% de la producción total del sector de confección.

Se trata de "concentrar los traslados de producción en aquellos productos en los que la clave de la venta es el precio, mientras que se mantienen en España los productos más sofisticados", afirma el presidente del Consejo Intertextil, Joan Canals, quien se muestra firmemente convencido de que "la internacionalización es la gran apuesta del futuro del sector porque los puestos de trabajo que estamos creando fuera nos permiten asegurar los empleos que tenemos dentro". Recuerda, a este respecto, como en el pasado "cerraron algunas empresas emblemáticas, la producción española del textil ha caído un 6,3% y se han perdido 120 empresas y 10 000 empleos, de los que una parte podrían haberse evitado con procesos de adaptación a las nuevas necesidades de flexibilidad, tecnología y competitividad que exige la demanda".

Un planteamiento, este último, que comparten también los sindicatos representativos del sector y que corrobora Rafael Calvo, presidente de la Federación de Industrias del Calzado Español (FICE), para quien la implantación en el exterior "es la única fórmula que garantiza la supervivencia y el mantenimiento de los puestos de trabajo, frente a la competencia de los productos de inferior calidad, pero mucho más baratos, de los países subdesarrollados".

Marruecos, Rumanía y Turquía son los destinos más atractivos para los industriales del calzado, aunque Rafael Calvo matiza que "internacionalización no es solo fabricar el producto o parte del mismo en el exterior, sino también establecerse de forma permanente en un país extranjero para conseguir el mejor aprovisionamiento de materias primas, la mejor financiación y los mejores sistemas de distribución".

Mayor incidencia tienen las deslocalizaciones en el sector del automóvil, donde la decisión de la multinacional Volkswagen de trasladar el 10% de la producción del Seat Ibiza de la factoría barcelonesa de

Martorell a Bratislava (Eslovaquia) y el anuncio hecho por el grupo PSA de instalar una nueva planta en la ciudad, también eslovaca, de Trnva, abren una vía que, de generalizarse, supondrá un grave quebranto para la economía española a la que la industria de automoción aporta, por sí sola (incluidos los componentes) el 6,3% del PIB, el 11% del empleo y el 21% de los ingresos por ventas en el exterior.

"Unos salarios entre cinco y ocho veces inferiores a los españoles, una mano de obra con formación técnica muy elevada y unos incentivos fiscales mayores que los nuestros a las empresas que se instalen en sus territorios" son, en opinión de Vicente Rodríguez Nuño, técnico de la Dirección General de Fondos Comunitarios del Ministerio de Hacienda, los motivos que impulsan estas desinversiones o desvíos de proyectos hacia Europa del Este.

El hecho de que la fabricación española de automóviles esté en manos de multinacionales extranjeras hace aún más vulnerable a este sector ante posibles deterioros de la competitividad o incentivos estatales que, como en el caso de las Zonas Económicas Especiales (ZEC) de Polonia, las ayudas públicas pueden alcanzar hasta el 50% de la inversión, acompañadas de la exención fiscal en el impuesto sobre la renta para los beneficios obtenidos durante 10 años.

Una amenaza que reconocen los propios responsables del sector que, además del riesgo de desinversiones hacia los países de la ampliación, advierten del peligro del traslado, hacia estos nuevos socios en la UE, de la industria auxiliar y de componentes del automóvil, una de las actividades industriales más dinámicas e internacionales de nuestra economía, y cuyo volumen de negocio depende, habitualmente, de la cercanía al fabricante y, por tanto, de su capacidad para trasladar los centros productivos allí donde las multinacionales deciden instalarse.

Adaptado del artículo de José María Triper publicado en *El País Negocios*.

a) **Resume la situación de cada uno de estos sectores con respecto a la deslocalización:**

- **industria textil:** ______________________________

____

- **industria de calzado:** ______________________________

____

- **industria del automóvil:** ______________________________

____

- **industria auxiliar y de componentes del automóvil:** ______________________________

____

b) **Haz una lista de las ventajas que los países de Europa del Este y Marruecos ofrecen a las multinacionales que se instalen en ellos.**

c) **Juego de roles. Vamos a simular una reunión entre un directivo de una multinacional extranjera instalada en España y un funcionario de un gobierno de un país de Europa del Este que quiere convencer a la multinacional para que se instale en su país y, de esta manera, reduzca sus costes.**

ESTUDIANTE A

Decide la actividad productiva a la que se dedica tu empresa. Escribe una breve descripción de la situación de la empresa en España y haz una lista de los factores que vas a considerar para instalarte en otro país.

ESTUDIANTE B

Repasa las respuestas a la actividad b) y haz una lista de todas las ventajas que le vas a ofrecer a esta multinacional para que se instale en tu país.

LOS IMPUESTOS

TEMA 11

FICHA 11.1. LOS PRESUPUESTOS GENERALES DEL ESTADO

El Estado, al igual que una empresa, debe disponer de un plan en el que se establezcan las actuaciones que prevé desarrollar para conseguir los objetivos propios de su actividad. Esta labor de planificación exige definir los objetivos pretendidos, así como cuantificar los gastos necesarios para cumplir dichos fines y estimar los ingresos que se obtendrán con las fuentes de financiación con que cuenta el Estado.

La formalización de este plan financiero se plasma en un documento denominado presupuesto que, en el caso de las entidades públicas, se ajusta a una serie de normas referidas a su contenido, a su estructura y a los procedimientos para su elaboración, aprobación, gestión y control.

La capacidad política para decidir sobre la cuantía y el destino de los gastos del sector público está distribuida entre los tres niveles de gobierno que reconoce la Constitución: el estatal, el autonómico y el local. Los Presupuestos Generales del Estado incluyen la totalidad de gastos e ingresos del sector público estatal, quedando fuera de su ámbito los gastos e ingresos de las comunidades autónomas y de las entidades locales.

1. Observa los dos siguientes gráficos del presupuesto de ingresos y gastos consolidados del Estado español para el año 2004 y escribe un breve comentario.

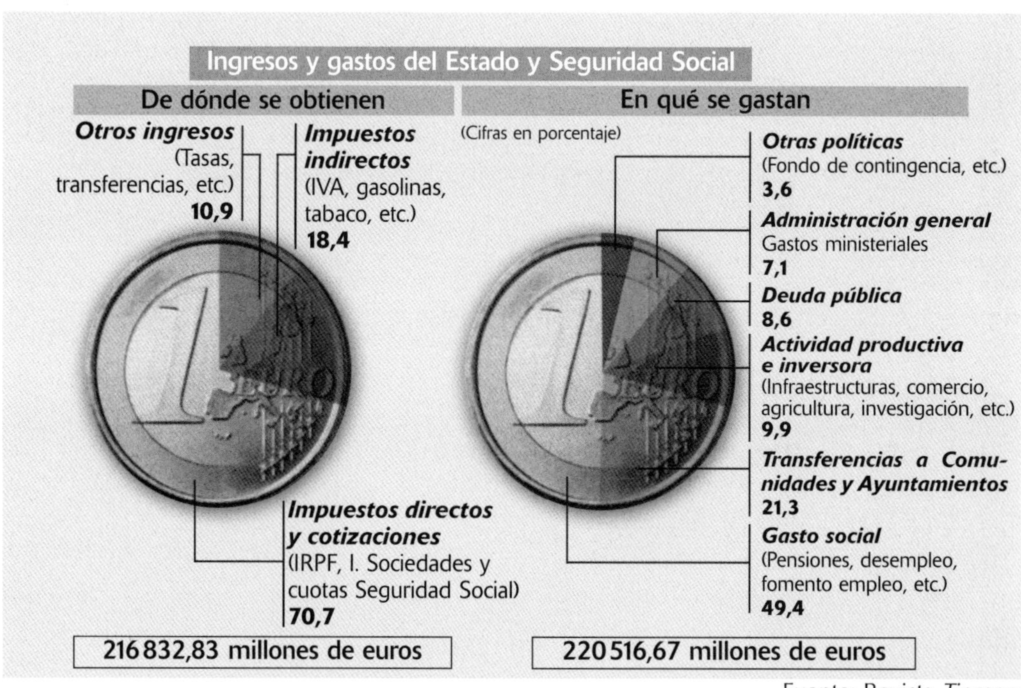

Fuente: Revista *Tiempo.*

FICHA 11.2. EL IMPUESTO Y SU JUSTIFICACIÓN

En el circuito de circulación de dinero, junto con la salida del mismo generado en la empresa, cuyo destino tiene como objetivo el retribuir a los que han cedido su capital, bien en términos de aportación a la propiedad o en régimen de préstamos, aparece otra salida encaminada a sufragar los gastos del Estado.

Estos gastos se derivan de la responsabilidad que asume el Estado sobre la creación y el mantenimiento de los equipamientos colectivos y del correcto funcionamiento de instituciones de interés general, como son la policía o la justicia, ambas instituciones necesarias tanto para los particulares como para las empresas.

Pero no solo es la empresa la que contribuye a financiar los gastos del Estado, también este último tiene una serie de fuentes de ingresos en la que la empresa juega un papel muy importante, aunque no exclusivo.

Para situar el papel de la empresa en la contribución a la financiación del Estado, en el siguiente esquema se recogen las distintas fuentes de que se nutre y el carácter de los diferentes ingresos públicos:

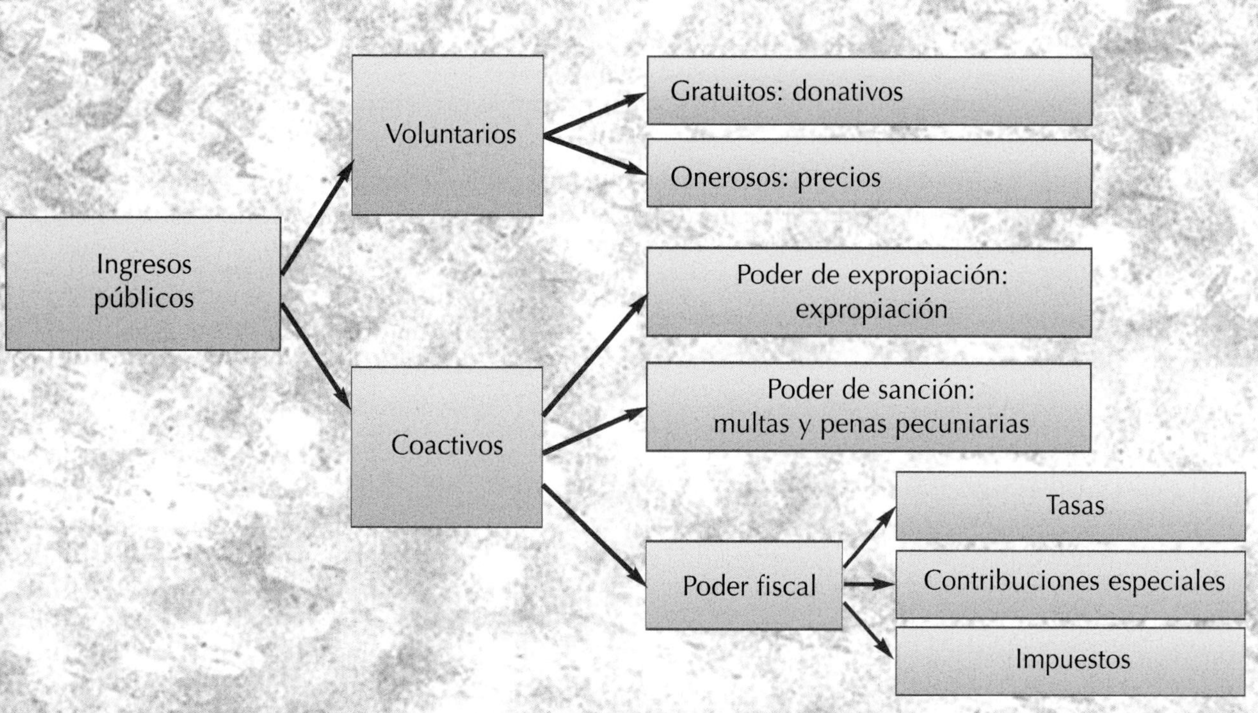

1. Observa el esquema anterior y completa el siguiente texto con estas palabras:

coactiva **impuestos** **donación** **ingresos**
redistribución **incentivar** **voluntario**

Como puede apreciarse en el esquema, son múltiples los procedimientos de que se vale el Estado para obtener recursos financieros:

· En primer lugar, la aportación se puede hacer de forma voluntaria, como simple ____________ o como precio a cambio de un bien o servicio.

· La otra gran vía de aportación es la obligatoria o __________, como consecuencia de expropiación, multa o impuesto.

· De todas ellas, la que proporciona más medios financieros al Estado es la de los ______________, que es a su vez, la que afecta en mayor medida a la empresa.

· La denominación de impuesto se deriva de que no es algo ___________, sino que se impone, a toda persona física o jurídica, siguiendo reglas muy precisas.

· La principal razón del impuesto es la de obtener _____________ para el Estado, para que este realice una serie de prestaciones a la colectividad.

· Pero el impuesto se justifica también como un instrumento de ____________ de los recursos, desviando riqueza de aquellos que la tienen, o la generan en mayor medida, a aquellos más desfavorecidos.

· Esta es la razón fundamental para implantar la progresividad en algunos impuestos, que consiste en aplicar mayor tipo impositivo a las rentas mayores.

· Por último, el impuesto también se puede justificar como un instrumento para ________________ o desanimar ciertos tipos de actividades.

Adaptado de Emilio Díez de Castro et al., op. cit.

2. Según este texto, ¿cuáles son las tres razones que justifican la existencia de los impuestos?

3. Dentro del sistema tributario de cualquier país se encuentran las tasas, las contribuciones especiales y los impuestos. Estos últimos ocupan un lugar destacado no solo por su importante contribución sino por su incidencia social y económica.

Relaciona cada uno de estos términos con su definición.

TASAS	IMPUESTOS	CONTRIBUCIONES ESPECIALES

a) Constituyen la principal fuente de ingresos de las administraciones públicas. Se trata de pagos coactivos de individuos y empresas al sector público sin contraprestación, que están obligados a satisfacer al obtener rentas o beneficios, por poseer patrimonio o por la realización de gastos.

b) Son tributos que se exigen como contraprestación a la realizacion de una actividad pública o la prestación de un servicio público. Son ejemplos los que se tienen que pagar por la expedición del DNI o en el servicio municipal de recogida de basuras.

c) Son un ingreso típico de los ayuntamientos que las exigen, por ejemplo, como contraprestación a los vecinos de una calle con ocasión de su pavimentación o de la instalación de alumbrado público.

Adaptado de José Colino Sueiras et. al., op. cit.

4. Estas gráficas describen la percepción de los españoles sobre los impuestos. Coméntalas.

¿En materia de impuestos considera que paga al Estado mucho, lo justo o poco?

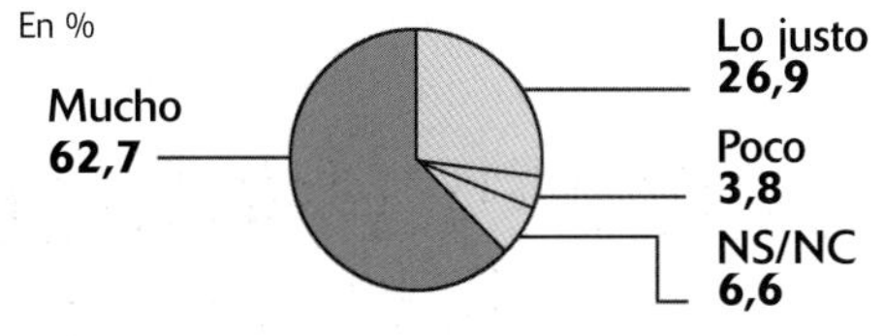

¿Cree que el estado administra bien los impuestos que usted paga?

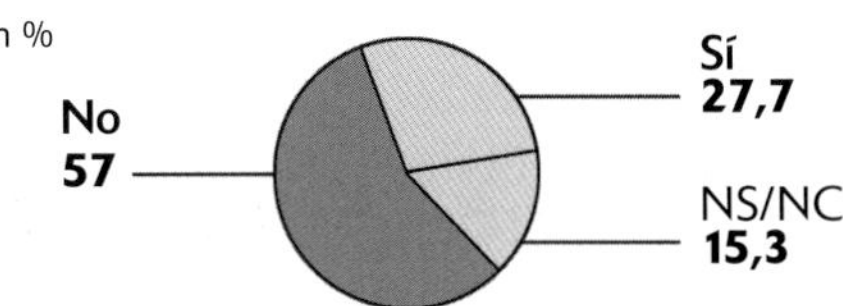

¿Cree que sería posible recibir más servicios y prestaciones por los impuestos que usted paga?

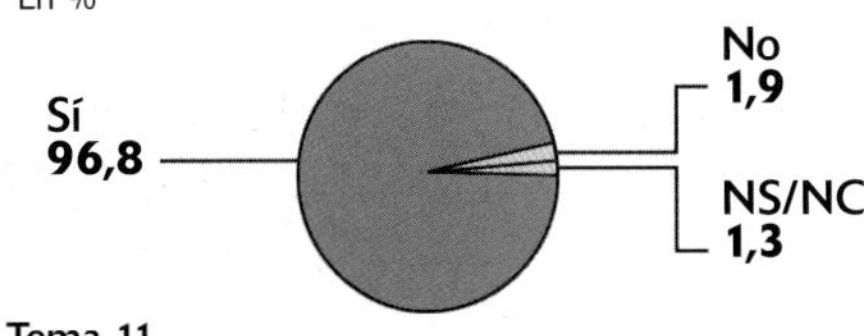

¿Considera que parte de los recursos del Estado deberían destinarse a ayudar a colectivos excluidos socialmente o más desvalidos a fin de reintegrarlos a la sociedad y al mercado laboral?

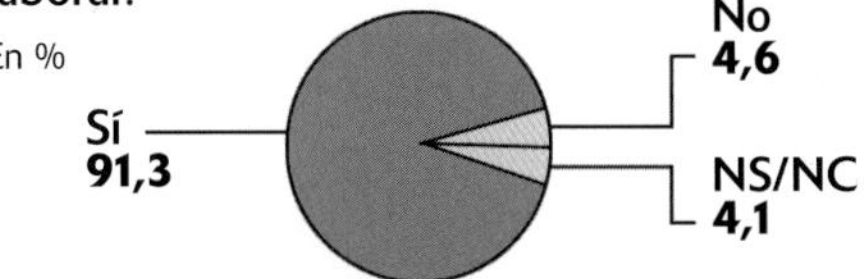

■ ¿A qué colectivos de los que le mencionaré destinaría más ayuda?

Colectivo	%
Discapacitados	85,8
Pobres	80,4
Pensionistas	77,4
Infancia	74,9
Familias numerosas	74,2
Parados	66,9
Jóvenes	64,5
Inmigrantes legales	61,3
Mujeres	58,7
Separados	32,7
Inmigrantes ilegales	32,6
Otro	2,6
NS/NC	1,1

Fuente: *El País*.

FICHA 11.3. LOS PRINCIPALES IMPUESTOS EN ESPAÑA

1. Clasificación de los impuestos.

Se suele distinguir entre impuestos directos e indirectos, que quedan definidos de la siguiente forma:

- **Impuestos directos:** Gravan una manifestación directa de la capacidad de pago, como la obtención de renta o la posesión de riqueza o patrimonio.

- **Impuestos indirectos:** Recaen sobre los bienes y servicios, y gravan manifestaciones indirectas de la capacidad de pago, como el consumo.

a) **Si los impuestos directos gravan la obtención de renta o la posesión de riqueza, y los indirectos gravan el consumo, ¿puedes clasificar estos impuestos en directos o indirectos?**

	Directos	Indirectos
1. El Impuesto sobre el Valor Añadido (IVA).		
2. El Impuesto sobre la Renta de las Personas Físicas (IRPF).		
3. Los impuestos especiales sobre el alcohol, el tabaco y los combustibles.		
4. El Impuesto municipal sobre Vehículos.		
5. Los impuestos sobre las importaciones.		
6. El Impuesto sobre las Sociedades.		

2. Observa el siguiente cuadro y realiza las actividades a continuación:

	IRPF	IMP. SOBRE SOCIEDADES	IVA
Descripción	Desde 1978 es el centro del sistema impositivo, siendo la figura tributaria que marca la progresividad y permite más recaudación. Es una tarifa alta, casi una confiscación, por lo que incentiva la evasión.	Se rige por la Ley 43/1995. Recae sobre las utilidades obtenidas por las empresas. Es un impuesto proporcional a las ganancias obtenidas a lo largo del ejercicio.	Se implementó cuando lo exigió la CEE en las negociaciones de entrada en 1985. Es un impuesto en cascada, va repercutiendo de un sujeto pasivo al siguiente hasta que llega al consumidor final del producto o servicio.
Clasificación	Esencial, directo, personal, subjetivo y periódico.	Esencial, directo, personal, subjetivo y periódico.	Esencial, indirecto, objetivo, instantáneo, real.

	IRPF	IMP. SOBRE SOCIEDADES	IVA
Hecho imponible	Obtención de renta por el sujeto pasivo: rendimientos del trabajo, rendimientos del capital, rendimientos de actividades económicas, ganancias y pérdidas patrimoniales, imputaciones de renta que se establezcan por ley.	Obtención de renta por el sujeto pasivo (totalidad de sus rendimientos y los incrementos o disminuciones patrimoniales).	Entrega de bienes o prestaciones de servicios realizadas por empresarios o profesionales, adquisiciones de bienes dentro de la UE; importaciones de bienes.
Base imponible	Importe de la renta compuesta por cualquier obtención de renta: rendimientos netos y aumentos/disminuciones de capital.	Importe de la renta obtenida por la sociedad en el periodo impositivo.	Importe total de la contraprestación de las operaciones.
Sujeto activo	El Estado, aunque este asigna un porcentaje a las CC.AA.	El Estado.	El Estado.
Sujeto pasivo	Personas físicas que tengan su residencia habitual en territorio español o en el extranjero, al ser diplomáticos, cónsules o funcionarios, y que tengan rendimientos del trabajo superiores a 21 035 euros por año.	Sujetos de derechos y obligaciones con personalidad jurídica no sometidos al IRPF, así como otras entidades.	Personas físicas o jurídicas que tengan la condición de empresarios o profesionales y realicen las entregas de bienes o prestaciones de servicios sujetas al impuesto.
Tipo impositivo	Mínimo - 15% Máximo - 45%	Máximo 35% (30% para las empresas que facturen menos de 1 502 530 euros).	16% pero hay dos tipos reducidos: 7% (hostelería, transporte, comida), y 4% (pan, quesos, huevos, periódicos, revistas y libros).
Ámbito espacial	Todo el territorio español.	Todo el territorio español.	Todo el territorio español, incluyendo las islas adyacentes, el mar territorial hasta 12 millas y el espacio aéreo correspondiente a dicho ámbito. Excepto Canarias, Ceuta y Melilla.
Periodo	Año natural (se paga en mayo/junio del año siguiente).	3 veces al año: abril, octubre y diciembre.	4 veces al año: enero, abril, julio y octubre.

a) **Indica si las siguientes afirmaciones son verdaderas o falsas.**

	V	F
1. Si compras un producto en las Islas Canarias, no tendrás que pagar IVA.		
2. El IRPF se paga una vez al año.		
3. El IVA es un impuesto que conduce a la evasión fiscal.		
4. Las empresas que facturan más de 1 502 530 euros tienen que pagar el 30% de impuesto de sociedades.		
5. Los periódicos, revistas y libros tienen un IVA reducido del 4%.		
6. Los diplomáticos españoles en el extranjero no tienen que pagar IRPF.		
7. El Estado asigna un porcentaje del IVA a las CC.AA.		
8. El IVA se impuso en España como uno de los requisitos para entrar en la CEE, hoy UE.		
9. El IRPF y el Impuesto sobre Sociedades son impuestos instantáneos.		

FICHA 11.4. LA DECLARACIÓN DE LA RENTA

1. En España, por norma general, todos los contribuyentes con rentas inferiores a 22 000€ no tienen obligación de presentar declaración del IRPF. Pero si adelantaron al fisco, vía retenciones, más dinero del que les corresponde pagar de impuestos, pueden solicitar su devolución.

a) Completa el siguiente texto con estas palabras y sabrás qué tienen que hacer estas personas.

declaración **retenciones** **ingreso** **devolución**
tributación **impreso** **plazo** **contribuyentes**

La llamada "___________ rápida" es el mecanismo que permite a los contribuyentes con menores ingresos recuperar lo que les han retenido de más sin necesidad de hacer la ___________ de renta, con solo enviar un impreso con sus datos personales a la Agencia Tributaria. Como se trata del cuarto año de aplicación de este sistema –que se introdujo con la reforma de IRPF de 1999–, el procedimiento se ha simplificado para muchos de los afectados. En concreto, los contribuyentes que ya la solicitaron el año pasado y los que hicieron declaración de la renta sin estar obligados a ello pueden solicitarla con solo devolver por correo la carta que les enviará Hacienda en las próximas semanas.

El _________ para solicitarla va del 1 de marzo al 15 de abril. La Agencia Tributaria calcula que hay aproximadamente tres millones de _____________ no obligados a declarar, que son los que pueden beneficiarse de este sistema.

Hay que tener en cuenta, en cualquier caso, que no estar obligado a declarar no quiere decir que no se paguen impuestos, ni que solicitando esta devolución se vayan a recuperar todas las _____________ del año pasado. Lo que ocurre es que para los contribuyentes no obligados a declarar, esta es la única ____________. Es decir, que si les han retenido menos de lo que tendrían que pagar al hacer la declaración, Hacienda no les reclamará ni un euro. En cambio, si el importe de sus retenciones supera lo que les tocaría pagar en la declaración, pueden recuperar el exceso por esta vía. El procedimiento general es el mismo de años anteriores. Hay que rellenar un ___________, denominado modelo 104, con los datos personales y familiares (cónyuge, hijos, ascendientes) y la cuenta bancaria donde se quiere recibir el __________. Si el contribuyente cobra pensiones por separación matrimonial o tiene derecho a deducciones autonómicas o por bienes de interés cultural, entonces tiene que rellenar el modelo 105.

Adaptado de Mayte Rius, *La Vanguardia*.

2. Por otro lado, las personas que tengan rentas por encima de 22 000€ tienen que completar otros modelos de declaración de IRPF y del Impuesto Sobre Patrimonio: la declaración simplificada (modelo 101) y/o la declaración ordinaria (modelo 100).

a) En la siguiente columna, que aparece todas las semanas en *Actualidad Económica* y que describe con humor la dura jornada de un directivo, Ambrosio Renovales, vemos cómo este se enfrenta a la declaración de la renta.

LA RENTA

"¡Corcho! Otra multa..." Ya iba a tirar el sobre a la papelera que hay junto a los buzones de casa, cuando caí en la cuenta de que la Comunidad Autónoma nunca me había penalizado por aparcar mal. Tiré las cartas de los bancos y me quedé únicamente solo con esa que me había llamado la atención. "¿Qué habré hecho ahora?" Mientras bajaba el ascensor comencé a rasgar el sobre –es difícil cuando sujetas un ordenador con una mano y un maletín con la otra– pero al final conseguí sacar el papel tirando de él con la barbilla.

Entrar en un ascensor con el ordenador en una mano, el maletín en la otra y la notificación de la Comunidad Autónoma sujeta con la barbilla es prácticamente imposible, pero una persona que llega a casa quince o dieciséis horas después de haberla dejado para ir a trabajar, es capaz de hacer eso y más con tal de no soltar nada para no perder siquiera un segundo en tener que recogerlo.

Ya en el ascensor y de paso, ya que había conseguido levantar el brazo para pulsar el botón de mi piso, pesqué la hoja y pude comenzar a leerla... "¡Corcho, corcho, corcho!". No era una multa, era peor: era el primer papel que me recordaba que, aunque pareciera que la hice ayer, ya había pasado un año desde la última declaración. La infeliz misiva no solo me sentaba a cuerno por haberme estropeado el mejor momento del día, también porque me señalaba una serie de supuestos para desgravarme, que como ocurre siempre, ni me afectaban a mí ni a ninguna de las personas que conozco. Debe ser que solo conozco gente muy rara, que trabaja mucho y tal.

Llegué a casa dispuesto a enfadarme con el primero que no tuviera culpa de nada, pero mientras abría la puerta, haciendo equilibrios con el ordenador, el maletín, la carta y el sobre, la llave y la cerradura, se me ocurrió que era mejor tomarlo con filosofía: a lo mejor, gracias a las retenciones practicadas, me tenían que devolver un dineral. Gracias a esta idea, que estuve acariciando un par de días, conseguí vencer el perezón que me producía pensar en buscar otra vez todo tipo de papelitos, justificantes y fechas de operaciones. Espoleado por la seguridad de que me iba a caer un dinerillo extra, tomé la determinación de hacer la declaración cuanto antes: así también evitaría encontrarme, como todos los años, en la cola del último día tras haber pasado la noche en blanco, luchando sobre la mesa del comedor abarrotada de borradores de la declaración y la calculadora echando humo.

La primera prueba fue negativa, es decir, positiva: me salía a pagar. La segunda me habría resultado ruinosa. Aún hoy no consigo entenderlo. Los años anteriores, pase, porque la bolsa había subido. Pero con lo que palmé el año pasado; claro que como lo he vendido este...

Ha pasado casi un mes, no consigo que me salga negativa, ni siquiera declarando la parte alícuota de los sábados que viene a comer mi suegra, considerándola como clase pasiva a mi cargo... Ni deduciendo como minusvalías el dinero que se me cae entre los cojines y el brazo del sillón, ni lo que me sisan la chica, mis hijos, mi mujer y el banco con sus comisiones... Ni aun justificando que siempre saco dinero en un cajero que no es el mío y me quitan un piquito cada vez... Nada, siempre me sale a pagar. Hay miles de pequeños gastos que uno asume para seguir viviendo, para seguir pudiendo ir a trabajar, o para mantener la sonrisa. Pero eso no cuenta. Total, que me voy a acercar a Hacienda, no para que me ayuden a hacer la declaración, sino para que me expliquen cómo seguir tirando con lo poco que me dejan.

Adaptado de "¡14 horas!", *Actualidad Económica*.

1) Busca en el diccionario las palabras y expresiones que no conozcas.

2) Haz un resumen de la columna con tus propias palabras.

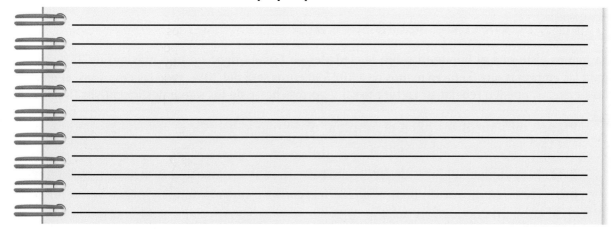

3) Esta es la escala de gravamen para el año 2005. ¿Dónde crees que cae el directivo Renovales?

Base liquidable Hasta euros	Cuota íntegra Euros	Resto base liquidable Euros	Tipo aplicable (%)
0	0	4000	15
4000	600	9800	24
13 800	2952	12 000	28
25 800	6312	19 200	37
45 000	13 416	en adelante	45

4) ¿Cuáles son algunas de las deducciones que este directivo ha hecho en su declaración? ¿Crees que son aceptables?

5) ¿Cuáles crees que son esos gastos a los que hace alusión y que no puede deducir?

6) ¿Cuál es tu conclusión sobre la actitud que tiene el directivo Renovales hacia los impuestos?

b) El siguiente cuadro te presenta las deducciones que se pueden hacer en España al completar la declaración de la renta. Averigua las deducciones que se pueden hacer en tu país y preséntalas en clase.

	En España	En tu país
Cantidad a partir de la cual es obligatorio hacer la declaración.	22 000 euros	
Deducción mínima personal.	3400 euros	
Deducción por un hijo.	1400 euros	
Deducción por dos hijos.	2900 euros	
Deducción por cuatro hijos.	7400 euros	
Reducción por tener una persona mayor de 65 años en la familia.	800 euros	
Deducción por tener una vivienda y alquilarla.	50% de los rendimientos netos	
Tipo al que tributan las ganancias patrimoniales derivadas del ahorro.	15%	
Máximo que una persona menor de 52 años puede aportar a un plan de pensiones.	1250 euros anuales	

Adaptado de "Lo último para desgravar" de Javier morales, publicado en *El País Semanal*.

c) ¿Cómo se realiza la declaración de la renta en tu país? Explica cuándo se tiene que hacer, quiénes están obligados y quiénes no, y cualquier otra información que puedas aportar al respecto.

FICHA 11.5. EL IMPUESTO SOBRE SOCIEDADES

1. Ya hemos visto que el Impuesto sobre Sociedades en España tiene un tipo máximo de 35%, aunque para las empresas que facturen menos de 1 502 530 euros será del 30%. Pero las empresas, al igual que las personas, pueden rebajar su factura fiscal y aprovecharse de los siguientes incentivos fiscales:

- **Planes de pensiones para el empleado:** Se puede deducir el 10% de las aportaciones empresariales a estos planes.
- **I+D+i:** Se deduce el 30% de los gastos efectuados en investigación y desarrollo. Los proyectos de innovación tecnológica encargados a universidades y organismos públicos tienen una deducción del 15%.
- **Formación:** Los gastos de formación, sin límite de cuantía pero que esté relacionada con las características del puesto de trabajo, deducen un 5%.
- **Exportación:** Se deducen un 25% los gastos derivados de la creación de establecimientos, de la compra de participaciones en el extranjero, de la labor comercial realizada para el lanzamiento internacional de productos y de la asistencia a ferias, incluidas las que tengan lugar en España con carácter internacional.
- **Guarderías:** Las aportaciones que realicen las empresas para el cuidado de los hijos de sus empleados están incentivadas con una deducción del 10%. Esta ventaja fiscal se aplica tanto si se trata de guarderías dentro de las propias compañías como para las guarderías ajenas a las empresas.

Adaptado del artículo "Reduzca su factura fiscal" de David Rodrigo, publicado en *Actualidad Económica.*

a) Imagina que tú y tu compañero sois socios de una pyme y queréis aprovechar al máximo estas ventajas fiscales. ¿Qué podéis hacer para rebajar vuestra factura fiscal?

ACTIVIDADES RECOPILATORIAS

1. Los impuestos en la Unión Europea.

a) Obseva la siguiente tabla. ¿Cuál crees que sería el titular más apropiado?

1) **Después del euro, la fiscalidad común.** La Unión Europea está lejos todavía de ser un mercado verdaderamente único por su diversidad tributaria.

2) **Apoyo a la familia y neutralidad sobre el ahorro, eje de las reformas fiscales en la UE.** Los Gobiernos europeos apuestan por reducir tipos y tramos en el Impuesto de la Renta.

Pagar impuestos en Europa

	IVA			IMPUESTO SOBRE LA RENTA					IMPUESTO DE SOCIEDADES
	Superreducido	Reducido	Normal	% del PIB	% sobre el total de impuestos	Tramos	Tipo máximo %	Tipo mínimo %	Tipo
Alemania	-	7	**16**	8,9	**23,9**	**Variable**	51	12,9	30-45
Austria	-	10/12	**20**	9,8	**22,1**	**5**	50	10	34
Bélgica	-	6	**21**	14,3	**31,0**	**7**	55	25	28-41
Dinamarca	-	-	**25**	25,9	**52,4**	**3**	40	8	34
España	4	7	**16**	7,4	**21,9**	**6**	48	18	35
Finlandia	-	8/17	**22**	15,5	**33,3**	**6**	38	5,5	28
Francia	2,1	5,5	**19,6**	6,3	**14,0**	**6**	54	10,5	33,33
Grecia	4	8	**18**	4,5	**13,2**	**5**	45	5	35-40
Holanda	-	6	**17,5**	6,5	**15,6**	**3**	60	6,2	35-36
Irlanda	(0)/4,2	12,5	**21**	10,3	**31,4**	**2**	48	24	28-36
Italia	4	10	**20**	11,2	**25,3**	**5**	46	19	37
Luxemburgo	3	6	**15**	9,5	**20,4**	**17**	46	6	30
Portugal	-	5/12	**17**	6,1	**17,7**	**4**	40	15	34
Reino Unido	(0)	5	**17,5**	8,8	**24,8**	**3**	40	10	21-33,5
Suecia	-	6/12	**25**	18,2	**35**	**2**	Fijo	Fijo	28

Fuente: *La Vanguardia.*

b) Si fueras a instalar tu empresa en un país europeo, y el tema de los impuestos fuera determinante, ¿qué país escogerías y por qué?

c) Y si decidieras trasladarte a vivir con tu familia a otro país, y quisieras pagar menos impuestos, ¿por cuál te decidirías y por qué?

2. Debate. ¿Hay que bajar los impuestos? Hay una rara unanimidad en casi todo tipo de formaciones políticas en reivindicar la necesidad de bajar los impuestos. Con esa bandera, se presentan a las elecciones. Ya no es un fenómeno estrictamente norteamericano, sino que ha penetrado con fuerza en Europa. Pero, tras la proclama de reducción de impuestos, hay otras realidades: a qué precio y con qué distribución. Además, en algunos casos, detrás de la propaganda, lo que se esconde es el cambio de unos impuestos por otros.

a) Tu compañero y tú tenéis posturas muy diferentes con respecto a este tema. Cada uno tendrá que defender su posición. Los argumentos que aparecen en las siguientes fichas os ayudarán.

Estudiante A. Recursos y necesidad social.

- Crees que bajar los impuestos es una medida popular porque aumenta la renta disponible de las familias o los beneficios netos de las empresas, pero piensas que con esta reducción disminuyen los recursos necesarios para atender necesidades sociales.
- Con los recursos provenientes de los impuestos, los estados pueden mejorar la justicia, la sanidad, los transportes públicos o las energías renovables, por ejemplo.
- En Inglaterra, por ejemplo, se promueve la subida de los impuestos para mejorar la sanidad y los transportes públicos, que parecen los de un país tercermundista.
- Con el deterioro de los servicios públicos de sanidad, las clases medias tendrían que acudir a seguros médicos y planes de servicio privados, y los que se beneficiarían serían las clases media-alta y las empresas.
- Si no se cubren las necesidades sociales de la población más necesitada, esta corre el riesgo de quedar permanentemente marginada.

Estudiante B. Bajarlos bien y de verdad.

- La rebaja de los impuestos constituye una conquista verdadera para los ciudadanos ya que los gobiernos no están acostumbrados a renunciar a sus fuentes de financiación.
- Hay que reducir los impuestos en los países desarrollados, donde las necesidades de gasto público (educación, infraestructuras, protección social mínima, funcionamiento de las instituciones) se han cubierto y se va reduciendo el gasto público.
- Hay que rebajar la recaudación porque la sociedad considera este gasto público como "excesivo" o "ineficiente".
- Hay que bajar los impuestos cuando se pueda, primero hay que reducir el gasto público y, cuando se logre el supéravit, rebajarlos.
- Hay que bajar los impuestos de forma apropiada, es decir, reducir aquellos que la sociedad ve como ineficientes y limitativos de generar riqueza y bienestar. Estos serían los impuestos directos, que hacen que muchas personas se sientan como si "trabajaran para Hacienda". Se deben reducir los tipos impositivos más altos.
- No hay que reducir los impuestos indirectos, que se asocian con el gasto.
- Los que sí hay que elevar son los impuestos especiales: tabaco, alcohol, combustibles contaminantes.
- Hay que reducir los tramos. Lo ideal sería un tipo único.

Adaptado de *El País.*

3. Trabajas en una revista de economía contestando las cartas de los lectores. Hoy has recibido la siguiente carta. Escribe una respuesta adecuada.

Hace poco, mi amigo Francesc vendió su piso, y la agencia inmobiliaria le sugirió la posibilidad de que el comprador abonase una parte del importe en negro. No se le disparó ninguna alarma ética ni tuvo ningún problema moral cuando se vio con un maletín que contenía algo más de 100.000 euros en metálico. Su única preocupación fue comprobar que los billetes no fuesen falsos y decidir dónde los escondía. Mi amigo Francesc se considera, todo hay que decirlo, un buen ciudadano.

Tengo otro amigo, que ejerce una profesión liberal y cuyos ingresos son superiores a los míos, que no paga prácticamente nada de impuestos. No lo hizo durante la dictadura, ni durante la transición ni ahora. Dice que no paga ni un duro, y que él no tiene el control del gasto público.

Al suegro de mi amigo Jordi, que es inspector de Hacienda, una empresa inmobiliaria le ofreció pagarle de golpe el equivalente a su salario de 15 años a cambio de falsear cinco actas de inspección, o sea, que se ganó en un par de semanas ¡el salario de 15 años!

Puedo escribir una enciclopedia de casos similares, como el de un vecino, funcionario público, que tenía como responsabilidad el control de los notarios de mi ciudad, y acabó siendo fichado por éstos. O sea, pasó de inspector a asesor. Por lo menos, él tuvo la ética de irse al sector privado y me comentó que cada año se produce una deserción de cumplidores al bando de los incumplidores.

Y yo, que tengo un pequeño comercio y pago mis impuestos religiosamente, tengo la sensación de estar haciendo el tonto.

Firmado: El tonto que paga el IVA.

Adaptado de un artículo sobre corrupción publicado por Manuel Díaz Prieto en *La Vanguardia Revista.*

ANÁLISIS DE UN SECTOR: EL TURISMO

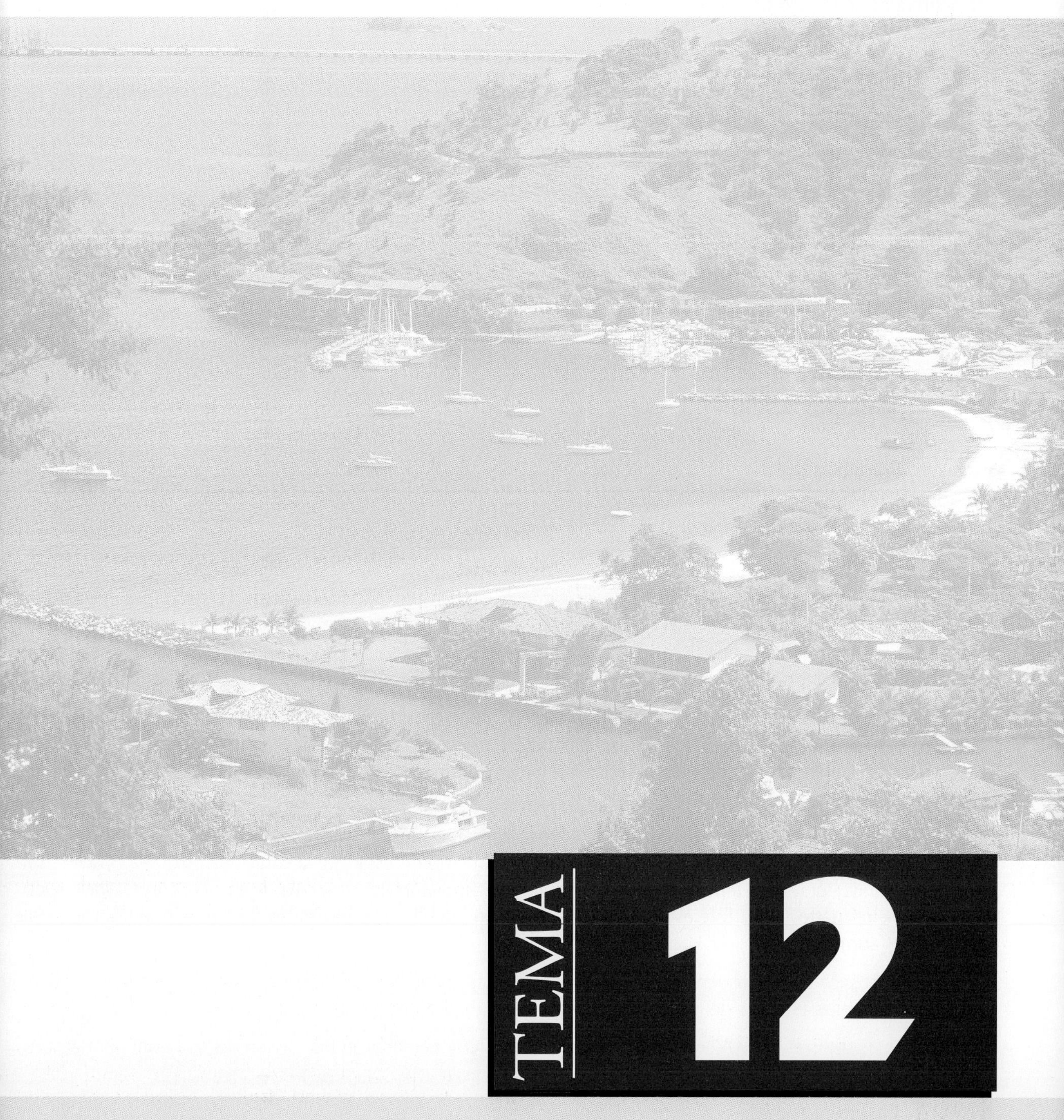

TEMA 12

FICHA 12.1. EL TURISMO DENTRO DE LA ECONOMÍA ESPAÑOLA

1. Actividades de pre-lectura.

a) ¿Qué es el turismo?

b) ¿Cuáles crees que son los principales destinos turísticos a nivel mundial?

c) ¿Qué importancia tiene el turismo para la economía de un país como, por ejemplo, España?

d) El antropólogo urbano Marc Augé explica con esta frase los motivos por los que las personas hacen turismo: "El viaje turístico es un viaje entre dos imágenes: la de la foto de la agencia de viajes y la imagen de la foto que tú te traes. Vivimos en una sociedad de consumo y consumimos espacios, sol, paisajes y personas. Eso es el turismo. ¿Usted cree que el turista conoce de verdad el lugar al que va? ¿Cómo va a conocerlo si se pone a hacer fotos y no habla con la gente?".

¿Qué piensas de esta opinión? ¿Estás de acuerdo o en desacuerdo? Justifica tu respuesta.

2. Lee el siguiente texto y contesta las preguntas a continuación:

El hombre, en su curiosidad por conocer el mundo que le rodea, ha sentido siempre la inquietud de viajar. Pero, hasta nuestra época, la realizacion de esa inquietud estuvo limitada, por razones técnicas y económicas, a un reducido número de países y a círculos de personas muy poco extensos. El desarrollo de medios de transporte, económicos, rápidos y cómodos, y la progresiva elevación del nivel de vida, han hecho posible una formidable expansión del turismo, que ha llegado a convertirse en una actividad de masas en todos los países con cierto nivel de desarrollo.

Existen unos motivos de atracción que explican las corrientes turísticas. La atracción reside a veces en factores infraestructurales (clima –especialmente número de días de sol por año– existencia de costas con playas, paisajes de gran belleza, etc.), estructurales (buenas comunicaciones, industria hotelera muy perfeccionada, precios razonables) y finalmente culturales (alto nivel artístico, monumentos históricos, lugares conocidos por influencia de obras literarias de gran difusión, etc.).

Los turistas gastan su dinero en la adquisición de bienes y servicios en el país que visitan. Por tanto, el turismo es un caso especial de exportación sin desplazamiento de bienes y servicios, algunos de los cuales son indesplazables por su propia naturaleza (utilización de las carreteras y ferrocarriles, servicios hoteleros, etc.).

Generalmente, en un sentido específico, se entiende por turismo el realizado dentro de cada país por los residentes fuera del mismo; pero en un sentido genérico hay que incluir como turismo el que realizan dentro de cada país los residentes en él. Este turismo interior ha llegado a adquirir una importancia fundamental desde el punto de vista económico y social.

España cuenta ciertamente con atractivos importantes para el turista extranjero. Los más señalados son el clima soleado del litoral mediterráneo, los tesoros artísticos y monumentales, la fiesta de los toros y lo relativamente bajo que resulta a los turistas nuestro coste de vida. Por ello, no es de extrañar que desde los años 50 exista una corriente turística de enorme importancia hacia nuestro país.

Dentro de la tendencia general de crecimiento de la corriente turística hacia España, hay que señalar algunas de sus características de mayor interés, como son el promedio de estancia, la estacionalidad y la procedencia del turismo. Hay una clara tendencia al aumento de la proporción del conjunto de turistas con estancia superior a las veinticuatro horas. Este es un hecho del máximo interés, pues es indicio de que la estancia media de los turistas aumenta.

Otra característica que se observa en el turismo es la estacionalidad. La máxima afluencia de turistas se produce en los meses estivales de junio a septiembre, con un máximo en julio y agosto.

De Francia, Gran Bretaña y Alemania procede más del 70% del total de los turistas, lo que configura a nuestro país como de turismo netamente europeo.

En conjunto, el turismo es una actividad que en España tiene dimensiones económicas de gran porte. Su contribución al PIB es del 12%. Supone más de 800 000 empleos directos y 500 000 indirectos (un 10% de la población activa del país). Sin embargo, desde 1989, ya antes de la Guerra del Golfo, y más recientemente con hechos como el 11-S o el 11-M viene hablándose de la crisis turística, por la tendencia de lenta expansión, incluso con caída, algunos años, del número de turistas entrados. Esta situación de debe a las siguientes circunstancias:

a) fuertes aumentos de los precios españoles;
b) deterioro medioambiental, suciedad generalizada, y deficientes infraestructuras de transporte;
c) peor trato a los turistas por una población activa del sector elementalmente preparada;
d) existencia de un amplio espacio de acogida turística de carácter sumergido, al margen de cualquier control (apartamentos fundamentalmente);
e) gradual agotamiento del modelo de oferta playa/sol;
f) nuevas ofertas en países altamente competitivos, que incluso absorben una proporción creciente del propio turismo español de nacionales (México, Cuba, República Dominicana, Marruecos, Túnez, Turquía, el Índico, Kenia, Tailandia, el Pacífico, etc.).

Adaptado de *Introducción a la economía española*, Ramón Tamames y Antonio Rueda, *Alianza Editorial.*

a) ¿Qué factores hicieron posible la expansión del turismo?
b) ¿Por qué el turismo puede considerarse como un caso especial de exportación?
c) ¿Qué es el turismo interior?
d) ¿Cuáles son la tres principales características del turismo en España?
e) ¿Cuáles crees que son los motivos por los que España resulta tan atractiva para los franceses, los británicos y los alemanes?
f) Selecciona una de las circunstancias que han causado la crisis en el turismo español y explica por qué crees que ha afectado negativamente al turismo en España.

3. Esta ilustración presenta la situación de la oferta turística en el Meditérraneo, donde España se enfrenta a fuertes competidores. Coméntala.

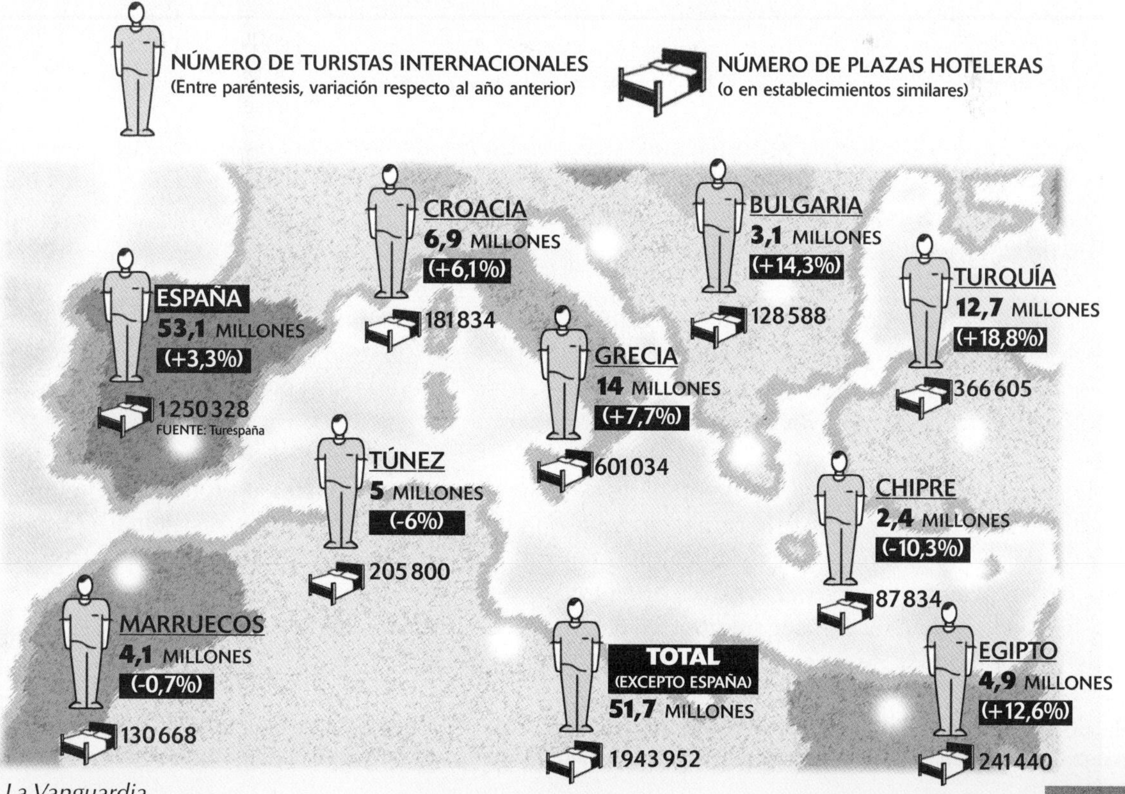

Fuente: *La Vanguardia.*

4. **Los empresarios del sector turístico español describen así el panorama turístico en estos momentos. ¿Te sientes identificado con alguna de estas tendencias?**

a) **El turista prefiere fraccionar sus vacaciones en dos o tres viajes anuales y, si antes reservaba hasta dos semanas en un destino de "sol y playa", ahora opta por un periodo de unos seis días.**

b) **Tanto el turista extranjero como el nacional prefieren esperar a comprar sus vacaciones poco antes del día de salida por diferentes motivos, uno de ellos para poder acogerse a los denominados "descuentos de último minuto".**

c) **El turista gasta cada vez menos dinero.**

d) **Cada vez hay más oferta: los turistas pueden escoger entre hoteles, que están en expansión, o apartamentos.**

e) **Los destinos emergentes son más competitivos en precio y, por lo tanto, los turistas los prefieren.**

FICHA 12.2. LAS EMPRESAS TURÍSTICAS

1. **¿Cuáles son las empresas que participan en el sector turístico?**

2. **Las líneas aéreas. Hay cuatro tipos de líneas aéreas: grandes compañías aéreas tradicionales, compañías aéreas regionales, compañías de bajo coste y compañías chárter.**

a) **Relaciona cada tipo con su definición:**

1) Ofrecen servicios directos punto a punto sin escalas. Utilizan aeropuertos secundarios localizados cerca de los principales centros de población. Las reservas se realizan de forma directa por teléfono o Internet. Tienen un solo tipo de avión. Maximizan la utilización del avión, reduciendo los tiempos de espera en el aeropuerto. Solo realizan las actividades básicas del transporte, el resto se externaliza. Consiguen ahorros en diversos conceptos: tasas de aeropuerto, mayor densidad de asientos, sin *catering* gratuito, ahorro en ventas por Internet, menores retribuciones al personal, al vender directamente no hay costes de comisiones para los intermediarios.

2) Ligadas por acuerdos a las principales alianzas. Sirven como proveedores de pasajeros para sus compañías aéreas tradicionales. Tratan de ser eficientes en costes y dominar los mercados regionales. Pretenden buscar sus propios segmentos de mercado y a menudo son las únicas compañías que sirven un determinado aeropuerto.

3) Están integradas y relacionadas con operadores turísticos –incluso con grandes compañías hoteleras–. Venden cupos de asientos de avión y no plazas de avión individuales. Pueden perder cuota de mercado en un futuro debido a que cada vez en mayor medida las compañías aéreas tradicionales ofrecen espacio a los diversos operadores turísticos.

4) Dominan al menos un *hub* y forman parte de alianzas globales. Han sido pioneras en la utilización de sistemas electrónicos de información y las que desarrollaron los primeros sistemas computarizados de reservas. Disponen de una importante flota compuesta por diferentes tipos de aviones. Dividen al avión en dos o tres clases que ofrecen servicios diferentes. Utilizan los aeropuertos principales de cada país. Los segmentos más rentables son los viajeros de negocios, sin olvidar los pasajeros por motivos de ocio.

Adaptado del artículo "Cómo usan Internet las líneas aéreas para desarrollar relaciones estables con los clientes" de Rodolfo Vázquez Casielles, Ana M.ª Díaz Martín y Ana Suárez Vázquez, publicado en *Universia Business Review*.

b) ¿Puedes mencionar nombres de líneas aéreas para cada una de las cuatro categorías?

c) Cuando tienes que viajar, ¿qué tipo de línea aérea sueles escoger?

d) En España hay tres líneas aéreas tradicionales: Iberia (www.iberia.es), Air-Europa (www.air-europa.com) y Spanair (www.spanair.es). Escoge un trayecto de ida y vuelta que quieras realizar dentro del territorio español y visita sus páginas web para comparar las tarifas.

e) El siguiente artículo describe en detalle cómo funcionan las compañías a bajo coste. Léelo y realiza las actividades a continuación.

Vuelos a precios de autobús

Las compañías aéreas de bajo precio se consolidan en Europa frente a la crisis de las grandes.

Un puñado de compañías aéreas, jóvenes y privadas, surcan los cielos de Europa rompiendo los precios. Mientras las grandes compañías del sector anuncian 30 000 millones de euros en pérdidas desde los atentados del 11 de septiembre y reducción de plantillas y vuelos, estas otras firmas, conocidas como Operadores de Bajo Coste (OBC), siguen creciendo a buen ritmo y arrojan beneficios vendiendo billetes de avión al precio de un trayecto de autobús. La extensión de Internet, la ausencia de servicios adicionales a bordo y el tamaño reducido de sus plantillas son solo una parte de la clave de su éxito.

Un sueño para el viajero

EasyJet, Ryanair, Virgin, Transavia (BasiqAir en España), Air Berlin City Shuttle, Air Madrid o Vueling (con sede central en el aeropuerto de Barcelona) y otras se han convertido en el sueño del viajero europeo, que puede conseguir un billete de Bruselas a Barcelona por 40 euros o volar gratis a Venecia a cambio de pagar solo las tasas del aeropuerto y desplazarse (no siempre) a un aeródromo secundario donde, en efecto, las dimensiones y las instalaciones tienen más puntos en común con una estación de autobús que con un aeropuerto.

¿Cuál es el secreto? El lado negativo es que este tipo de compañías, unidas a la crisis del sector aéreo, no favorecen el mercado laboral. "Tenemos 25 millones de pasajeros anuales en todo el mundo," explica el portavoz de Ryanair, Paul Fizsimmons. "Tenemos el mismo número de pasajeros que la compañía Air France, pero ellos emplean a 42 000 trabajadores, y nosotros, a 2000". El personal es altamente cualificado, ofrece una versatilidad impensable en las grandes compañías herederas de monopolios estatales y es, en tamaño, el mínimo imprescindible.

Pero hay más claves. Son organizaciones más jóvenes y dinámicas, con una estructura laboral diferente y un sistema de ventas que, definitivamente, margina a las agencias de viajes gracias a Internet. El 95% de los billetes de EasyJet y Ryanair se venden exclusivamente a través de la red.

El sistema reduce gastos administrativos, dado que se considera que un billete clásico de avión pasa por unas 20 manos distintas. De ahí que sus páginas web sean sencillas de utilizar y que apliquen mayores reducciones a sus precios si las reservas se realizan a través de ellas. Las reservas telefónicas, aunque en menor medida, también reducen costes.

Otra clave del éxito es el uso de las rutas más rentables, en las que no entran las intercontinentales, y la utilización de una flota homogénea con un solo modelo de avión, lo que evita también gastos en el entrenamiento de las tripulaciones.

Flexibilidad en los billetes

Una de las ventajas que estas compañías ofrecen al cliente es la flexibilidad de sus billetes. La ruptura de precios pasa también por la ruptura de ciertos esquemas que empiezan a dejar obsoletas ciertas reglas que, según ellos, solo perjudican al viajero. Se puede sacar un billete solo de ida o solo de vuelta sin pagar por ello un precio abusivo. Acogerse a los precios más bajos no pasa por pernoctar un mínimo de noches en el destino. Los cambios han empezado a facilitarse sin penalizar por ello al cliente.

Prometen la misma seguridad y puntualidad que las grandes compañías. A cambio, el pasajero jamás obtendrá un almuerzo gratis o una revista con reportajes de calidad a bordo. El mayor regalo es un bocadillo con bollo industrial y la revista suele ser meramente publicitaria, pero para trayectos de un máximo de tres horas, los viajeros europeos parecen crecientemente satisfechos y no ponen objeciones a la hora de subirse a un avión de Ryanair rumbo a Roma decorado en grandes caracteres con la leyenda "Arrivederci Alitalia".

Adaptado del artículo de Gabriela Cañas publicado en *El País Negocios.*

1) El artículo describe las claves del éxito de los operadores de bajo coste, los beneficios para los viajeros y las consecuencias negativas para el sector. Lee las siguientes características y clasifícalas.

	Clave del éxito	Beneficio para el viajero	Consecuencia para el sector
a. Posibilidad de realizar cambios en los billetes.	☐	☐	☐
b. Marginan a las agencias de viajes en su sistema de ventas.	☐	☐	☐
c. Venta de billetes por Internet y por teléfono.	☐	☐	☐
d. Ausencia de servicios adicionales a bordo, tales como almuerzo o revistas.	☐	☐	☐
e. Tamaño reducido de sus plantillas.	☐	☐	☐
f. Puntualidad.	☐	☐	☐
g. No hay que pernoctar para conseguir un billete más barato.	☐	☐	☐
h. No favorecen el mercado laboral.	☐	☐	☐
i. Uso de aeropuertos secundarios.	☐	☐	☐
j. Personal versátil y altamente cualificado.	☐	☐	☐
k. Posibilidad de comprar billetes solo de ida o solo de vuelta a un precio no abusivo.	☐	☐	☐
l. Flota homogénea.	☐	☐	☐
m. Seguridad.	☐	☐	☐
n. Solo operan en las rutas más rentables.	☐	☐	☐
o. No operan rutas intercontinentales.	☐	☐	☐

3. Los hoteles.

a) Cuando viajas y necesitas quedarte en un hotel, ¿prefieres un hotel perteneciente a una gran cadena hotelera o un hotel independiente?

b) ¿Conoces alguna cadena hotelera española?

c) **Comprensión de lectura. El siguiente texto te describe la situación hotelera española. Léelo y realiza las actividades a continuación.**

Cadenas para sobrevivir

Pese a los pasos que poco a poco va dando el sector del turismo español para su profesionalización, sigue sufriendo dos males tradicionales: la atomización y la descoordinación. Hacen falta cadenas más fuertes y más alianzas con los operadores.

El clima ha puesto las cosas en bandeja al turismo en España. El calor del sol ha hecho posible recibir a más de 50 millones de turistas al año sin contar con un sector suficientemente profesionalizado y, sobre todo, muy a su aire. La mitad del parque hotelero está formado por establecimientos independientes o cadenas muy pequeñitas, lo que dificulta la consolidación de marcas, por un lado, y el proceso de alianzas o fusiones. Frente a los más de 350 hoteles que tiene Sol-Meliá, la cadena española más fuerte, la norteamericana Marriott, por ejemplo, tiene bajo su marca más de 2500 establecimientos.

Para Javier Jiménez, socio de Andersen, esa atomización es uno de los lastres del sector, que se ve cautivo de los touroperadores. La formación de cadenas más fuertes y las alianzas entre los distintos agentes son, a su juicio, medidas que se deberían fomentar. Y en ello coincide con Alfonso Rivero, socio de Accenture, que echa de menos una mayor conexión entre las empresas del sector españolas y las internacionales. "Aquí tenemos fuertes redes de agencias de viajes, grandes touroperadores... pero todo pensado para que los españoles viajen, y falta conexión de esas grandes empresas españolas con las extranjeras para traer a los turistas aquí".

Formación e Internet

Son muy poquitos los ejemplos de asociación entre quienes envían aquí a los extranjeros y quienes los reciben y alojan. Tui es socio de Riu; Thomas Cook tiene una alianza con Iberostar; My-Travel con Hotetur y First Choice con Viajes Barceló. "Las empresas españolas," dice Rivero, "tienen que pensar cómo aprovechar que somos un destino que mueven solo cinco o seis grandes compañías internacionales".

Junto a ello, Rivero afirma también que debería profundizarse en la formación –los hoteleros dedican solo un 1% a ese capítulo– en la introducción de nuevas técnicas de gestión de calidad de cara al cliente (CRM) –"donde prácticamente no hay nada"– y en el mayor uso de nuevas tecnologías, donde el sector español, dice, "está en el furgón de cola". Las reservas por Internet, que suponen en Europa el 3% del mercado, son todavía muy escasas en España cuando en los países nórdicos representan casi el 40% de las ventas.

En cuanto a los precios, tradicional ventaja competitiva de España, Rivero advierte que la tarifa media por habitación se está acercando a la media de Europa. Según el Instituto Nacional de Estadística (INE), los precios de los hoteles están subiendo. Si estamos en plena campaña de rebajas de precios, ¿cómo es posible que se den aumentos del 8,4% en Murcia o del 7,3% en Aragón?

Adaptado del artículo de B.C. publicado en *El País Negocios.*

1) **¿Qué significa atomización?**

2) **¿Qué ventajas competitivas tienen las cadenas hoteleras españolas?**

3) **Compara la situación de las hoteleras españolas con las europeas, usando la información que te brinda el artículo.**

d) **Juego de roles. Tú y tu compañero viajáis frecuentemente para dar presentaciones sobre vuestra empresa a través de toda España y tenéis vuestra cadena de hoteles favorita. Intentad convencer a vuestro compañero de que vuestra cadena es la mejor para vuestra próxima presentación en Madrid.**

ESTUDIANTE A: AC HOTELES
Cuenta con 23 hoteles de cuatro y cinco estrellas en las principales ciudades.

Habitaciones: Bien insonorizadas, con 20 canales de televisión, prensa y minibar gratuito.

Instalaciones y servicios: Salas de reuniones, con conexiones a Internet, videoconferencia, multiconferencia, conversor para conectar una PC al sistema de videoconferencia, audio, etc. Con capacidad desde ocho hasta 250 personas. Alquiler de equipos informáticos, móviles, traducción de documentos, contratación de azafatas y secretarias, fotocopias, mensajería, agencia de viajes.

Otros servicios: Sala de aperitivos gratis, *fitness center, room service* y lavandería 24 horas.

Precios: Madrid, 161-391€, dependiendo del tipo de habitación y de la temporada.

ESTUDIANTE B: NH HOTELES
171 hoteles urbanos de tres y cuatro estrellas.

Habitaciones: Decoración uniforme, con obras de arte y de tonos cálidos. Televisor con películas de pago, servicio de mensajes y conexión a Internet.

Instalaciones y servicios: *Business center* con conexión a Internet, distintas herramientas básicas (PC, impresora, fax...) y servicios especiales previa solicitud. Red de televisión privada por satélite para videoconferencias. Se puede solicitar equipo para videoconferencias. Salas de reuniones desde 10 a más de 1000 personas, según hotel.

Otros servicios: *Fitness center* y sauna (en algunos), cóctel bar, desayuno rápido gratis desde las 6:00 horas. Cocina internacional. Tienen una tarjeta personal de pago NH Club American Express que permite acumular puntos canjeables, sin límite de tiempo, con premios y descuentos en compañías aéreas, alquiler de vehículos, Disneyland Paris, o en los propios hoteles (acompañante gratis, prioridad en lista de espera).

4. Las agencias de viajes.

a) **¿Sueles usar las agencias de viajes o prefieres usar Internet a la hora de hacer las reservas?**

b) **El siguiente artículo te describe la situación de las agencias de viajes en España. Léelo y completa el cuadro a continuación.**

Agencias: tiendas de sueños

Si por algo se caracteriza el sector de agencias de viajes español es por la coexistencia de tres modelos distintos y el surgimiento de un cuarto que va tomando potencial en los últimos años.

El primer modelo se corresponde con la agencia de viajes independiente, "la de toda la vida"; el segundo, con las grandes redes pertenecientes a grandes grupos turísticos; un tercero sería intermediario entre los dos anteriores, empresas en principio pequeñas que poco a poco han ido creciendo hasta conformar una red en torno a diez agencias, mientras que el cuarto, que ha vivido en los últimos años una cierta ebullición, sería el de las agencias muy especializadas en un determinado producto turístico. Y lo curioso es que coexisten en una cierta paz y armonía y terminan por conformar una red capital de distribución de la oferta turística muy cercana a los clientes.

Casi tres mil agencias de viajes existen en España, de las que resultan en torno a 7000 puntos de venta a los consumidores. La mayoría de ellas se corresponden con el primer modelo. Empresas pequeñas con un solo punto de venta, generalmente explotadas directamente por la familia propietaria y cuyo punto fuerte es la cercanía al cliente.

En el segundo apartado se inscriben los grandes grupos de agencias de viajes, como Marsans, Halcón, Viajes Iberia, Viajes El Corte Inglés o Barceló. Su característica fundamental es el hecho de pertenecer a grandes grupos turísticos, por lo que cuentan con el respaldo de una cadena hotelera o de un touroperador detrás, algunos incluso cuentan con su propia línea aérea o con la clientela potencial de una cadena de grandes almacenes.

El tercer grupo lo conforman grupos más modestos que los anteriores pero que tienen más de 10 puntos de venta surgidos como consecuencia del éxito de una agencia de las denominadas tradicionales (Viajes Zeppelin) o como consecuencia de movimientos que han llevado a asociarse a agencias individuales en una estructura superior en forma de grupo (Grupo Star).

El cuarto movimiento, el de las agencias especializadas, incluye actividades como excursiones de aventura, submarinismo, esquí, turismo rural, etc.

Adaptado del artículo de M.L. publicado en *ABC Economía.*

1) Completa el siguiente esquema con información del texto anterior.

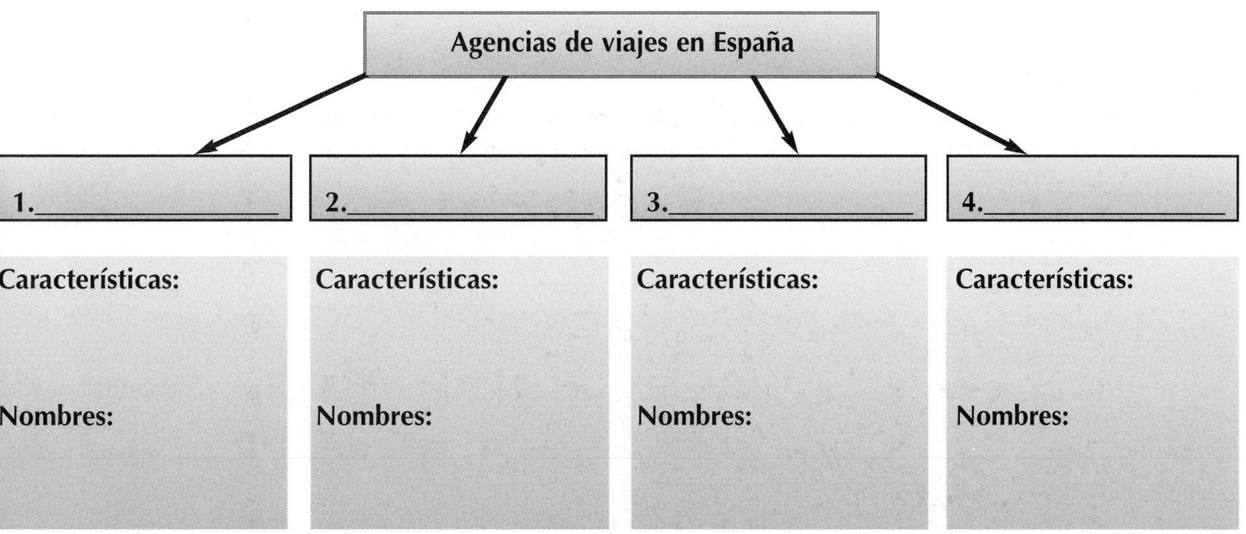

c) El gran problema de las agencias de viajes en este momento es la rebaja de las comisiones que cobran por la venta de billetes de las compañías aéreas. Pero el otro problema es la cuota que les puede quitar Internet, donde se pueden encontrar buenos "chollos de última hora".

1) Vas a buscar la mejor oferta para un viaje. Imagina que tienes vacaciones y quieres un paquete turístico que te resulte atractivo. Busca la opción más interesante y económica en los siguientes portales de viajes:

· http://www.rumbo.es · http://www.viajar.com · http://www.edreams.es

Preséntala al resto de la clase.

5. Los canales de distribución en el sector turístico. El siguiente artículo te describe cómo funciona la distribución en este sector.

a) Estos términos han aparecido a lo largo de esta unidad y volverán a aparecer en este artículo. ¿Puedes definirlos con tus propias palabras?

Touroperadores: ______________________________
____
Paquetes turísticos o de vacaciones: ______________________________
____
Vuelos chárter: ______________________________
____

b) Lee el texto y realiza las actividades a continuación.

¿Quiénes manejan sus vacaciones?

República Dominicana. Nueve días, dos personas, pensión completa, traslados... Todo incluido: 1220 euros. ¡Menudo chollo! Es difícil explicarse que alguien gane dinero con esas ofertas tan baratas... pero en este negocio nada se regala. Detrás de un viaje organizado hay una maraña de acuerdos, que implica a compañías aéreas, cadenas hoteleras y agencias de viajes. Todos los hilos conducen a pocas manos: las de los touroperadores, gigantescas centrales que compran habitaciones y plazas de avión por millones. ¿Los más potentes? TUI, C&N y DER de Alemania, y Airtours y Thompson de Reino Unido controlan el mercado mundial de los viajes organizados.

Los touroperadores españoles, entre los que destacan Tiempo Libre, Iberojet, Travelplan, Soltour y Mundisocial son como hormiguitas. Lo que facturan es nada comparado con lo que facturan TUI o Airtours. Las firmas alemanas y británicas tienen mucha más fuerza porque sus clientes naturales planifican las vacaciones con seis meses de antelación y viajan todo el año. En España solo disponemos de las plazas que ellos dejan libres.

Afectadas de gigantismo, touroperadores, hoteles, aerolíneas y agencias se funden en pocas manos para ahorrarse las comisiones y los intermediarios. ¡Así pueden ofrecer esos precios! Por ejemplo, el grupo alemán TUI tiene la línea aérea Britannia y parte del grupo español hoteles Riu. La inglesa Airtours posee su propia línea aérea y participa en el grupo español Barceló. Sin embargo, esta concentración es peligrosa y la Organización Mundial de Turismo (OMT) augura que en 2010 los vuelos mundiales estarán en manos de tres grupos. La misma tendencia se reproduce en España. Viva Tours, un mayorista que pertenece a Iberia, ha roto el mercado con sus ofertas irresistibles. Y si Ud. cree que está organizando sus viajes a través de una agencia, no esté tan seguro. Los paquetes de vacaciones con destino, vuelo y hotel, dependen de la cartera de accionistas del mayorista elegido.

Para montar un paquete turístico hay que elegir destinos. Las oficinas de turismo invierten toneladas de esfuerzo en engatusar a los colosos como TUI o Airtours. Con el destino fijado, el siguiente paso consiste en llevar a los turistas. Lanzar un nuevo destino significa pensar en transporte barato. ¿Solución? Recurrir a los vuelos chárter. El precio es muy variable y depende de la época del año, el precio del petróleo, el modelo del avión. Alquilar un avión de 350 pasajeros cuesta unos 25 000 euros por hora.

Llega la hora de los hoteles. Si la infraestructura es buena, perfecto. El touroperador solo tiene que negociar con los propietarios. Para los paquetes turísticos se suele firmar media pensión: alojamiento y desayuno por un 30 ó 40% más barato que la tarifa oficial. Además, hay que descontar otro 10% que se lleva el minorista. Al final, una habitación que al público le cuesta 90 euros, al mayorista le supone, como mucho, un desembolso de 45 euros. Los hoteles y los touroperadores se necesitan mutuamente.

A quien necesitan cada vez menos es a las pequeñas agencias de viajes. Internet les está quitando la baza de las reservas. Además, hasta ahora eran las encargadas de organizar a los turistas que enviaba el mayorista. Pero esto también se está acabando. ¿El futuro? Bastante negro para las pequeñas empresas que viven del turismo. Los touroperadores han decidido comprarlo todo y va a ser difícil frenarlos.

Adaptado de la revista *Capital*.

1) Indica si las siguientes afirmaciones son verdaderas o falsas.

	V	F
1. Los alemanes y los ingleses planifican sus vacaciones mientras que los españoles las improvisan.		
2. Los hoteles ofrecen precios más baratos a los touroperadores que al público en general.		
3. En el canal de distribución de los paquetes turísticos, las agencias de viajes son de vital importancia.		
4. La concentración de los paquetes turísticos en manos de pocos touroperadores es beneficiosa para el sector.		
5. Con estas ofertas tan baratas, los touroperadores pierden dinero.		

FICHA 12.3. ESPAÑA COMO PAÍS RECEPTOR

1. Para poner a prueba tus conocimientos sobre España como país receptor de turistas, escoge la respuesta que creas más apropiada para las siguientes preguntas.

a) ¿Qué lugar ocupa España entre los países que reciben más turistas por año?

1) el primero 2) el segundo 3) el tercero

b) ¿De dónde procede la mayoría de los turistas que visitan España?

1) de Inglaterra y Alemania 2) de Estados Unidos y Japón 3) de Francia y Portugal

c) ¿Qué porcentaje de alemanes crees que pasan las vacaciones fuera de su país?

1) 50% 2) 80% 3) 90%

d) ¿Cuál es el principal motivo por el que tantos turistas visitan España cada año?

1) monumentos y museos   2) estudiar español   3) sol y playa

e) ¿Cuáles son los meses que más turistas vienen a España?

1) junio y julio   2) julio y agosto   3) mayo y septiembre

f) ¿Cuál es el principal destino de los turistas extranjeros que visitan España?

1) Baleares   2) Cataluña   3) Andalucía

2. Comenta tus respuestas con el resto de la clase.

3. La pregunta d) de la actividad 1 te ha permitido saber cuál es el principal motivo por el que los turistas vienen a España. ¿Qué otros motivos se te ocurren? Compara tus respuestas con el resto de la clase.

4. ¿Y cuál de estas razones crees que es la que más desmotiva a los extranjeros para hacer turismo en España?

- el ruido
- falta de información
- precio alto
- turismo masificado
- demasiado calor
- razones externas al turismo (especifica)

5. Los siguientes titulares te dan una idea de la importancia del turismo en España así como de las circunstancias que pueden afectarlo positiva o negativamente. ¿Coinciden con tu respuesta a la actividad 4?

El turismo pasa la prueba de Semana Santa

Los empresarios prevén un alto nivel de ocupación y destacan la nula incidencia del 11-M en las reservas.

España pierde puntos como destino turístico

El descenso en el número de alemanes y británicos alarma a la primera industria del país.

Internet, vuelos baratos y crisis económica fracturan la industria turística española.

Por primera vez, más de la mitad de los extranjeros que llegan a nuestro país lo hacen por su cuenta.

La fragilidad del modelo turístico

El primer touroperador mundial advierte a España que debe bajar los precios.

Malos tiempos para el turismo

Los cimientos de la industria turística española, asentados desde sus inicios en el tradicional sol y playa, se tambalean. A los problemas puramente coyunturales (clima prebélico, recesión económica) se unen los coyunturales: cambios de tendencia en los consumidores, nuevos países competidores, saturación de plazas hoteleras y la situación de dominio de los touroperadores.

La incertidumbre ahoga al turismo

La guerra paraliza las reservas y hace más evidente la necesidad de cambio en el sector.

El gobierno achaca a la crisis europea y al calor la llegada de 530127 turistas menos en agosto.

El turismo sufre los atentados de EE.UU.

Los viajeros estadounidenses han cancelado el 10% de las reservas en hoteles y agencias españoles.

Un verano de lleno casi total gracias al ajuste de precios.

6. **Entre los turistas que visitan España, podemos distinguir el "turismo de calidad" frente a otro tipo de turismo, que podríamos llamar "de sol y playa". La siguiente ilustración te describe ambos tipos de turistas. Con un compañero, piensa qué puede ofrecer España tanto a los turistas de calidad como a los de sol y playa para atraerlos. Presentad vuestras ideas al resto de la clase.**

Perfil del turista de calidad
35-55 años.
Generalmente parejas con algún hijo o grupos de ejecutivos en viajes de congresos o incentivos.
Busca:
Tranquilidad, una gastronomía cuidada, una oferta cultural complementaria. Spa, talasoterapia o golf son algunos requisitos casi obligados.
Gasto medio aproximado:
160-200 euros/día.
Perfil del turista de sol y playa
También conocidos en el sector como "hooligans".
Grupo de jóvenes. A veces también familias europeas de clase media.
Renta per cápita media-baja.
Busca:
Sol, bebida barata y juerga.
Prefiere un buffet con comida parecida a la de su país.
Vienen con paquete turístico, en vuelo chárter y la estancia suele ser más larga.
Gasto medio aproximado:
60-70 euros/día, incluyendo paquete turístico.

Fuente: *Actualidad Económica.*

FICHA 12.4. ESPAÑA COMO PAÍS EMISOR

1. **Ahora vamos a poner a prueba tus conocimientos sobre los españoles como turistas. Selecciona la opción que consideres más apropiada para las siguientes preguntas:**

a) ¿Cuántos días de vacaciones tienen los españoles al año?

1) 15 días 2) 22 días 3) 29 días

b) ¿Qué porcentaje de españoles realizan un viaje turístico al año?

1) 55% 2) 65% 3) 75%

c) ¿Cuál es el destino favorito de los españoles dentro de España?

1) Comunidad Valenciana 2) Baleares 3) Andalucía

d) ¿Y fuera de España?

1) Francia 2) América Latina 3) Portugal

e) ¿Qué buscan los españoles cuando salen de vacaciones?

1) una ciudad de costa 2) un pueblecito costero 3) la montaña

f) ¿Cuál es el motivo principal para escoger un lugar?

1) ver a la familia y a los amigos 2) el paisaje 3) el clima

g) A diferencia de los alemanes, ¿qué porcentaje de españoles pasan sus vacaciones en España?

1) 70% 2) 80% 3) 90%

h) ¿Dónde se suelen alojar?

1) en hoteles 2) en segundas residencias 3) con amigos/familiares

2. El cuestionario de la actividad 1 te permite tener una idea concreta de las preferencias de los españoles a la hora de viajar. Haz una lista de los atractivos turísticos que tu país puede ofrecerles.

3. Tu profesor te mostrará una serie de anuncios publicitarios de diversos países o comunidades autónomas españolas. Trabajando solo o con un compañero, tienes que diseñar un anuncio publicitario dirigido a los turistas españoles.

ACTIVIDADES RECOPILATORIAS

1. La compañía IBERIA ha desarrollado una campaña publicitaria basada en una serie de anuncios con el eslógan "Has decidido Iberia". En ellos se apela a los viajeros con frases como "Has decidido amabilidad", "Has decidido servicio", "En puntualidad hemos ganado". El siguiente texto es una carta al director del periódico *El País*, de una pasajera que "decidió puntualidad" y tuvo una mala experiencia. Léela y realiza las actividades a continuación.

El día en el que "decidimos puntualidad"

[Isabel Gistau Retes, Madrid]

El 11 de diciembre, junto a dos compañeras de trabajo, me disponía a coger el vuelo IB3480 de Madrid a Ginebra con salida a las 9:00 porque "habíamos decidido puntualidad con Iberia," fundamentalmente porque nuestro objetivo era tener la reunión de mayor importancia del año con el principal cliente de nuestra empresa.

A la hora de embarque, un aviso por la megafonía de Barajas indicó a los pasajeros del vuelo que nos dirigiéramos a la cafetería *El Mirador* del aeropuerto. Y esa fue la última comunicación oficial que se dignó hacernos Iberia.

Tras acudir a las mesas de información, se nos notificó que se había cancelado nuestro vuelo y que la causa era la "falta de tripulación" (se ve que ese día la tripulación no "había decidido trabajar"). También se nos dijo que partiríamos en el vuelo de las 12:15.

Mis compañeras y yo intentamos retrasar nuestra reunión hasta las 14:00, nueva hora a la que con un poco de suerte llegaríamos a Ginebra.

Al llegar al nuevo embarque, nos dijo una señorita que no había asientos asignados, por lo que los pasajeros de dos aviones teníamos que pelearnos por los asientos a

"tonto el último". Como mis compañeras y yo "habíamos decidido amabilidad" ese día, quisimos saber si había forma de que nos sentáramos juntas.
La respuesta amable de la persona de Iberia encargada del embarque fue la de darnos la espalda –literalmente– y ponerse a hablar con una compañera. Durante cinco minutos seguí hablando, pero ella ni se dio la vuelta –parece ser que ella "no había decidido educación"–. Al llegar al avión e instalarnos todos como pudimos, permanecimos una hora en él sin despegar. Finalmente llegamos a Ginebra a las 15:00.

Nuestro cliente no nos pudo ya recibir, y ni siquiera tiene fechas, lógicamente, hasta después de Navidad, con el grave perjuicio que eso ha supuesto para nuestra empresa.

No nos movimos ya del aeropuerto de Ginebra, esperando a coger el vuelo de vuelta, el de las 19:10. En este nuevo embarque se negaron a sentarnos juntas, sin ningún tipo de disculpa –incluso nos regañaron al pedirlo– y volvimos a estar una hora en pista sin despegar.

Llegamos a Madrid a las 22:00 por lo que, al llevar en Barajas desde las 7:30, fueron 14,5 horas en manos de la *puntualidad y amabilidad* de Iberia, que no deseo a nadie.

Por cierto, el precio de los tres billetes fue de 1300 euros cada uno.

a) **Haz una lista de todos los fallos que tuvo Iberia y que han provocado esta situación y el envío de esta carta para su publicación en un periódico.**
b) **¿Crees que Isabel ha escrito una carta de reclamación a Iberia? Justifica tu respuesta.**
c) **Imagina que eres Isabel. Escribe la carta de reclamación para Iberia.**

2. **A continuación tienes una carta que Iberia escribió a una pasajera que volaba con un bebé de pocos meses y que no pudo coger un vuelo nacional porque este salía de la terminal internacional y la pasajera no llevaba pasaporte ni ningún otro tipo de identificación para su bebé. Iberia le ofreció un vuelo de puente aéreo, pero la pasajera tuvo que esperar a que le entregaran sus maletas e ir con ellas y con el bebé hasta otra terminal.**

Centro de Atención al Cliente
Apartado de Correos 548, F.D.
28080 Madrid (España)

IBERIA

Doña María Asunción de Capistrano
C/ Rosario 23, 2º 5ª
08034 Barcelona (España)

Madrid, 29 de abril de 2005

Referencia: 30460767

Estimada Sra. Capistrano:

Le agradecemos que se haya dirigido a nosotros y sentimos las molestias ocasionadas con relación al vuelo IB 6120 del 12/4/2005.

Las compañías aéreas somos ajenas a las exigencias que, en materia de documentación, imponen las autoridades gubernamentales de cada país.

Para futuros viajes, le rogamos que contacte con Serviberia, en el teléfono 902 400 500, si llama desde España, en cualquier oficina de Iberia en el país desde donde inicie su viaje o a través de nuestra página web, www.iberia.com, donde le podremos facilitar la información relativa a los requisitos de salida, tránsito y destino.

Sentimos los inconvenientes que le ocasionamos y le rogamos que acepte nuestras disculpas.

Deseamos ofrecerle un servicio satisfactorio, por lo que hemos hecho llegar su queja a la Unidad responsable para evitar que, en lo sucesivo, se produzcan situaciones como la que nos describe.

Le reiteramos nuestro agradecimiento y aprovechamos la ocasión para saludarle.

Atentamente,

Isabel P. López
Supervisora

a) **Trabajas en el Centro de Atención al Cliente de Iberia y has recibido la carta de reclamación de Isabel Gistau Retes. Contéstala, pero ten en cuenta los siguientes derechos del pasajero a la hora de redactar la respuesta.**

Overbooking: Cuando el número de pasajeros supera al de plazas disponibles, la compañía deberá pedir voluntarios que renuncien a sus asientos a cambio de ciertas compensaciones, entre las que deben figurar el reeembolso del importe del billete o la oferta de transporte alternativo hasta el destino final, así como una indemnización económica que, como mínimo, será la prevista para los pasajeros a los que se deniegue el embarque sin que se hayan ofrecido voluntarios: 250€ en vuelos de menos de 1500 kilómetros; 400€ en vuelos intracomunitarios y el resto de vuelos de entre 1500 y 3000 kilómetros; 600€ en vuelos de más 3500 kilómetros. Esta indemnización se reduce a la mitad si el pasajero puede volar a su destino en menos de 2, 3 ó 4 horas, respectivamente, según las distancias, de retraso sobre el horario previsto. Además, la compañía debe ofrecerle gratuitamente comida y alojamiento, transporte entre el aeropuerto y el hotel, y dos llamadas telefónicas, faxes o correos electrónicos.

Anulación: El viajero puede elegir entre la devolución del importe del billete en el plazo de siete días, incluida la parte del viaje que ya hubiera realizado, o ser transportado hasta su destino por el medio más rápido o en otra fecha si le interesa más. Además, la compañía debe proporcionarle la comida, bebida y alojamiento que puedan ser necesarios y facilitarle llamadas, faxes, etc. El pasajero puede exigir además las mismas compensaciones previstas para "overbooking" salvo que la cancelación se deba a "circunstancias excepcionales" o le hayan informado de ella con un mínimo de dos semanas de antelación (o menos si le dan un transporte alternativo en un horario próximo).

Retrasos: Los viajeros tienen derecho a comida y bebida suficientes, y alojamiento si fuera necesario, así como a medios de comunicación, siempre que su vuelo se retrase como mínimo dos horas en vuelos de hasta 1500 kilómetros, tres horas en vuelos intracomunitarios más largos o en otros vuelos de entre 1500 y 3000 kilómetros, y cuatro horas en el resto de vuelos. Cuando el retraso supere las 5 horas, la compañía tiene que devolverle el importe del billete en el plazo de 7 días, incluida la parte del viaje que ya hubiera realizado y las que le quedaran por realizar si puede demostrar que su viaje ya no tiene razón de ser. No se prevén indemnizaciones por retraso, pero si la responsable es una compañía de la UE se puede reclamar hasta unos 4800€ por los perjuicios ocasionados.

Equipajes: Según la Comisión Europea, el viajero puede reclamar hasta 1200€ por daños en casos de rotura, deterioro, pérdida o retraso de su equipaje.

Lesiones: En caso de lesiones durante el vuelo, tiene derecho a un anticipo por las necesidades económicas más inmediatas y a reclamar por daños.

Fuente: "Si le dejan en tierra... ", artículo publicado por Mayte Rius en *La Vanguardia Dinero.*

3. ¿Alguna vez has sufrido un percance similar en un vuelo, en un hotel o en cualquier otra empresa turística? Si es así, explícalo al resto de la clase.

4. Escribe una carta de reclamación a la empresa con la cual tuviste el percance. ¡Recuerda hacer valer

MODELO DE EXAMEN

1.- COMPRENSIÓN LECTORA (Tiempo: 40 minutos).

1a.- Texto 1: Ejercicio de opción correcta. (Tiempo: 10 minutos).

Jóvenes mal pagados y con contrato temporal

Los jóvenes trabajadores menores de 30 años son los que muestran menor satisfacción con su empleo, según un estudio reciente elaborado por la Secretaría Confederal de la Juventud del Sindicato CC.OO. Las razones para este descontento están en los bajos salarios, los horarios flexibles y cambiantes y la escasa estabilidad en su puesto, concluyen los autores de la investigación. El salario medio de los trabajadores jóvenes representa el 64% de la media nacional y dos de cada tres asalariados de este grupo se emplea en el sector servicios (el 80% de las mujeres).

El 23,2% de los encuestados señala los bajos sueldos como la causa de insatisfacción principal, por delante del 14,4% que se queja del horario, el 12,5% que lo hace de la dureza del trabajo y el 4,1% de los que piden una mayor estabilidad laboral.

Que precariedad y juventud son palabras que van muy unidas se ve en el hecho de que las ramas de actividad que concentran mayor número de jóvenes son aquellas donde los índices de calidad en el empleo son más bajos. Por ejemplo, el 81,3% de los trabajadores temporales del sector del comercio tiene menos de 35 años. Este porcentaje desciende al 76,8% en el caso de los que trabajan en industrias manufactureras; el 69,7% entre los asalariados de compañías inmobiliarias y de otras firmas especializadas en otros servicios a la empresa y al 61,4% entre los que trabajan en el sector de la construcción.

Menos de la mitad de los jóvenes ocupados encuestados para este trabajo (46%) considera que está bien o muy bien pagado, mientras que el 23,2% asegura recibir un sueldo bajo. Por eso entre los trabajadores más jóvenes, los que tienen menos de 20 años, la principal razón para cambiar de trabajo es una mejora salarial.

La temporalidad, un mal del mercado de trabajo español, se ceba de forma especial en este colectivo. Así el 71% de los jóvenes consultados tiene un contrato temporal (64% entre las mujeres) y solo el 4,1 ha elegido este tipo de contrato.

Fuente: *El País Negocios.*

1.- COMPRENSIÓN LECTORA (Tiempo: 40 minutos).

1a.- Texto 1: Opción correcta. (Tiempo: 10 minutos).

Responda a las preguntas que se plantean sobre el texto. No escriba en esta hoja. Marque la opción correcta en la hoja de respuesta.

1. Según el estudio citado en el artículo, las razones por las cuales los jóvenes españoles están descontentos con su trabajo son:

   a) los bajos sueldos, la precariedad y el sector en que trabajan.
   b) los bajos sueldos, los horarios y la inestabilidad laboral.
   c) la dureza del trabajo, la temporalidad y los bajos sueldos.

2. El porcentaje de jóvenes que trabaja en el sector servicios es:
   a) 66%
   b) 33%
   c) 80%

3. Según el estudio, las ramas de actividad que concentran menor número de jóvenes son:
   a) aquellas donde los índices de calidad en el empleo son más bajos.
   b) las relacionadas con el sector de la construcción.
   c) las relacionadas con el sector del comercio.

4. El porcentaje de jóvenes consultados que quiere un contrato temporal es:
   a) 71% de los chicos consultados.
   b) 64% de las chicas consultadas.
   c) 4,1% de los jóvenes consultados.

1a.- Texto 2: Completar. (Tiempo: 15 minutos).

Los inmigrantes cambian el paso

Amaya Iríbar.

La incorporación de los inmigrantes al mercado laboral es imparable. El 49,7% de los (1)______________ a la Seguridad Social este año corresponde a este colectivo, en parte consecuencia del proceso extraordinario de regularización que terminó en mayo. No solo son asalariados. Uno de cada 4 nuevos trabajadores por cuenta (2)____________ ha nacido fuera de España. Los inmigrantes emprenden más.

Basta con darse una vuelta por el centro de algunas grandes ciudades como Madrid, para que el fenómeno salte ante los ojos. Tiendas de todo a cien regentadas por ciudadanos chinos, suramericanas que hacen arreglos de ropa a pie de calle, restaurantes, locutorios, establecimientos de envío de dinero al extranjero... Es solo una parte del fenómeno, pero sirve para romper el tópico de que los inmigrantes solo trabajan en puestos poco cualificados y mal remunerados y en sectores de actividad muy específicos: construcción, agricultura y hogar.

En los siete primeros meses del año se han dado (3)__________ 71558 nuevos autónomos, de los cuales el 25,35% ha nacido fuera de España. Los extranjeros suman ya casi 1,6 millones de trabajadores y 140882 de ellos son empresarios, aunque solo sea de sí mismos. Se trata de un grupo minoritario –el 7% de los afiliados a la Seguridad Social y tan solo el 2,27% de los que (4)______________ en el régimen especial de autónomos–, si bien este crece a un ritmo mayor.
Los autónomos inmigrantes se quejan de las mismas trabas que los españoles: (5)__________ excesiva y escasez de ayudas. La principal diferencia está en la(6)______________ de los proyectos. Tienen mayor dificultad porque les cuesta más obtener las garantías necesarias.

Fuente: *El País Negocios.*

1.- COMPRENSIÓN LECTORA (Tiempo: 40 minutos).

1a.- Texto 2: Completar. (Tiempo: 15 minutos).
Complete las palabras que faltan en el texto. No escriba en esta hoja. Marque la opción correcta en la hoja de respuestas.

1. a) socios	b) inscritos	c) afiliados
2. a) propia	b) ajena	c) pública

3. a) de alza b) de alta c) de baja
4. a) cotizan b) pagan c) se apuntan
5. a) papeleo b) burocracia c) retraso
6. a) financiación b) duración c) inversión

1.- COMPRENSIÓN LECTORA (Tiempo: 40 minutos).

1b. Texto 1: Verdadero/falso. (Tiempo: 15 minutos)

¡Vaya usted al cajero!

Mayte Rius.

La política de desviar a los clientes de la ventanilla al cajero que ha aplicado en los últimos años el 80% de las cajas de ahorros ha dado sus frutos, y el canal de autoservicio ya es el más utilizado por sus clientes, con un 39,2% del total de las operaciones realizadas. Sin embargo, las entidades aún lo juzgan insuficiente, y creen que tienen margen para traspasar un 50% más de trabajo y clientes a las máquinas. Estas son algunas de las conclusiones del estudio elaborado por la comisión de organización, automatización y servicios (COAS) de la Confederación Española de Cajas de Ahorros (CECA) sobre el autoservicio en las cajas de ahorros.

Las cajas han detectado que su cliente medio hace cada mes un abono en cuenta, dos retiradas de efectivo, tres consultas de saldo o movimientos, un pago de recibos y una compra con tarjeta en comercios. "De esas 8 operaciones, 5 se pueden derivar con facilidad hacia el canal de autoservicio y otras, como el pago de recibos, pueden desviarse hacia otros servicios, como la domiciliación", explican los autores del estudio. Una de las prioridades es conseguir que los clientes no utilicen la ventanilla ni el tiempo de los empleados para sacar dinero o actualizar su libreta, operativa para la que ahora solo un 13% de ellos acude al cajero.

Por otra parte, la traslación de los clientes de la ventanilla hacia los cajeros se enmarca en la estrategia multicanal de las cajas, que también están potenciando el uso de la banca telefónica o por Internet, las domiciliaciones bancarias o los datáfonos. El objetivo no es otro que liberar tiempo de los empleados de las oficinas para que, en vez de hacer operaciones tan mecanizadas, se dediquen en mayor medida a labores comerciales o de asesoramiento personalizado. En definitiva, que el personal bancario se dedique a vender nuevos productos en vez de gestionar la operativa rutinaria de las cuentas ya existentes.

No obstante, el estudio de la CECA pone de manifiesto que despejar las ventanillas de clientes (lo que denominan migración) no es tan fácil. Ninguna entidad ha logrado migrar, por ejemplo, más del 30% o 40% de los ingresos de efectivo. Otro de los obstáculos es la resistencia de algunos clientes a renunciar al trato personalizado en ventanilla, sobre todo en el caso de personas mayores y el colectivo de mayor renta.

Fuente: *La Vanguardia Dinero.*

1.- COMPRENSIÓN LECTORA (Tiempo: 40 minutos).

1b. Texto 1: Verdadero/falso. (Tiempo: 15 minutos)
Responda verdadero/falso a las preguntas que se plantean sobre el texto. No escriba en esta hoja. Marque su respuesta en la hoja de respuestas.

1. Si los clientes utilizan el cajero automático en vez de la ventanilla, los empleados del banco trabajarán menos horas y tendrán más vacaciones.

a) Verdadero b) Falso

2. El canal más utilizado por los clientes de las cajas de ahorros es el cajero automático.

a) Verdadero b) Falso

3. Los bancos no tienen margen para trasladar más clientes y operaciones a los cajeros automáticos.

a) Verdadero b) Falso

4. Las cajas han detectado que su cliente medio ingresa dinero una vez al mes y saca dinero dos veces al mes.

a) Verdadero b) Falso

5. La domiciliación de recibos permite a los clientes comprar con tarjetas en comercios.

a) Verdadero b) Falso

6. Actualmente solo el 13% de los clientes de las cajas acude al cajero automático para sacar dinero o actualizar su libreta.

a) Verdadero b) Falso

7. Ninguna caja ha logrado que más del 30% o 40% de sus clientes haga ingresos en efectivo en los cajeros automáticos.

a) Verdadero b) Falso

8. Las personas mayores y las personas con mayores ingresos prefieren el trato personalizado en la ventanilla.

a) Verdadero b) Falso

9. Las cajas también están promoviendo el uso de otros canales.

a) Verdadero b) Falso

10. El objetivo de despejar las ventanillas de clientes es que el personal bancario pueda gestionar la operativa rutinaria de las cuentas ya existentes.

a) Verdadero b) Falso

CERTIFICADO SUPERIOR DE ESPAÑOL DE LOS NEGOCIOS

APELLIDO Y NOMBRE ______________________

CENTRO ______________________

CIUDAD / PAÍS ______________________

FECHA EXAMEN ______________________

HOJA DE RESPUESTAS (Señale la casilla correspondiente, (solo una casilla)

1. COMPRENSIÓN LECTORA

A

1) Opción múltiple

	a	b	c
1	☐	☐	☐
2	☐	☐	☐
3	☐	☐	☐
4	☐	☐	☐

2) Completar

	a	b	c
1	☐	☐	☐
2	☐	☐	☐
3	☐	☐	☐
4	☐	☐	☐
5	☐	☐	☐
6	☐	☐	☐

b) Verdadero / Falso

	V	F
1	☐	☐
2	☐	☐
3	☐	☐
4	☐	☐
5	☐	☐
6	☐	☐
7	☐	☐
8	☐	☐
9	☐	☐
10	☐	☐

2.- CONOCIMIENTOS ESPECÍFICOS DEL IDIOMA (Tiempo: 40 minutos)

2a. Opción múltiple sobre problemas gramaticales.
No escriba en esta hoja. Marque su respuesta en la hoja de respuestas. (Tiempo: 20 minutos).

1. En el MBA a tiempo parcial, este año ____________ la posiblidad a los alumnos de participar en dos viajes de estudios, uno al Reino Unido y ______ a EE.UU.

a) se dará/dos   b) se dio/otro   c) se dará/otro

2. Hace unas semanas, la cadena NH ___________ en Burgos un hotel en un edificio singular.

a) ha abierto   b) abrirá   c) abrió

3. El informe de Jones Lang Lasalle deja patente que Madrid y Barcelona ________ entre las ciudades con unas perspectivas mejores al no haber alcanzado su pico de oferta, en pleno ___________________.

a) están/descenso   b) son/crecimiento   c) están/crecimiento

4. Los expertos creen que, a partir del 2007, estas ___________ de crecimiento anual no __________ sostenibles.

a) tasas/sean   b) índices/serán   c) tasas/serán

5. Los miembros de la presidencia de Deutsche Telekom han anunciado su disposición a ___________ su sueldo base en un 10% como oferta a los sindicatos para que _______ el recorte de la jornada laboral y de los salarios del 10% que la empresa quiere imponer a sus trabajadores.

a) aumentar/acepten   b) reducir/acepten   c) reducir/aceptan

6. El empresario Gabriel Escarrer fue homenajeado _________ el Gobierno cubano _________ cumplirse el 15% de su llegada _______ la isla caribeña.

a) por/en/a   b) para/al/a   c) por/al/a

7. Las empresas han obtenido _________ beneficios, y por tanto,han tenido que pagar _________ impuestos.

a) mayores/más   b) menores/más   c) mayores/menos

8. La empresa está considerando una operación de compra, siempre que __________ para el grupo.

a) es   b) sea   c) será

9. Metrovacesa ha comunicado a la CNMV que ___________ su capital social en la proporción de una acción nueva _______ cada 20 antiguas, que se entregarán a los actuales accionistas.

a) ampliará/por   b) amplía/para   c) ampliará/para

10. El programa Executive MBA, creado en 1975 y dirigido a profesionales con ________ 5 años de experiencia que no ___________ interrumpir su carrera para reciclarse, también se hace más internacional este año.

a) más de/quieran   b) más/quieran   c) más que/quieren

11. Lo más normal es que el síndrome posvacacional _________ solo unos días y _______________ en cuanto el trabajador ________ el ritmo de trabajo habitual.

a) dure/desaparece/coge   b) dure/desaparezca/coja   c) dura/desaparezca/coja

12. El servicio del puente aéreo desde Barcelona a Madrid va muy bien, pero lo que sería interesante es que los primeros aviones ___________ antes y los últimos más ___________.

a) salgan/tarde   b) salieran/temprano   c) salieran/tarde

13. La firma alemana Siemens ___________ en abril la supresión de 3500 empleos en su división de telefonía en Alemania y EEUU. Antes, ___________ la no renovación de 2600 contratos temporales en Alemania, 2000 en móviles.

a) anunció/había anunciado   b) anunció/anunciará   c) había anunciado/anunció

14. Un euro por debajo del dólar tiene un doble efecto sobre la economía española: ___________, podría favorecer las exportaciones a EE.UU. ______________, España es el país de la zona euro con una balanza comercial más negativa.

a) Primero/Por otro lado   b) Por un lado/Por otro lado   c) Uno/Dos

15. Los clientes responden rápidamente a los cambios en las ventajas que se _________ ofrecen.

a) les   b) los   c) le

16. ______ una mala gestión del talento, no se aprovechan los rendimientos potenciales de los trabajadores ______ se motiva a los más creativos.

a) En/y   b) Con/y   c) En/ni

17. ___________ Microsoft unió el sistema operativo Windows con su navegador Explorer, la compañía de Bill Gates _______ acusada de poner en marcha un monopolio.

a) Cuándo/fue   b) Cuando/estuvo   c) Cuando/fue

18. España es el __________ país (solo superado ________ Grecia) que se ha convertido en uno de los mayores frenos _________ el crecimiento de Microsoft Ibérica.

a) primer/por/por   b) segundo/por/para   c) segundo/para/por

19. Los autores del estudio proponen obligar a que el cliente __________ su libreta en el cajero _________ de acudir a hacer gestión __________ en ventanilla.

a) actualice/antes/alguna   b) actualiza/antes/ninguna   c) actualice/después/ninguna

20. En Banif Catalunya, por ejemplo, solo un 34% del dinero invertido por los clientes _________ en renta variable, ocho puntos menos _______ en el 2001.

a) está/de   b) está/que   c) es/que

2.- CONOCIMIENTOS ESPECÍFICOS DEL IDIOMA (Tiempo: 40 minutos)

2b. Completar cuestiones de léxico.
No escriba en esta hoja. Marque su respuesta en la hoja de respuestas. (Tiempo: 20 minutos)

1. Repsol pasó de ser un grupo 100% de propiedad pública a ser mayoritariamente de capital ________ tras sucesivas OPV.

a) público   b) privado   c) mixto

2. Una decidida política de ahorro de costes, junto a la fortaleza del euro frente al dólar, han permitido a esta multinacional española ____________su deuda financiera.

a) aumentar   b) disminuir   c) mantener

3. Telefónica, Repsol, Endesa, SCH Y BBVA son líderes en varios mercados latinoamericanos, donde un millar de empresas españolas operan con _________ o a través de terceras compañías.

a) filiales   b) sucursales   c) multinacionales

4. El puente aéreo tiene una tarifa única de 326 euros en clase turista y de 378 en *business*, precio que, en líneas generales, solo estan dispuestos a pagar los pasajeros que viajan por motivos de trabajo y que exigen __________ flexibilidad (volar sin reserva previa, tener una oferta de vuelo cada 15 minutos, o poder realizar la vuelta en el plazo de un año).

a) moderada   b) máxima   c) mínima

5. Eso fue en 2003, pero desde entonces la tendencia ha ido _________, y en el 2004 cayó hasta el 44%.

a) a la baja   b) al alza   c) paralela

6. En este sector es muy importante distinguir entre lo que es marca _________ (la que tienen las grandes empresas de distribución) y las marcas de calidad.

a) roja	b) negra	c) blanca

7. Ganar __________ de mercado en España es dificilísimo, pero el grupo Calvo tiene un 20% del mercado de las conservas en España.

a) parte	b) cuota	c) porcentaje

8. La presión __________ en España ha subido 2,2 puntos desde 2004 debido a que los impuestos indirectos han ganado peso frente a los directos.

a) fiscal	b) legal	c) laboral

9. Benidorm cuenta con 66 oficinas __________ a disposición de los turistas.

a) de bancos	b) bancarias	c) de banca

10. Son una minoría los españoles que pagan un vehículo ___________. Supone hacer un gran desembolso de una sola vez.

a) a crédito	b) a plazos	c) al contado

CERTIFICADO SUPERIOR DE ESPAÑOL DE LOS NEGOCIOS

APELLIDO Y NOMBRE ______________________

CENTRO ______________________

CIUDAD / PAÍS ______________________

FECHA EXAMEN ______________________

HOJA DE RESPUESTAS (Señale la casilla correspondiente, (solo una casilla)

2. CONOCIMIENTOS ESPECÍFICOS DEL PROGRAMA

2 a) Opción múltiple sobre problemas gramaticales

1	☐	☐	☐	**11**	☐	☐	☐
2	☐	☐	☐	**12**	☐	☐	☐
3	☐	☐	☐	**13**	☐	☐	☐
4	☐	☐	☐	**14**	☐	☐	☐
5	☐	☐	☐	**15**	☐	☐	☐
6	☐	☐	☐	**16**	☐	☐	☐
7	☐	☐	☐	**17**	☐	☐	☐
8	☐	☐	☐	**18**	☐	☐	☐
9	☐	☐	☐	**19**	☐	☐	☐
10	☐	☐	☐	**20**	☐	☐	☐

2 b) Completar cuestiones de léxico

1	☐	☐	☐
2	☐	☐	☐
3	☐	☐	☐
4	☐	☐	☐
5	☐	☐	☐
6	☐	☐	☐
7	☐	☐	☐
8	☐	☐	☐
9	☐	☐	☐
10	☐	☐	☐

3.- PRODUCCIÓN DE TEXTOS ESCRITOS (Tiempo: 55 minutos)

3a. Redactar una carta o un escrito comercial. (Tiempo: 40 minutos)

Ud. ha sido víctima de *phishing* (fraude a través del correo electrónico y de Internet para obtener la contraseña) y, como consecuencia, le han sacado todo lo que tenía en su cuenta: 3000 euros. Ud. quiere notificárselo a su banco por escrito y que le reintegren este importe en su cuenta lo antes posible, ya que considera que su banco es, de alguna manera, responsable.

Redacte la carta de reclamación correspondiente.

CERTIFICADO SUPERIOR DE ESPAÑOL DE LOS NEGOCIOS

APELLIDO Y NOMBRE ______________________

CENTRO ______________________

CIUDAD / PAÍS ______________________

FECHA EXAMEN ______________________

3.- PRODUCCIÓN DE TEXTOS ESCRITOS (Tiempo: 55 minutos)

3a. Redactar una carta o un escrito comercial. (Tiempo: 40 minutos)

(Hoja de respuesta)

3.- PRODUCCIÓN DE TEXTOS ESCRITOS (Tiempo: 55 minutos)

3b. Redactar un escrito profesional conciso. (Tiempo: 15 minutos)

El bufete de abogados Gelabert y Menéndez, para el cual Ud. trabaja, tiene previsto trasladar su sede a la calle Colón, 25 de Valencia.

Redacte un saluda dirigido a María Sabas, una de sus mejores clientes, para comunicarle el traslado.

CERTIFICADO SUPERIOR DE ESPAÑOL DE LOS NEGOCIOS

APELLIDO Y NOMBRE ______________________________

CENTRO ______________________________

CIUDAD / PAÍS ______________________________

FECHA EXAMEN ______________________________

3.- PRODUCCIÓN DE TEXTOS ESCRITOS (Tiempo: 55 minutos)

3b. Redactar un escrito profesional conciso. (Tiempo: 15 minutos)

(Hoja de respuesta)

4.- PRUEBA ORAL

A.- Lectura de un texto escrito. (Tiempo: 3 minutos).

Las "Low Cost" cobran hasta ocho veces menos que Iberia

Raúl Montilla/El Prat.

Viajar la próxima semana desde Barcelona hasta Berlín puede suponer un gasto para el bolsillo de hasta más de setecientos euros, dependiendo de la compañía que se elija. Easyjet, actualmente la cuarta en operaciones en El Prat, ofrece precios desde 101,49 euros, eso sí, el destino es el aeropuerto de Schoenefelf. El billete con Iberia, que sí vuela al aeropuerto principal de la ciudad (Tegel) se puede encontrar por 835 euros, aunque vía Madrid. Cuesta ocho veces más.

Las compañías de bajo coste han revolucionado el mercado de los billetes de avión. El caso de Berlín es solo un ejemplo. El coste con Iberia puede llegar a ser hasta ocho veces mayor, aunque en otros destinos no hay grandes diferencias. Al menos, sí lo que desea es viajar la semana que viene. Si el viaje se puede aplazar hasta noviembre, en Easyjet puede encontrar plaza hasta por 23,40 euros. El precio en Iberia apenas se moverá. La diferencia principal es que la aerolínea líder española ofrece destinos a casi todas las ciudades europeas, con mayor frecuencia, en diferentes horarios y a aeropuertos principales. Las *low cost* prefieren quedarse en las afueras. Easyjet, por ejemplo, en Londres solo viaja a Gatwick, Luton y Stanten. Iberia sí que llega a Heathrow, algo de lo que huyen las compañías de bajo coste por las altas tasas y por el tiempo que tienen que estar en pistas. Cuanto menos tiempo estén en tierra, más podrán estar en el aire y ganar más. Además, con una *low cost* es preferible viajar con poco equipaje, muchas maletas puede significar hasta triplicar el precio del billete.

Pero la gran estructura que tiene Iberia, según fuentes de la misma compañía, también la hace menos competitiva. Las compañías de bajo coste cuentan con una mayor versatilidad que les permite crear nuevos vuelos y suspender otros en función de la demanda. La aerolínea española, ante la realidad de las *low cost*, ha tenido también que inventarse promociones, aunque no tan competitivas, ya que tiene una estructura más grande que la limita y aviones más grandes, y algunos más antiguos, que le producen un mayor consumo de crudo.

Fuente: *La Vanguardia.*